本书受华南师范大学哲学社会科学优秀学术著作出版基金资助出版

宋亨国 著

中国市域体育社会组织治理制度研究

ZHONGGUO SHIYU TIYUSHEHUIZUZHI
ZHILI ZHIDU YANJIU

法律出版社
LAW PRESS · CHINA
北京

图书在版编目（CIP）数据

中国市域体育社会组织治理制度研究 / 宋亨国著.
北京：法律出版社，2025. -- ISBN 978 - 7 - 5244 - 0131 - 5

Ⅰ. G812.1

中国国家版本馆 CIP 数据核字第 202558T0F1 号

中国市域体育社会组织治理制度研究 ZHONGGUO SHIYU TIYU SHEHUI ZUZHI ZHILI ZHIDU YANJIU	宋亨国 著	策划编辑 张　颖 责任编辑 张　颖 装帧设计 鲍龙卉

出版发行 法律出版社	开本 A5
编辑统筹 法律应用出版分社	印张 10.625　　字数 308 千
责任校对 晁明慧	版本 2025 年 5 月第 1 版
责任印制 刘晓伟	印次 2025 年 5 月第 1 次印刷
经　　销 新华书店	印刷 唐山玺诚印务有限公司

地址:北京市丰台区莲花池西里 7 号(100073)
网址:www.lawpress.com.cn　　　　　　销售电话:010 - 83938349
投稿邮箱:info@ lawpress.com.cn　　　　客服电话:010 - 83938350
举报盗版邮箱:jbwq@ lawpress.com.cn　　咨询电话:010 - 63939796
版权所有·侵权必究

书号:ISBN 978 - 7 - 5244 - 0131 - 5　　　　定价:55.00 元

凡购买本社图书,如有印装错误,我社负责退换。电话:010 - 83938349

前　言

在我国"依法治体"深化改革进程中,体育社会组织日益成为重要的治理主体,并在体育领域善治中发挥着不可替代的作用。总体来看,体育社会组织治理遵循他治和自治协调统一的基本逻辑。一方面,体育社会组织依法获得法律主体身份,并通过他治依法赋权,获得了多维度的权力,从而能够相对独立地开展各类业务活动。从运行逻辑看,以"成员合意"为基础的主导价值观始终贯穿体育社会组织的治理过程中,它推动着成员不断达成共识,并共同为实现目标而努力。基于体育善治的综合目标,政府部门需要给予体育社会组织引导和支持,以确保它们能够切实开展治理工作。另一方面,体育社会组织享有自治权,其依托专业化的制度建制,将各类业务管理权和实施权配置给专门团队,建立起涵盖多领域的治理网络。市域体育社会组织在遵循组织治理一般性规律的基础上,进一步体现出落实国家治理转向的总体要求,即立足"市域"这一土壤,将城市、乡镇、农村体育统一纳入治理体系中,系统开展各类体育活动,以满足利益相关者,以及基层群众的体育需求。从根本上讲,市域体育社会组织的治理离不开现实的生存土壤,这是建构"自治权"运行的基础。本书立足市域经济社会发展,针对体育治理中存在的突出问题,以制度建构和实施为切入点,确立了"法治融通"的理论基础,同时运用文献资料法、法律解释法、法社会学法、法哲学法、个案研究法、归纳演绎法等对我国市域体育社会组织治理制度展开论证,形成了系统的知识内容。主要内容如下。

(1)市域体育社会组织治理呈现出显著的价值内涵。从来源和生成上看,市域体育社会组织在成员权利让渡的基础上,对各类区域资本进行进一步整合,尤其是对各类社会资本的拓展,奠定了其价值基础。从更深层次看,市域体育社会组织扎根现实土壤,形成了融入地域文化特色的主导价值观,这不仅确立了组织的形态,而且影响了组织的特质。市域体育社会组织的主导价值观深刻影响其运行,其中组织正念、组织形象始终作用于组织的行为。

(2)权力秩序是建构市域体育社会组织治理制度的重要抓手。市域体育社会组织的治理有着清晰的权力指向,其中既包括依法享有的社团法人身份,也包括享有广泛的自治权。在具体的法律关系中,市域体育社会组织一般通过制度化的社会资本建构,不断积累存量,从而形成了包括决策权、业务管理权、协同实施权、绩效评价权等在内的各类权力,进而基于不同权力主体的主张,形成稳定的权力秩序。在多元主体权力运行中,体育社会组织则需要采取有效举措,稳固和优化这些秩序,以确保既定目标的顺利实现。市域发展大相径庭,体育社会组织则应立足自身,广泛建立合作关系,最大限度地提升制度性社会资本存量。

(3)我国体育社会组织治理中仍然存在组织使命漂移,组织认同不够;重点领域法律法规不足,多元权责界限不清;组织建设动力不足,综合能力亟须提升;公信力不高,组织呈现碎片化;组织创新发展意识不足,治理监管不力等突出问题。这些问题不仅长期存在,而且随着体育组织的"去行政化"改革,呈现更加复杂的态势,急需采取有力举措。

（4）市域体育社会组织治理是对"推进市域法治创新"国家治理要求的积极回应，核心目标是实现所辖城市、乡镇、农村体育的一体化发展。本着治理转向要求，市域体育社会组织应坚持行业和基层体育治理网络和制度的完善，聚焦需要解决的现实问题，并注重对各类权力冲突的调和，以实现有效性控制和运行。

（5）市域体育社会组织治理制度建构应坚持"法治融通"的立论，即从他治与自治双向切入，形成依法赋权、规范融通、资源融通、地缘融合治理的不同维度。其中，赋权是基本要素，获得权力，拓展自身的法治空间；规范融通的核心是制度建构，奠定系统治理的基础；资源融通则是重塑利益格局，突出市域治理的价值创造和有序运行；地缘融合治理则是市域体育治理的优势体现，它深耕市域土壤，建构多样的地缘关系；他治与自治协同则是突出市域法治的规律性要求，分层分类采取治理举措。

（6）市域体育社会组织的依法赋权应以"善治"原则为导向，坚持自主性治理、诚信治理、精细化治理，这是筑牢组织发展基础的关键。从运行机制看，他治赋权和自治赋权共同作用，从外部和内部形成治理张力，不仅提升了体育社会组织的综合实力和专项能力，也推动了体育治理领域的细化，确立了依托专业团队的基本治理格局。当前，市域体育社会组织的赋权还存在不少突出问题，主要表现为观念滞后、赋权制度不健全、组织承接能力不足等，这在很大程度上制约了既定治理目标的实现，急需采取有针对性的改革举措。

（7）市域体育社会组织的规范融通以多元体育规范体系为依据，综合吸纳相关规定，建构起以"业务和体育活动"为主要内容的治理规范体系。法律多元主义不适用于当代中国的体育规范体系，本书为"构成性"关系的规则之治提供了新思路。市域体育社会组织应将党的体育规范、体育法律规范、体育政策规范、体育治理规范、适用的国际体育规范纳入协同共治框架中,建构稳定的体育治理秩序。当前,我国市域体育社会组织治理制度建设薄弱,没有形成细化的治理标准和规范,在开展具体业务活动时,缺乏精准化的依据,这是需要尽快予以完善的重要任务。

(8)市域体育社会组织的资源融通关系着治理的进程和成效,应将其纳入组织发展规划。从类型上看,市域体育社会组织的资源主要包括人力、经费、基础设施、赛事活动等几种类型。为了获得更多的资源,市域体育社会组织应积极争取政府和社会力量的支持,这是契合当前改革语境的务实选择。赛事活动资源是体育组织的核心资源,尤其是在数字全面赋能的背景下,体育社会组织应把握这一契机,依法拓展赛事活动数据,并积极进行市场化运作。

(9)市域体育社会组织的地缘融合治理突出强调以"市域"这一地缘关系为纽带,整合地域文化、民俗、自然条件等资源要素,一体化开展融合性治理。地缘融合治理体现出显著的中国特色,其源于几千年的农耕文明,并在新的历史时期拥有了时代的内涵。当前,市域体育社会组织的地缘融合治理还没有形成基本的格局,各自为政的现象比较突出,各部门也大多局限于眼前的利益。在深化改革中,应立足基层群众体育需求,加强自治性体育组织建设,充分发挥其联动各类资源的积极作用。

(10)市域体育社会组织的深化改革应在充分吸纳其他国家成熟经验的基础上,创新发展,切实解决当前面临的突出问题。其他国家形成的典型体育组织改革模型,我国可从循证决策、专业化建制、目标导向、资源整合等方面进行综合改革。制度建设的首要任务是建立健全完善的治理规范和标准,这是市域体育社会组织治理的基础;目标导向是深化改革的动力,这就迫切需要提升组织多方面的能力;决策机构和机制优化则是落实具体改革任务的关键,关系着成效和善治进程;监督管理机制健全则是新时期国家治理的要求,需要重点关注经费使用、活动开展、绩效等内容。

目 录 Contents

第一章　绪论 /1
　第一节　研究目的 /1
　第二节　研究对象、思路与内容 /3
　第三节　研究方法 /5
　第四节　国内外文献综述 /6
　　一、国外文献综述 /7
　　二、国内文献综述 /17
　　三、先行研究述评 /27

第二章　市域体育社会组织治理制度的基本理论问题 /30
　第一节　市域体育社会组织治理制度的理论内涵及主要内容 /30
　　一、市域体育治理的相关概念 /30
　　二、市域体育社会组织的主要类型 /39
　　三、市域体育社会组织治理制度的理论模型及主要内容 /42
　第二节　市域体育社会组织治理的价值基础 /59
　　一、市域体育社会组织治理价值基础的来源与生成 /60
　　二、市域体育社会组织治理的价值运行 /67
　　三、市域体育社会组织的价值管理 /77

第三节 市域体育社会组织治理制度建设存在的主要问题及原因 /82
　　一、体育社会组织治理中的使命漂移 /82
　　二、重点领域法律法规不足，多元权责界限不清 /87
　　三、体育社会组织建设动力不足，综合能力亟须提升 /90
　　四、体育社会组织的公信力不高，体育活动组织呈现碎片化 /94
　　五、体育社会组织的创新发展意识不足，治理监管不力 /97

第三章　市域体育社会组织的治理赋权 /100
第一节 市域体育社会组织的善治导向原则 /101
　　一、市域体育社会组织应坚持自主性治理原则 /101
　　二、市域体育社会组织应坚持诚信治理原则 /106
　　三、市域体育社会组织应坚持精细化治理原则 /110

第二节 市域体育社会组织的他治赋权 /116
　　一、赋权的内涵 /116
　　二、制度场域是体育社会组织赋权的基石 /120
　　三、体育社会组织他治赋权的主要内容和途径 /124

第三节 市域体育社会组织的自治赋权 /126
　　一、高效的决策机构是体育社会组织自治赋权治理的关键 /127
　　二、体育社会组织自治赋权的创新治理 /136

第四章　市域体育社会组织的规范融通 /147
第一节 当代中国的多元体育规范体系 /147
　　一、体育规范体系的法理思辨 /148
　　二、当代中国体育规范体系的类型和内容 /155

三、中国特色体育规范体系建设应当注意的几个问题 /170
第二节 市域体育社会组织治理多元规范的协调运行 /175
一、多元体育规范体系共筑治理基础 /175
二、充分发挥不同规范的效力,强化市域体育多元秩序共治 /179
三、市域体育社会组织应当不断完善业务活动开展标准 /186

第五章 市域体育社会组织的资源融通 /191
第一节 市域体育社会组织的资源来源、配置和运行 /191
一、体育组织资源自主权 /192
二、体育社会组织的资源依赖 /196
三、体育社会组织的跨组织的合作与运行 /198
第二节 体育赛事活动数据权利确定及其制度保障 /203
一、体育赛事活动数据的价值及其权利内涵 /203
二、体育赛事活动数据权利侵权纠纷及法治保障 /212
三、体育赛事活动数据权利的确定 /218
四、建立健全体育赛事活动数据权益保护制度应当注意的问题 /227

第六章 市域体育社会组织的地缘融合治理 /230
第一节 市域体育社会组织地缘融合治理的价值、困境及纾解路径 /231
一、市域体育社会组织地缘融合治理的重要价值 /231
二、市域体育社会组织地缘融合治理的现实困境 /233
三、市域体育社会组织地缘融合治理的推进策略 /240
第二节 数字赋能体育社会组织乡镇赛事治理的运行机理及多元路径 /246

一、举办乡镇体育赛事活动的多元价值　　/247

　　二、体育社会组织乡镇赛事治理存在的主要问题　　/250

　　三、数字赋能体育社会组织乡镇赛事治理的运行机理　　/252

　　四、数字赋能体育社会组织乡镇赛事治理的举措　　/260

第三节　基层体育治理中的社会资本培育　　/265

　　一、基层体育社会资本的内涵与来源　　/265

　　二、基层体育治理社会资本的研究范式　　/269

　　三、研究个案调查对象和指标的筛选　　/272

　　四、基层体育社会资本的培育基础、条件支持与拓展路径　　/275

第七章　市域体育社会组织治理的深化改革　　/291

第一节　市域体育社会组织改革模型　　/291

　　一、市域体育社会组织深化改革模型的确立　　/291

　　二、市域体育社会组织改革的微观运行　　/303

第二节　市域体育社会组织治理的监督管理　　/305

　　一、完善体育组织治理的自我监管机制　　/306

　　二、优化体育组织治理的外部独立监测和评价机制　　/310

　　三、完善体育治理外部监管机制　　/313

第三节　市域体育社会组织治理制度完善的路径　　/319

　　一、完善相关政策法规体系，厘清多元主体的权责关系　　/319

　　二、增强建设体育社会组织的动力，提升体育社会组织的综合能力　　/322

　　三、完善内部决策与管理系统，推进体育社会组织公信力建设　　/325

第一章
绪　　论

第一节　研究目的

党的十八大以来,完善治理体制机制成为"依法治国"方略的重要内容。党的十八届三中全会通过的《中共中央关于全面深化改革若干重大问题的决定》确立了全面深化改革的总体目标;党的十九届四中全会通过的《中共中央关于坚持和完善中国特色社会主义制度　推进国家治理体系和治理能力现代化若干重大问题的决定》提出"加快推进市域社会治理现代化",为此要充分发挥社会组织作用,夯实社会治理基础;2020年中共中央印发的《法治社会建设实施纲要(2020—2025年)》进一步提出推进市域治理创新,加大社会组织培育力度,广泛开展行业依法治理,一系列顶层设计确立了市域法治方向,明确了社会组织治理的重要作用。在我国深化体育法治的进程中,市域体育社会组织是治理的关键主体,发挥着显著的作用。

1949年以来,我国社会组织的发展历程比较曲折,主要经历了从依附到脱钩,再到独立发展的阶段。[1] 体育社会组织的经历大致也是如此,在中华人民共和国成立初期,体育社会组织主要依附于政府和体育行政部门,受政治、行政、经济等方面因素的影响较大。这一时期的体育社会组织均具有比较突出的"官方性质"或者"半官半民性质"。随着改革开放的推进,我国开始积极探索脱钩发展模式,即逐渐将体育社会组织与政府分离,并赋予其更多自主权和独立性。2014年,以中国足球协会改革为重点,我国启动了体育协会"去行政化"的改革,将建立全面覆盖的"社团法人治理体系"作为重要工作任务。应该看到,经过10多年的改革,我国体育社会组织改革取得了比较突出的成绩,大部分体育协会、体育基金会、体育组织脱钩,享有了一定的自治权,初步建立起涉及多领域的管理体系。尤其是近年来,在国家治理转向的大背景下,从"行为—关系"视角看,整体形成了"雪花型"的治理结构,其中社会组织发展已经作为进一步考察国家与社会关系的重要切入点。[2] 市域体育社会组织在这一进程中也迎来了重要的发展契机,日益成为体育治理的重要主体,但不能否认的是,其也面临制度体系解构、权力秩序重构、资源重整等一系列问题。《体育蓝皮书:中国体育发展报告(2021~2022)》显示,我国体育社会组织存在的主要问题有:宏观层面,相关政策不能有力支撑体育组织发展,体育社会组织、协会等力量有待激发;中观层面,社会力量支持不稳定,公众支持程度低,制约了群

---

[1] 参见岳经纶、邓智平:《依附、分立、嵌入:中国发展社会组织的三种逻辑》,载《探索与争鸣》2014年第10期。

[2] 参见杨立华:《中国国家现代化和新形态国家治理文明构建的深层逻辑——"行为—关系"视角下"雪花模型"的一种尝试性解释》,载《行政论坛》2023年第5期。

众体育组织的发展,各体育协会资源依赖性强,难以承载治理职责;微观层面,体育组织存在内部治理制度不健全、治理能力亟待提升等问题。① 应当说,在体育治理转向进程中,市域体育社会组织面临他治和自治两个方面的巨大压力,如何创新思路,解决所面临的突出问题是当务之急。本书综合多学科理论观点,提出了市域体育社会组织治理的立论基础,并从治理赋权、规范融通、资源融通、地缘融合治理,以及他治与自治协同方面展开系统分析,科学循证提出改革方案,以推动其治理的持续深入。

第二节 研究对象、思路与内容

本书的研究对象是我国市域体育社会组织治理的法律制度,其中聚焦体育协会和正式成立的体育社团的治理。本书的研究思路:首先,对当前我国市域体育社会组织治理的价值内涵,以及存在的主要问题展开分析,既准确定位,又形成清晰的问题导向。其次,立足国家治理转向逻辑,综合法学、管理学、法律诠释学、社会学、体育学等理论观点,确立我国市域体育社会组织治理"法治融通"的立论,并在此基础上形成"五位一体"的法律制度集成模型,形成循证的逻辑主线。再次,立足"依法治体"深化改革,充分考察其他国家体育治理经验,从5个维度探讨我国市域体育社会组织治理制度的运行。最后,聚焦我国市域体育法治中的现实问题,系统提出我国市域体育社会组织协同治理的思路和方案。

本书的研究内容主要有以下几方面:(1)市域体育社会组织依

---

① 参见白宇飞、高鹏、王春雷主编:《体育蓝皮书:中国体育发展报告(2021~2022)》,社会科学文献出版社2023年版,第30~32页。

法治理的价值定位和运行逻辑。市域体育社会组织的依法治理,是对"推动市域法治创新进程"的主动响应,其核心宗旨是促进所管辖区域(涵盖城市、乡镇及农村)的社会体育、竞技体育与体育市场的融合发展。本书以行业利益和社会公益为导向,着重对市域体育社会组织治理的价值基础、价值运行机理等展开探讨,筑牢其战略定位基础。(2)市域体育社会组织治理制度的集成模型。治理具有结构性特征,以高质量发展为中心。本书遵循"国家治理"原则,在全面梳理当前我国市域体育社会组织治理存在突出问题的基础上,综合多学科理论,确立"法治融通"的立论,着重阐述了体育社会组织的治理赋权,以及规范融通、资源融通、地缘融合治理、他治与自治协同等内容。(3)市域体育社会组织治理的赋权。市域法治有自身的规律,对社会组织的赋权应遵循"多元—行动"逻辑。本书立足市域法治建设,着重从赋权的内涵、他治赋权,以及自治赋权展开分析。(4)市域体育社会组织治理的规范融通。规范融通是进一步确立市域社会组织治理主体身份,依法进行治理的基础。本书针对市域体育社会组织治理规范分散化、碎片化问题,辨析深层次原因,并从强化顶层设计、畅通业务领域和管理规范、有序衔接政策法规等方面提出建设方案。(5)市域体育社会组织治理的资源融通。资源融通强调市域治理的价值创造,信任、纽带、网络是基本构成要素,共赢是最终目标。本书在充分梳理市域体育优质资源的基础上,重点对其资源配置和流转展开论证,并有针对性地提出融通的策略。(6)市域体育社会组织治理的地缘融合。地缘关系决定着地缘融合,强调本土要素与流动性关联要素的有序衔接。本书立足市域行政设区,从地缘融合视角分层对城市、乡镇和农村体育社会组织治理与地缘政治、区域社会结构、民俗生态等之间的深度耦合,以及基层社会资本培育等内容展开论述。(7)市域体育社会组织多元共治路径。他治与自治协同是提升市域体育社会组织治理效能的重要环节,具有突出的实践性。本书从权力配置视角入手,针对市域治理中的具体法律问题,着重对体育社会组织、体育俱乐部、企业等多方主体的协同实施网络、实现方式和路径展开分析。

第三节 研究方法

1. 文献资料法

本书围绕研究主题和内容,查阅了中国知网、万方学术、中文期刊服务平台、中国学位论文全文数据库、中国优秀硕博士论文数据库等中文数据库,以及 Wiley Online Library(威利在线图书馆)、百度学术、Google 学术、Policy and Society(政策与社会)、Springer Online Journals(施普林格在线期刊)、Springer Online e-Book(施普林格在线电子图书)、HeinOnline(法律全文数据库)等外文数据库。累计收集、汇总和整理了与体育治理、体育社会组织、体育自治、体育法律制度、权力配置、赋权等主题有关的 1000 余篇国内外研究成果,以及 50 多部专著;同时,也对我国近 10 年来颁布的相关法律法规进行了系统的汇总和梳理,为本书展开深入的论证分析奠定了基础。

2. 法律解释法

法律解释法是法学研究方法之一,本书运用文义解释法对市域,以及市域体育社会组织相关的法律条款,尤其是相关核心概念进行了解读与分析。

3. 法社会学法

法社会学法是以社会生活中实际发挥作用的软法为研究对象,

以法社会学理论为依据的研究方法。本书采用法社会学法对国家层面的党的体育规范、体育法律规范、体育政策规范、体育治理规范以及适用的国际体育规范等进行了深入分析。此方法不仅拓宽了本书的研究视野,还深化了对体育社会组织治理制度多维度构建的本质与途径的理解。

4. 法哲学法

法哲学法是从哲学的视角对法的基本问题进行研究的方法。本书运用法哲学法,对体育社会组织治理的价值内涵、市域体育社会组织治理制度的理论内涵、赋权、规范融通、资源融通、地缘融合治理等基本理论问题进行了辨析。

5. 个案研究法

根据研究主体,本书重点对一些市域体育社会组织的制度建设展开分析;同时,对基层社会资本的培育问题,分别选取了两个代表性社区展开了个案分析。通过个案研究,进一步形成佐证资料。

6. 归纳演绎法

本书着重对治理、善治、权力配置等相关理论学说的观点进行了分析,归纳形成研究的理论依据,确立了"法治融通"的立论基础。同时,从不同的维度对市域体育社会组织治理的法律制度展开论证,转化演绎提出具体的治理举措,为进一步推进体育善治提供理论依据。

第四节　国内外文献综述

体育社会组织是治理的重要主体,其享有决策权、管理权等一系列权力。随着体育领域改革进程的深入,利益相关者群体日益多样,出现了不同的利益诉求,这在很大程度上推动了对体育组织的改革。梳理近10年的国内外研究成果,可以发现众多研究者对体育社会组织的治理主体身份、治理制度建构、资源配置、权力监管等展开了多视角的分析,提出了一系列观点,这给本书提供了有价值的借鉴。

一、国外文献综述

20世纪70年代以来,国外不断加大体育法治建设力度,研究者围绕体育社会组织治理主体身份、治理秩序、体育资源的依法配置与运行、监管与评价展开了深入探讨,呈现出解决现实问题的研究动态。

(一)体育社会组织治理主体身份研究

体育社会组织具有清晰的治理主体身份,它既是成员权利合意让渡的主张,也是依法赋权的必然结果。体育组织自治原则在《奥林匹克宪章(2015)》中有着明确的规定:"鉴于体育运动是在社会范围内开展,奥林匹克运动中的体育组织应拥有自主的权利和义务,包括自由制定并管控体育运动规则,决定其机构的组织架构和治理结构,拥有不受外界影响的选举权及确保良好治理原则得到应用的责任。"[1]众多研究者围绕体育社会组织依法进行体育治理的缘由展开了分析。L.穆乐曼(2008)认为,20世纪中后期,西方国家公共部门的性质、制度基础都发生了深刻变化,权力不确定性和边界模糊性推动了社会组织自治,治理作为公共问题就出现了。[2] L.蒂博等(2010)认为,参与式民主制度是体育社会组织成功

---

[1] IOC, *Olympic Charter* (2015), Docin (Jul. 31, 2015), https://www.docin.com/p-434118898.

[2] See L. Meuleman, *Public Management and the Meta-governance of Hierarchies, Networks and Markets*, Heidelberg Physica-Verlag, 2008, p.3-6.

治理的基础,为了使成员正确选出代表,就要设置必要的条件:建立会员理事会决策机构,完善协同治理制度,并就管理者的绩效作出评价决议。[1] A. 吉拉特等(2014)认为,社会体育组织作为治理主体有其历史必然性,由于体育领域被认为独立于政治和其他政府管辖领域,所以长期以来体育部门在自我管理下运作,不受外部机构的控制。[2] L. 弗里伯恩(2013)认为,体育治理机构的职能比较复杂,这些职能更像是政府和一些上市公司职能的综合体:立法(监管和制定规则)、司法(解决争端)、行政(管理职能)、外交(代表所管辖的运动项目与外部组织机构进行交流)和再分配(为所管辖项目发展分配资金),正是这些体育组织机构所涉及功能的广泛性导致其进行治理时会面临非常复杂的情形。[3] DAM. 米拉加亚等(2014)则进一步从合法性、权力导向性和紧迫性三个方面分析了体育社会组织治理主体身份的特殊性——合法性是指组织依据国家法律、治理规范,并遵循社会价值观和信仰所采取的一系列适宜的决策和管理行动;权力导向性是指体育组织要合理配置权力,充分照顾利益相关者权益;紧迫性则是指组织面临日益严峻的外部环境,这可能引发自身发展危机。[4] 托马斯·克鲁斯曼(2019)认为,由于历史原因,大多数体育管理机构都是作为私人实体创建的,

---

[1] See L. Thibault, L. Kihl & K. Babiak, *Democratization and Governance in International Sport: Addressing Issues with Athlete Involvement in Organizational Policy*, International Journal of Sport Policy & Politics, Vol. 2:3, p. 275 – 302(2010).

[2] See A. Geeraert, J. Alm & M. Groll, *Good Governance in International Sport Organizations: An Analysis of the 35 Olympic Sport Governing Bodies*, International Journal of Sport Policy and Politics, Vol. 6:3, p. 281 – 306(2014).

[3] See L. Freeburn, *A Breakaway League in Professional Cycling: Issues for the Governance and Organisation of the Sport*, The International Sports Law Journal, Vol. 13:3 – 4, p. 193 – 210(2013).

[4] See DAM. Miragaia, J. Ferreira & A. Carreira, *Do Stakeholders Matter in Strategic Decision Making of a Sports Organization?*, RAE, Vol. 54:6, p. 647 – 658(2014).

通常是根据国家法律成立的协会或非商业实体,这些机构坚持根据结社自由原则,以及在此基础上产生的(或者是赋予的)自我管理权利捍卫其自治权以不受政府的侵害。① D. 尼尔等(2022)提出,组织自治很容易出现的一个主要问题就是在没有约束的情况下逐渐丧失执行力和动力。出现这个问题的根本原因是一个机构要么没有自我监管的能力,要么没有可用于对违规行为进行制裁的法规。当然,体育组织在自治方面还存在其他问题,这些问题往往涉及授权、问责制以及程序的公平性等内容。因此,体育社会组织作为主体参与体育治理时,其首要任务就是要完善其内部和外部管理机制。②

还有一些研究者对典型国家体育社会组织的治理机构、主体身份和性质展开了分析。P. 利斯加拉(2013)提出,《日本体育基本法》重新设定了日本体育协会的职责和权限,更强调其作为非营利法人的主体性,同时明确治理的主要目标是保护运动员的权利和青少年参与体育的权利。③ D. 史蒂芬(2019)认为,在过去15年里,欧洲一些国家的体育治理主要有三种传统范式:第一个是政府对体育治理的干预程度不同,如英国和爱尔兰,政府仅对体育活动提供财政支持,而不干预其治理,体育社会组织发挥着主要作用;而南欧的一些国家,体育则完全处于政府的监管下。第二个是强化体育系统的组织结构和责任分配,即体育自治。在德国和意大利,主要呈现

---

① See Thomas Kruessmann, *Extending Integrity to Third Parties: In Search of a New Model for Anti-corruption in Sports*, The International Sports Law Journal, Vol. 18, p. 136 – 149(2019).

② See D. Neil & M. Thomas, *UEFA'S Financial Fair Play Regulations: A Good Example of Best Practice Governance by a Sporting Body?*, The International Law Journal, Vol. 22, p. 272 – 287(2022).

③ See P. Lisgara, *Recent Developments of Sports Governance in Japan*, The International Sports Law Journal, Vol. 13:3 – 4, p. 329 – 332(2013).

在类似教会的组织结构中,体育治理主体是一个高度自治的组织部门;在社会和职业结构中,体育治理不是掌握在一个最大利益的相关者手中,而是依赖于不同利益相关者之间的密切合作(如荷兰)。第三个是体育政策制定主体不同,治理主体交互。法国一般由政府统一制定体育政策,英国由非政府组织制定,荷兰由政府和非政府组织联合制定。[①] F. 莱斯利等(2018)认为,澳大利亚负责体育的政府机构——澳大利亚体育委员会(ASC)——在2013年制定了《强制性体育治理原则》等文件,其中规定非营利性国家管理机构(由ASC资助)有责任改进其治理实践。[②]

(二)体育社会组织治理秩序研究

治理制度是"善治"的核心内容,它将多方主体纳入权力配置的法治框架下,突出强调治理的"效率和效能"。R. 霍伊等(2007)认为,一个有效的体育组织的治理体系包括充分的、有效的内部制衡机制,以及被授权代表组织(董事会)做出决策的人的行为,且这些行为必须符合组织及其利益相关者的最佳利益。[③] S. 格林菲尔德等(2010)认为,无论怎样,法律都会以新的、复杂的、多元的方式介入体育,这不是传统形式的输入,而是通过侵入法律理念和法律文化全面确立体育组织自治和他治的框架。这种方式可能是显性的抑或隐性的,未来体育的发展需要从这个视角进行理解和解读。[④]

[①] See D. Stephanie, *Good Governance in Sport: Comparative Law Aspects*, The International Sports Law Journal, Vol. 19, p. 116 - 128(2019).

[②] See F. Lesley, S. David & O. Ian, *Leadership in Governance: Exploring Collective Board Leadership in Sport Governance Systems*, Sport Management Review, Vol. 21:3, p. 221 - 231(2018).

[③] See R. Hoye & G. Cuskelly, *Sport Governance*, London: Elsevier, 2007, p. 25 - 27.

[④] See S. Greenfield & G. Osborn, *Regulating Sport: Finding a Role for the Law?*, Sport in Society, Vol. 13:2, p. 367 - 379(2010).

M. 姆尔科尼奇等(2013)提出"善治"需要完善的治理规范,以及稳定的权力秩序,在保障体育社会组织自主治理权的基础上,要充分考量其他主体赋权的多样性和稳定性。[①] 体育组织一般根据章程进行运作,并据此建立起完善的规章制度,如果没有形成广泛参与并依法决策的机制,那么这实际上仍然是一种威权体制下的规制与管制,从而无法进行有效治理。[②] A. 吉拉特(2013)认为,体育治理需要建立科学的分权制度,不断深化体育组织内部的机构改革,以确保其决策的稳健性、独立性和循证性;各权力中心也应不断提升治理能力,建立协同运行机制,这一过程中的权力监管至关重要。[③] A. K. 林德奎斯特(2015)进一步分析认为,多方干预是以对传统权力秩序的剥离为基础,并以个体、环境、行为的有机融合为实现路径,其凸显了对专业力量介入的迫切要求,而这也是赋权体育社会组织的必要条件。当然,权力监管也是制度建构的关键。[④] J. L. 查佩莱特(2016)针对体育组织治理差异性的问题分析认为,体育组织治理原则的选择和运用取决于其主体身份和类型,这在很大程度上反映出组织设计者和决策者的最初想法。[⑤]

---

① See M. Mrkonjic & A. Geeraert, *Sports Organisations, Autonomy and Good Governance*, Danish Institute for Sports Studies, 2013, p. 133 – 134.

② See H. Bruyninckx, *Sports Governance: between the Obsession with Rules and Regulation and the Aversion to Being Ruled and Regulated*, Journal of World Investment & Trade, Vol. 14:1, p. 167 – 197(2012).

③ See A. Geeraert, *The Governance Agenda and Its Relevance for Sport: Introducing the Four Dimensions of the AGGIS Sports Governance Observer*, Danish Institute for Sports Studies, 2013, p. 52 – 55.

④ See A. K. Lindqvist, *Promoting Adolescents' Physical Activity of School*, Scandinavia: Lulea University of Technology, 2015, p. 124 – 127.

⑤ See J. L. Chappelet, *Which Governance for Which Organization? A Postface*, Sport in Society, Vol. 19:6, p. 857 – 859(2016).

安东尼奥(2019)认为,法律多元主义理论强调,社会保障制度的公众监督在本质上是为了实现不同法律秩序之间必要的合作与协调。根据这一理论,不同的、自治的法律秩序应相互"协调",以避免国际社会的法律秩序与国家的法律秩序的冲突和矛盾,同时避免在同一个法律制度网络中出现相互扭曲的状况。当社会组织的规则可能产生冲突、矛盾或者违反国家和国际规则时,公共当局(国家和国际)应该有权力和义务监督与"遵守"社会组织的内部治理。采用"公司模式"并不会损害体育组织的"民主"特征,这种内部控制制度建立了一种"三权分立"模式,旨在保证体育组织的民主性质。这种制度被国际奥委会推荐,因为其为体育治理提供了良好的制度保障,但这一制度并没有被非政府组织明确考虑和吸纳。[1] L. 弗里伯恩(2019)提出,虽然民主通常与政府而非私人权力的合法性有关,但国际足联(FIFA)等国际体育组织所享有的监管权力具有公共性质,而这一权力源于会员民主的赋权。因此,诉诸民主所形成的国际足联对足球监管权力的合法化制度和凭证显得至关重要。[2] J. L. 查佩莱特等(2019)认为,改善国际化标准组织(ISOs)治理的一个关键是找到一种共同的概念和经验语言来细化治理的各个方面。就体育组织而言,这一普遍性做法有助于在众多利益相关者之间建立一种"领域"意识,并减少提出"其他"治理框架的可能性。[3]

---

[1] See Antonio Di Marco, *The Internal Governance of Sporting Organisations: International Convergences on an Idea of Democracy*, The International Sports Law Journal, Vol. 19, p. 171 – 183(2019).

[2] See L. Freeburn, *The Fiction of Democracy in FIFA's Governance of Football and the Case of Football Federation Australia*, Int. Sports Law, Vol. 19, p. 184 – 204(2019).

[3] See J. L. Chappelet & M. Mrkonjic, *Assessing Sport Governance Principles and Indicators*, Edward Elga, 2019, p. 86 – 94.

(三)体育资源的依法配置与运行研究

体育依法治理的核心是实现资源的优化配置和流转,最终目的是保障利益相关者权益,推进良性发展。法国思想大师 P. 布迪厄(1993)认为,体育是一个相对自治的领域。在他看来,虽然存在场域的一般法则,但一个场域只是通过特定的利害关系来定义自身的,而且这些关系是不能被还原或是被平面化的。一个领域要想发挥作用,就必须有普遍存在的利害关系,人们则必须在既定的框架内做好充分的准备。随着各种社会资本的不断积累,人们就自然而然地被塑造了一种思维和行为习惯,这种习惯意味着能够对该领域的内在规律,以及各种利害关系进行充分认识和识别,因此场域的显著特点就是针对资源垄断而不断地进行斗争。[1] L. 麦克内伊(2000)进一步认为,体育善治的决定因素在于获得优质资源,并实现高效运行,其中每个领域都有自己的逻辑,都可能与其他领域产生冲突;场域概念形成了一个动态治理模型,任何场域内的正统观念都是由那些垄断的、持有资本的人捍卫和维护的。[2] M. 基库利斯等(2010)认为,美国的非营利体育组织十分注重将自身置于社会网络中,从而形成了与其他组织交互作用的庞大结构,这虽然使其获得了更多的资源融合的机会,但同时也使其日益面临资源和信息拓展的压力。[3] P. 威克等(2013)认为,从资源整合的视角看,人力资源、财力资源、基础设施、文化资源(发展战略、价值观等)都是体育社会组织发展的关键因素,其中很多资源需要不断流转,以获得

---

[1] See P. Bourdieu, *How Can One be a Sportsman? In Sociology in Question*, London: Sage, 1993, p. 115 – 131.

[2] See L. McNay, *Gender and Agency: Reconfiguring the Subject in Feminist and Social Theory*, Cambridge: Polity, 2000, p. 87 – 89.

[3] See M. Kikulis, Trevor Slack & C. R. Hinings, *Sector Specific Patterns of Organizational Design Change*, Journal of Management Studies, Vol. 32:1, p. 67 – 100 (2010).

最大化效益。① L. 弗里伯恩(2013)认为,国际自行车联盟存在系统脆弱、财务状况不可持续、制度错位等诸多问题,这些问题不利于其使用限制性规则,需要通过对该运动结构进行根本性的改革,全面提升管理机构的合法性及有效性。② K. 皮耶特洛维奇(2015)认为,紧随体育产业商业化其后的是体育法治化,在这一框架下,体育领域内人与人之间的关系都被赋予了法律上的价值,这时所遵循的社会规范就可能成为法律规范。③

M. 加达米等(2015)认为,从现实情况看,体育社会组织治理具有突出的自治性,如果仅仅是在中央推动的善政原则与地方偏好之间取得平衡,或是在实行善政过程中提升其特定价值的重视程度,抑或加强体育治理的普遍性应对策略(从上而下),那么这些做法既不合适也不能产生积极的成效,因为它们往往忽视了具体的地方基层体育组织的政治、文化等方面的优先事项诉求及其表达。④ D. 布兰科(2017)提出,体育治理是一个新兴范式,它意味着通过政府、工商界领袖、学术界和民间社会组织等多个行动者和利益相关者的参与来治理体育,以保证体育计划、政策和项目的制定、合法化

---

① See P. Wicker & C. Breuer, *Understanding the Importance of Organizational Resources to Explain Organizational Problems: Evidence from Nonprofit Sport Clubs in Germany*, International Journal of Voluntary and Nonprofit Organizations, Vol. 24:2, p. 461 – 484(2013).

② See L. Freeburn, *A Breakaway League in Professional Cycling: Issues for the Governance and Organization of the Sport*, The International Sports Law Journal, Vol. 13:3 – 4, p. 193 – 210(2013).

③ See K. Pijetlovic, *EU Sports Law and Breakaway Leagues in Football*, The haguue: T. M. C. Asser Press, 2015, p. 73 – 89.

④ See M. Ghadami & I. Henry, *Developing Culturally Specific Tools for the Evaluation of Good Governance in Diverse National Contexts: A Case Study of the National Olympic Committee of the Islamic Republic of Iran*, The International Journal of the History of Sport, Vol. 32:8, p. 986 – 1000(2015).

和实施,从而实现体育的卓越和发展。① T. 福塞尔等(2018)认为,体育社会组织的社会资本评价维度包括信任、友谊、接纳、互惠、规范、治理等,完善的监测制度能够为政策制定者、管理者提供循证信息,以确定体育组织的基线社会资本水平。② A. 汤普森等(2020)提出,体育组织的治理效率会受到重大变革的影响,但影响程度有所不同,这取决于针对这些体育组织所采取的具体举措,以及利益相关者所持有的态度或预期。充分了解体育组织的内部和外部利益相关者及其贡献,将有助于我们进一步理解体育组织的深化改革,因为它表明这种改革不仅是针对体育组织,对其外部利益相关方也将产生重要影响,而这对体育组织的生存是至关重要的。③

(四)体育社会组织治理的监管与评价研究

有效监管和评价是确保体育社会组织治理有效性的关键,众多研究者针对现实中存在的监管与评价问题展开了具体分析。S. 格林菲尔德等(2010)认为,德国体育俱乐部以包容的方式赋予它们的支持者责任特权,使支持者产生主人翁感,并以自我监管的方式管理其行为,这种方式是"supporters direct"——通过厘清影响力、所有权和代表权等来明确多方主体的职责。④ W. A. 博蒂列里等(2011)认为,政府对非营利性组织的监管是尤为重要的,否则很容易出现治理问题。他们进一步提出,非营利性组织应该采用《萨班

---

① See D. Blanco, *Sports Governance: Issues, Challenges and Perspectives*, Asia-Pacific Social Science Review, Vol. 17:1, p. 105 – 111(2017).

② See T. Forsell, J. Tower & R. Polman, *Development of a Scale to Measure Social Capital in Recreation and Sport Clubs*, Leisure Sciences, Vol. 42:1, p. 1 – 17(2018).

③ See A. Thompson & M. Parent, *Understanding the Impact of Radical Change on the Effectiveness of National-level Sport Organizations: A Multi-stakeholder Perspective*, Sport Management Review, Vol. 24:1, p. 1 – 23(2020).

④ See S. Greenfield & G. Osborn, *Regulating Sport: Finding a Role for the Law?*, Sport in Society, Vol. 13:2, p. 367 – 379(2010).

斯—奥克斯利法案》的规则和指导方针。[①] 鲍德温 R. 等(2011)认为,需要将对体育组织的监管视为一组特定的命令——其中,监管涉及颁布一组具有约束力的规则,由专门用于此目的的机构实施。[②] M. 拉蒙特等(2011)认为,在体育赞助的背景下,体育社会组织要更加重视企业的社会责任和商业伦理。针对体育赞助商所带来的影响,政府、私人组织通过法律和监管体制,包括政府政策和组织自身的行为准则,加强对体育赞助商的监督管理。同时,国际司法管辖区已经制定法规,限制接受给社会带来不利影响的赞助商的资金。[③] P. 利斯加拉(2013)认为,日本所发生的一系列"持续体罚"等丑闻,引发了日本律师协会,以及日本体育法律协会的高度关注,其一致认同体育领域实行法治的重要性;同时提出可以利用欧洲体育法治方面的信息来完善日本的体育监管机制。[④]

U. 哈斯(2017)认为,奥地利法律将立法措施强加于体育协会,在体育协会的章程中落实良好管理的具体要求,同时让协会自主执行其措施及自主监督,从而尊重每个协会的自主权。[⑤] S. 戴克(2019)认为,欧洲国家对体育治理统筹采取综合性评估方式,即通过政府的干预水平、体育系统的组织结构、体育系统内部的责任分

[①] See W. A. Bottiglieri & S. L. Kroleski, *Conway K. The Regulation of Non-profit Organizations*, Journal of Business & Economics Research, Vol. 9:9, p. 51 – 60(2011).

[②] See Baldwin R., Cave M. & Lodge M., *Understanding Regulation: Theory, Strategy, and Practice*, Oxford University Press, 2011, p. 15 – 23.

[③] See M. Lamont, N. Hing & S. Gainsbury, *Gambling on Sport Sponsorship: A Conceptual Framework for Research and Regulatory Review*, Sport Management Review, Vol. 14:3, p. 246 – 257(2011).

[④] See P. Lisgara, *Recent Developments of Sports Governance in Japan*, The International Sports Law Journal, Vol. 13:3, p. 329 – 332(2013).

[⑤] See U. Haas, *Vereinsgerichte-einerechtsvergleichende Untersuchung zum Deutschen, Österreichischen Und Schweizerischen Recht*, in Neumayer L. ed., Rechtund Realität, Nomos Verlagsgesellschaft, 2017, p. 842 – 871.

配、体育政策的责任落实,以及国家体育的组织结构等进行综合性评估,其中关于体育组织的评估指标体系日趋量化。[①] L. 查佩莱特等(2019)认为,当前体育系统各种腐败丑闻层出不穷,对各类体育组织的良好监管和评估无疑是恢复体育系统可信度非常重要的一步。但是现实中,各类监管和评估体系的增加不见得能够有效地实现这一目标,事实上,其还取决于国际标准化机构和组织将采取怎样的决议和举措来应对这一难题。[②] N. 邓巴等(2022)认为,监管可被定义为"授权立法"和"通过规则、限制、原则等进行控制或指导的行为或过程",基于这一定义,他们对欧洲足球联盟的监管进行了分析,提出欧足联处于自我监管的一端,有责任完善各类制度,包括立法、执法,以及监管程序等。[③]

二、国内文献综述

近10年来,国内学者围绕"依法治体",不断探索体育社会组织治理创新之路,对其治理主体身份、治理秩序、依法治理、治理监管与评价,以及体育社会组织治理存在的法律问题展开了广泛探讨。

(一)体育社会组织治理主体身份研究

体育社会组织作为治理主体,其身份来源、性质一直是研究者关注的热点问题。陈林会(2016)认为,体育社会组织作为纵向层级化体育行政管理部门之间秩序整合机制与横向网络化多元主体之

[①] See S. De Dycker, *Good Governance in Sport: Comparative Law Aspects*, The International Sports Law Journal, Vol. 19:1, p. 116 – 128(2019).

[②] See L. Chappelet & M. Mrkonjic, *Assessing Sport Governance Principles and Indicators*, Research Handbook on Sport Governance, Edward Elgar Publishing, 2019, p. 10 – 28.

[③] See N. Dunbar & T. Middleton, *UEFAS Financial Fair Play Regulations: A Good Example of Best Practice Governance by a Sporting Body?*, The International Sports Law Journal, Vol. 22, p. 272 – 287(2022).

间协调机制的有效衔接枢纽,其主体性没有得到确定,使纵横秩序整合机制产生了结构性断裂,当前体育行政管理部门应当"让渡"部分职权,并提供法律保障,为体育社会组织参与体育治理创造条件。① 董红刚等(2016)认为,世界各国体育治理主体之间演进历史的规律是在政府—市场—社会三者之间交替演进,最终达到一种多元主体认可的平衡状态。政府部门是传统的体育管理主体,市场是职业体育治理的首选策略和体育公共事务治理的重要保障,而社会组织是体育治理的当然主体。② 罗思婧(2017)认为,在体育领域推行多元主体的合作治理,是我国体育治理模式转型的基本方向,其目标就在于使以政府为代表的国家公权、以体育社会组织为代表的自治权、以体育个人为代表的公民权之间,能够保持基本平衡和协调发展。③ 沈克印(2017)认为,进入治理时代,政府与体育社会组织的关系开始转变,由主导型政社关系向以培育发展为主的合作型政社关系转变,政府和体育社会组织都成为体育治理的主体,这就需要从"政府本位"向"社会本位"转变,政府要简政放权,从微观管理转向宏观管理,使体育社会组织的主体身份得以明确。④ 汪文奇等(2018)认为,以往"全能主义国家"的路径存在惯性依赖,由此政府催生了一种以"工具主义"支持体育社会组织发展的模式,而导致其参与体育治理的弱主体性,需要将体育社会组织的供给模式从

---

① 参见陈林会:《挑战与超越:基于中观视角的体育治理创新》,载《体育与科学》2016 年第 5 期。
② 参见董红刚、易剑东:《体育治理主体:域外经验与中国镜鉴》,载《上海体育学院学报》2016 年第 4 期。
③ 参见罗思婧:《我国体育行业自治及其法律规制重构》,载《北京体育大学学报》2017 年第 3 期。
④ 参见沈克印:《政府与体育社会组织协同治理的地方实践与推进策略——以常州市政府购买公共体育服务为例》,载《武汉体育学院学报》2017 年第 1 期。

补缺式向制定式转变,增强体育社会组织自身的主体性。① 陈丛刊、陈宁(2018)认为,治理的碎片化使体育社会组织在国家体育治理体系中的主体地位缺失,在治理过程中处于缺位或错位状态,导致社会协作机制失灵,难以形成多元共治格局,急需通过建造"强政府、强社会"模式,促进体育社会组织转变为强大的治理主体。② 吴杰忠(2018)提出,虽然多元治理理论是中国失序治理的"终结者",多元主体之间的混合治理模式产生了协同互补,但是多元主体之间更存在对立与冲突。因此,他认为体育社会组织要发挥它们的主体作用,以促进多主体互构。他提出,体育社会组织已经成长为政府依靠的重要主体,为此,实践中政府要赋权社会,赋予社会组织更多的权力和发展空间,给予它们政策上的支持和法律上的保护,激活它们在体育供给制上的效率与优势,释放其在体育治理方面的正向潜能,最终实现政府与社会在体育服务方面的合理分工和相互促进。③ 韩慧、郑家鲲(2019)认为,国家一系列文件的出台,进一步明确了体育社会组织治理主体的身份。在此背景下,政社关系得以重新表达,同时也更加强调了对组织运行的精细化监管。④

体育社会组织作为治理主体,体现出显著的非营利性特征,其所发挥的功能也日益多元化。彭菲、张泽君等(2020)认为,脱钩条件下,体育社会组织面临新的角色定位和关系重塑,当前多中心协

---

① 参见汪文奇、金涛:《新时代我国体育治理格局的转型改造:由"强政府弱社会"转向"强政府强社会"》,载《武汉体育学院学报》2018 年第 7 期。
② 参见陈丛刊、陈宁:《论我国体育社会组织发展新的历史方位》,载《体育科学》2018 年第 9 期。
③ 参见吴杰忠:《元治理视域下体育多元治理面临的挑战及其超越》,载《山东体育学院学报》2018 年第 1 期。
④ 参见韩慧、郑家鲲:《新中国成立 70 周年我国体育社会组织发展:历程回顾、现实审思与未来走向》,载《体育科学》2019 年第 5 期。

同治理模式存在现实困难,急需从法律条件、领域关系、提升治理能力等方面给予支持。① 王桂红等(2022)进一步提出了我国体育社会组织治理中政社关系发展的新趋势——依附与合作的新趋势,即体育社会组织通过政府购买服务获取资源支持。② 王鹤等(2022)提出,基层体育社会组织能够彰显体育治理的价值,提高体育治理的参与度,提升体育治理的效率。基层体育社会组织贴近民众,能发现新的群众诉求并迅速做出反应;同时,可以吸纳具有使命感和责任感的志愿服务者,服务群众,做好上下的衔接和沟通,共同实现组织目标。由此可见,体育社会组织上承政府,下接市场与社会成员,明确体育社会组织的主体身份不仅可以促进政府职能的转变,调节"市场失灵"现象,也是"为人民服务"这一宗旨的具体体现。③

(二)体育社会组织治理秩序研究

研究者从不同的视角对体育组织治理秩序展开了分析。刘次琴、金育强等(2007)认为,把政府体育管理体制改革置于一个更为广泛的、相互联系的社会经济政治体系中,在国家权力与公民权利、政治民主化、国家与社会关系、政府与市场关系的调整中,以发挥市场机制为基础、以建立社会为依托、以转变政府职能为关键、以建立法治社会为根本,从而构建以市场经济、有限政府和社会大众三者相兼容的民主制度,真正实现有效治理。④ 何强(2016)认为,权力

---

① 参见彭菲、张泽君、徐诗淳:《脱钩条件下单项体育协会治理模式研究》,载《成都体育学院学报》2020年第4期。
② 参见王桂红、冯欣欣:《我国体育社会组织治理中政社关系的变迁历程、现实审视与改革路向》,载《沈阳体育学院学报》2022年第4期。
③ 参见王鹤、李明、丁自豪:《基层体育社会组织参与体育合作治理的主体决策与动态演化——基于演化博弈模型的分析》,载《武汉体育学院学报》2022年第6期。
④ 参见刘次琴、金育强、刘君雯:《治理理论视角下的中国体育管理体制改革》,载《体育学刊》2007年第8期。

归属是区分体育管理体制类型的核心要素。从权源的角度看,与管制型、统治型政府模式不同,服务型政府的权力既不是天赋的,也不是神授的,而是民众权力的让渡,是社会大众以契约缔结方式赋予政府的。随着体育非政府组织的不断完善,政府权力应当逐步向多元管理主体转移。政府权力的转移和让渡,既可以消除政府主导型体育管理体制管理权力过于集中的缺陷,也可以为体育社会组织和公民个体组织的成长发育提供契机。① 戴红磊、于文谦(2017)认为,新时期要不断创新体育社会组织的治理格局,坚持"自生秩序、分类管理、协同共治",加强法律保障和政府支持,同时要完善组织内部的治理结构,强化日常管理制度和等级评估机制。② 陆俊杰(2018)认为,新型体育社会组织是社会权力多中心化、分散化,以及资源社会化的必然结果,结构性特征表现为以组织化形态凝聚个体力量、广泛集聚专业资源和知识、以集体力量抵制行政权力、通过话语权实现体育治理的社会控制。③ 叶林、樊玉瑶(2018)认为,通过合理规范其权力边界,政府将其自身的职责限制在多元主体间平等协商的构建、合作互惠网络的建立、各主体间分工的明确上,主要包括体育社会组织管理政策的制定、体育社会组织行为的监督、必要资金的支持上等。④

近几年,众多研究者从治理体系优化的视角对体育社会组织治

---

① 参见何强:《服务型体育管理体制建构的路径分析》,载《西安体育学院学报》2016年第6期。
② 参见戴红磊、于文谦:《国家治理视角下体育社会组织的治理》,载《体育学刊》2017年第5期。
③ 参见陆俊杰:《社会权力视阈下法治型体育治理模式的法理论析》,载《成都体育学院学报》2018年第3期。
④ 参见叶林、樊玉瑶:《中国体育管理体制:沿革、现状与未来》,载《甘肃行政学院学报》2018年第2期。

理秩序展开了分析。王海峰、吴小圆等(2021)认为,我国体育经济产业应当优化体育经纪产业治理模式,构建横向联动的社会化共同治理机制;厘清多元治理主体关系,形成纵向衔接的治理体制;完善具体法律法规,健全体育经纪产业的管理制度体系。[①] 王鹤、李明等(2022)认为,政府给予基层体育社会组织充分的授权和支持,两者各司其职、各尽其能,成为能动性的合作主体,降低了合作成本,提升了合作效率。[②] 李慧林(2022)认为,通过社会组织韧性的提升、信任治理共同体秩序的建构,不仅有益于社会组织的常态化发展,而且对整饰社会组织在政府等治理主体中的印象进而降低制度异化、缺位等现象具有积极意义;同时,社会组织参与体育社会治理共同体建设将更有保障。[③] 王桂红、冯欣欣(2022)认为,在积极推动治理体系与治理能力现代化的背景下,我国实现对体育社会组织善治的前提条件是理顺体育管理部门与体育社会组织间的关系、完善并全面落实有利于政社关系健康发展的政策规定。总体来看,我国市级层面的体育管理中仍存在制度供给不足、政府权益难以割舍、体育社会组织能力不强等问题。尽管城市体育社会组织与政府部门合作强于省级层面,但组织发展仍然基于其对政府部门的依附。[④] 李晓栋、常莹莹等(2022)认为,繁复冗余的治理程序被最大限度地简化,各个治理主体都直接围绕运动项目的开展形成全新的动员机

---

① 参见王海峰、吴小圆、李乐虎:《发达国家体育经纪产业的制度治理与本土启示》,载《西安体育学院学报》2021年第4期。
② 参见王鹤、李明、丁自豪:《基层体育社会组织参与体育合作治理的主体决策与动态演化——基于演化博弈模型的分析》,载《武汉体育学院学报》2022年第6期。
③ 参见李慧林:《社会组织参与体育治理共同体建设的"制度阻滞"及路径选择》,载《体育与科学》2022年第1期。
④ 参见王桂红、冯欣欣:《我国体育社会组织治理中政社关系的变迁历程、现实审视与改革路向》,载《沈阳体育学院学报》2022年第4期。

制,同时通过激励机制的设置从上到下积极推动地方政府将社区体育治理的权限下沉,实现社区体育治理的精准化。[1]

(三)体育社会组织依法治理研究

体育组织依法治理始终是研究者关注的热点问题,他们重点从其合法性,以及依法运行方面展开了研究。张金桥(2013)认为,我国实行的双重许可登记管理制度,造成了自发性体育社会组织登记困境,导致了大量自发性体育社会组织被排除在合法的社会组织大门之外,无法获得法律合法性,需要政府在立法层面进行努力,并且依法行政、依法监督、加强法治教育,规范和引导体育社会组织在法律框架下开展各种活动。[2] 于文谦、戴红磊(2014)认为,合法性价值是体育社会组织存在的基础,彰显着体育社会组织自治的重要特征,同时也体现出现代社会对体育社会组织发展的明确诉求。但是在体育社会组织发展中所出现的公共性缺失、政治化倾向和意识形态虚伪等价值困窘都会阻碍其健康发展,影响其有效运行。[3] 宋军生(2012)认为,体育社会组织自身具有治理权力,行业协会的权力主要源于国家法律授权、政府委托,以及契约和"事实契约"。[4] 孙哲、戴红磊等(2018)认为,体育社会组织的决策权基本掌握在政府或权威者手中,再加上大部分体育社会组织无挂靠单位、注册困难,无法成为"正规军",导致其合法性不足,故需要实施备案管理、加

---

[1] 参见李晓栋、常莹莹、颜秀珍:《基于项目制的社区体育治理模式研究:结构、机制与成效》,载《天津体育学院学报》2022年第3期。

[2] 参见张金桥:《我国自发性体育社会组织的合法性及其发展中的政府职责》,载《天津体育学院学报》2013年第3期。

[3] 参见于文谦、戴红磊:《体育社会组织的价值困窘与解蔽》,载《武汉体育学院学报》2014年第8期。

[4] 参见宋军生:《论体育行业自治与司法管辖》,载《体育科学》2012年第5期。

强组织合作、转变组织态度、推进法治建设。① 郇昌店、张伟(2018)认为,在区域性群众体育治理中,体育社会组织的建立有赖于地方政府和参与者的制度性合力赋权,政府部门应保障基础性资源供给,充分发挥其专业优势,从而形成政社合作治理的格局。② 万文博、王政等(2019)认为,我国一些省市实施了体育社会组织培育"创新工程",取得了比较突出的成效,很多做法值得推广——建立体育社会组织职能清单制度和开放准入制度;健全"政社互动、合作共治"机制;完善综合监管机制。③

任海(2020)提出,我国体育治理的逻辑是以各级政府作为核心驱动支撑,但随着经济社会的转型,政府驱动逻辑已经失去合理性,必然转向多主体的共建共治共享,其中,应在法治思维的导向下建设各类体育社会组织,发挥其专业治理机构的作用。④ 冯晓丽、崔佳柠(2020)认为,我国体育社会组织拥有雄厚的群众基础,基本赢得了社会的承认和信任,具备社会合法性,但只有少部分体育社会组织经正式登记具备了合法身份,缺乏官方合法性,可以从普遍备案、等级许可和公益认可三个方面解决"转正"问题。⑤ 杨远波、陈丛刊(2020)认为,在政社关系合一或尚未完全剥离的背景下,政府掌握着体育社会组织的核心资源,使体育社会组织不得不依附于政府,这不利于其自治能力的提升,需要加大体育行政部门的简政放权力

---

① 参见孙哲、戴红磊、于文谦:《我国体育社会组织培育路径研究——基于社会治理的视角》,载《西安体育学院学报》2018年第1期。
② 参见郇昌店、张伟:《群众性体育活动的草根动员与政府治理转型》,载《体育科学》2018年第12期。
③ 参见万文博、王政、蔡明龙:《江苏省政府培育体育社会组织的实践及路径优化》,载《体育学刊》2019年第5期。
④ 参见任海:《中国体育治理逻辑的转型与创新》,载《体育科学》2020年第7期。
⑤ 参见冯晓丽、崔佳柠:《新时代我国体育社会组织高质量发展研究》,载《体育学刊》2020年第2期。

度,进一步优化"放管服"改革,尽可能将权力下放至基层。① 尚广杰、史明娜(2020)认为,由于体育社会组织的资源主要源于政府供给,这既造成了体育社会组织对于政府资源的过度依赖,也造成了其与政府权责不清的关系,急需通过完善相关政策规定、制度规范,调整和优化体育公共资源配置,并对资源供给状态、效率、效果进行实时评价,实现资源效益的最大化。② 丁洁、黄亚玲等(2021)认为,我国现行的"双重许可登记制度"以及地方出台的社区社会组织的登记备案管理办法中限制性的规定,使社区体育社会组织难以获得合法地位,需要通过"公益孵化"协助初创期的社区体育社会组织增强能力,满足准入制度要求,从而进行注册或备案登记,以获得合法性身份。③ 张靖、李晓栋(2022)认为,体育社会组织单纯依靠政府的资源供给已经无法满足现有的体育治理需求,需要体育社会组织充分利用自身的人员、组织和行业优势获取社会市场方面的资源,尤其是社会资本。④

(四)体育社会组织治理监管与评价研究

体育社会组织治理监管与评价一直存在不少问题,研究者围绕这些问题展开了多视角的分析。崔开华等(2008)认为,组织对社会责任认识的程度以及融入社会责任实践的积极性是实现社会组织有效监管的重要方法之一。⑤ 黄红媛、李荣日(2015)认为,社会各

---

① 参见杨远波、陈丛刊:《"控制权"理论视角下政府与基层体育社会组织互动关系的创新》,载《上海体育学院学报》2020年第8期。
② 参见尚广杰、史明娜:《体育社会组织参与社区治理的理论逻辑、现实困境与实践路向》,载《广州体育学院学报》2020年第5期。
③ 参见丁洁、黄亚玲、李聿铭:《我国社区体育社会组织能力建设研究》,载《体育文化导刊》2021年第7期。
④ 参见张靖、李晓栋:《体育社会组织在"政社合作"治理中的独立性何以实现?——基于太原市F妇女体育协会的个案研究》,载《体育学刊》2022年第3期。
⑤ 参见崔开华等:《组织的社会责任》,山东人民出版社2008年版,第19页。

界对体育社会组织多渠道、多层次的监督机制已经基本形成,但我国还没有建立完善的体育社会组织评估模式,同时主要由民政部门和业务主管部门监督的模式还比较落后,目前需要通过完善体育社会组织评估体系,建立体育社会组织他律机加以解决。[1] 周青山(2016)认为,大量体育社会组织缺乏与国家政治发展的制度整合,缺乏促进经济发展的动力与活力,缺失法律地位,没有切实满足人民的需求,忽略了对社会关切的回应,针对社会责任开展的体育社会组织监管没有得到实效。[2] 徐家良(2016)认为,虽然以第三方评估机构为标志的社会评估主体已经出现,但依旧存在评估规范不足、评估公信力不够、评估风险突出等问题。[3] 陈丛刊(2017)认为,可以利用社会责任国际标准促进组织履行社会责任,这是完善体育社会组织监管的重要思路和方法,但是在实践过程中体育社会组织面临着不同的问题。例如,组织治理实效有待加强、人权至上观念薄弱等。出现这些问题的主要原因是运用社会责任国际标准的过程监管和评估体系缺失,即监管和评估所包含的组织外部监管以及组织内部制度建设和从业人员的道德约束等都严重缺乏。[4] 同时,其又进一步提出,针对我国体育社会组织监管存在的政府监管执行力软散、社会监管驱动力不足、社会组织自身监管责任缺失、多元协同监管乏力等问题,需要通过引入社会责任国际标准分类制定体育社会组织履行社会责任的国家和地方标准,创新体育社会组织履行

---

[1] 参见黄红媛、李荣日:《体育社会组织治理理论要素研究:呈现与构建》,载《沈阳体育学院学报》2015年第6期。
[2] 参见周青山:《论中国体育治理法治化》,载《北京体育大学学报》2016年第6期。
[3] 参见徐家良主编:《中国社会组织评估发展报告(2016)》,社会科学文献出版社2016年版,第168~171页。
[4] 参见陈丛刊:《体育社会组织监管新视阈:社会责任国际标准》,载《北京体育大学学报》2017年第5期。

社会责任的评估机制,发挥互联网平台在"互联网+"时代的新兴监督作用,引导体育社会组织发布《社会责任年度报告》,实现体育社会组织的有效监管。① 杨华、张小航(2018)认为,公众仅作为合作治理的参与客体而不参与监督,在监督方面缺乏公众参与的制度化渠道,独立的第三方机构对合作治理进行过程监督的机制也没有建立,使政府与体育社会组织的合作治理陷入困境,需要从内部制定法律法规,对整个治理过程进行管理、检查和督促,同时加强政府与社会组织之间的相互监督;从外部建立"第三方"机构加强监督。②

三、先行研究述评

体育社会组织依法治理始终是国外学界关注的热点问题,研究者从不同视角展开研究,形成了一系列代表性观点,这为本书提供了有益借鉴。主要体现在以下几个方面。

第一,其他国家建立了相对独立的体育自治系统,体育组织的治理主体身份明确,国外研究者围绕其身份来源、主体地位和性质等相关内容展开分析,这为本书进一步解读我国体育社会组织的治理主体身份提供了借鉴。例如,针对欧洲大多数国家体育治理的三种传统范式,研究者对体育社会组织治理主体架构、性质、身份拓展等展开了多层面的分析,形成了较为清晰的逻辑主线。

第二,其他国家的体育治理体系较为完善,很注重体育社会组织治理制度的建设,在各个领域均形成了较为成熟的促进和规制秩

---

① 参见陈丛刊:《体育社会组织监管的价值诉求、多维困境与实现路径——基于社会责任国际标准视角》,载《上海体育学院学报》2017年第4期。
② 参见杨华、张小航:《我国体育治理中政社合作的现实困境及路径选择:以上海市为例》,载《首都体育学院学报》2018年第5期。

序。从文献资料看,研究者重点关注的问题主要有体育社会组织章程、内部管理制度、外部保障制度等。其中很多观点对分析我国体育社会组织治理制度的优化具有启示意义。

第三,其他国家大多从多个维度建构了体育领域依法运行机制,以及监管和评价机制,研究者主要围绕体育善治要素、网络化运行机制、资源融合机制、诉求表达机制等展开分析,提出了丰富翔实的观点,这为本书探究我国市域体育社会组织的多元治理机制提供了充分借鉴。例如,美国的体育社会组织建立了社会网络,形成了与其他社会组织交互作用的庞大结构,这有助于展开对各类资源的整合,同时也有利于自身话语权的建构和拓展。监管机制和评价机制也是其他国家体育治理中建设的重要内容。虽然近些年出现了各种"丑闻",严重影响了体育系统的"可信度",但美国建立的权力监管机制,以及有效治理评价机制仍然值得借鉴,尤其是通过标准化技术支持,形成了量化的指标体系。

第四,近5年来,研究者高度关注体育社会组织的深化改革、法律赋权、多途径有效运行、高效监管等方面的内容。

综观国内外研究,仍然存在以下问题。

第一,国外研究者较为注重对体育社会组织治理的具体问题分析,缺乏对其学理内涵、多元价值,以及践行社会责任的分析。

第二,国外研究始终围囿在具体的运动项目或领域之中,较为缺乏以宽泛性的视野看待普遍性存在的问题,尤其是较为缺乏在整个地域联结中一体化探讨体育领域的法律制度建设。

第三,国内相关研究成果对国家治理中出现的新理念和新问题的深入论证不够,尤其是缺乏对市域体育社会组织法律制度的整体性理论和实证研究。

第四,国内相关研究成果较为缺乏对体育社会组织依法治理的案例分析,对国外第一手资料的掌握也需要进一步拓展。

综上所述,市域社会治理是在我国经济社会发展语境中治理理念与方式的一次创新,具有突出的中国特色。本书紧紧围绕国家重大决策,综合多学科观点,运用多种研究方法对市域体育社会组织治理制度展开系统分析,旨在推进依法治体进程,提升治理效能。

第二章
市域体育社会组织治理制度的基本理论问题

第一节 市域体育社会组织治理制度的理论内涵及主要内容

体育的治理具有结构性特征,以高质量发展为中心。本书遵循"国家治理"原则,综合法学、社会学、权利哲学、地缘学说、治理理论、资源融合理论等确立市域体育社会组织治理"法治融通"的立论,同时,在考证西方国家相关经验的基础上,提出"五位一体"集成模型,并从体育社会组织的他治与自治,以及地缘融合治理、规范融通、资源融通、赋权维度形成论证的逻辑主线。

一、市域体育治理的相关概念

1. 治理

"治理"一词来自古希腊语"kybernao",原意为引导或指导。西塞罗认为,"治理"(governance)一词的起源可以追溯到乔叟(Chaucer)时代,在那个时期,治理带有明智和负责任的含义,这是恰当的。从内涵看,治理既是行为,也是方法;就后者的含义而言,其主要用于公司运营。值得记住的一句话是:"真正的治理者安静地坐在船尾,很少有人看见他动一动。"[1]在西塞罗看来,治理与智慧和执行力(具体的决策行为和管理行为)密切相关,简单地说,治理的真谛是治理者把控全局的能力。在公共管理领域,治理理论的主要创始人之一詹姆斯·N.罗西瑙认为,"治理是通行于规制空隙之间的那些制度安排,或许更重要的是当两个或更多规制出现重叠、冲突时,或者在相互竞争的利益之间需要调解时才发挥作用的原则、规范、规则和决策程序"。[2] 在詹姆斯看来,治理的基础是制度安排,利益冲突是治理的动力,二者之间建构起一定的张力,即当没有利益冲突时,治理无须发挥现实作用,只有出现冲突时,才需要利用既定的规则,启动调解程序。从权力配置的视角看,治理的本质体现出的是多权力中心,无论是公共机构还是私人机构,只要其得到了法律和公众的认可,就都可能成为在不同层面上的权力中心。[3] 这也是西方学界目前具有较高共识性的一种观点,这一界定将政府和行政的权威、制裁剥离出去,以多元主体权力配置为中心,并在完善法制、建构良好秩序、资源整合等方面提出具体的举措。前文从引导与责任、综合能力、冲突调解、权力配置等不同

---

[1] A. Cadbury, *Governance and Chairmanship a Personal View*, Oxford University Press, 2002, p. 128.

[2] [美]詹姆斯·N.罗西瑙主编:《没有政府的治理》,张胜军、刘小林等译,江西人民出版社2001年版,第9页。

[3] See G. Stoker, *Governance as Theory: Five Propositions*, International Social Science Journal, Vol. 50:155, p. 22–34(1998).

的方面对"治理"一词进行了界定,提出了很有价值的观点,为本书提供了很好的启示。但是从我国经济社会和体育深化改革的现实情况看,恐怕上述定义很难完全适用。因此,要从立足我国经济社会发展、从国家治理现代化中寻找答案。

习近平总书记指出,"国家治理体系是在党领导下管理国家的制度体系,包括经济、政治、文化、社会、生态文明和党的建设等各领域体制机制、法律法规安排,也就是一整套紧密相连、相互协调的国家制度"。[①] 从不同的维度看,国家治理体系包含不同的制度要素,其主要抓手是通过"一揽子"的制度建设,促进经济社会各个领域的发展。治理能力是国家治理体系的集中体现,也是确保治理成效的总体要求。习近平总书记在谈到这一点时指出,"国家治理体系和治理能力是一个国家制度和制度执行能力的集中体现。……国家治理体系和治理能力是一个有机整体,相辅相成,有了好的国家治理体系才能提高治理能力,提高国家治理能力才能充分发挥国家治理体系的效能"。在谈到如何提升国家治理体系和治理能力现代化时,习近平总书记进一步指出,"推进国家治理体系和治理能力现代化,就是要适应时代变化,既改革不适应实践发展要求的体制机制、法律法规,又不断构建新的体制机制、法律法规,使各方面制度更加科学、更加完善,实现党、国家、社会各项事务治理制度化、规范化、程序化"。[②] 习近平总书记关于国家治理体系的论述有三个关键点:一是党的领导是内核,是确保实现既定战略目标的核心;二是国家治理体系要适应时代发展,不断深

[①]《习近平谈治国理政》,外文出版社2014年版,第91页。
[②] 习近平:《切实把思想统一到党的十八届三中全会精神上来》,载《人民日报》2014年1月1日,第2版。

化改革,尤其是要聚焦创新体制机制,不断完善法律法规体系建设;三是要不断采取有效的治理举措,全面落实,切实落实国家事务和社会事务,强化提升治理成效。① 从根本上讲,党的领导是实现我国经济社会内涵发展的逻辑必然,同时也是实现中华民族伟大复兴的决定性因素。《宪法》总纲第 1 条第 2 款明确提出,"中国共产党领导是中国特色社会主义最本质的特征";党的二十大报告也深刻指出,坚持中国共产党领导是建设中国式现代化的根本保证和本质要求。"国家逻辑"是我国治理体系现代化进程中必须坚守的基本原则,②同时也是完善"一轴多元"治理体系应当坚持的主线。在这一体系中,党的领导是主轴,贯穿始终,政府是负责推行各项治理举措的重要主体,社会组织和公众是多元治理结构的协同主体和参与主体,其目的是增进公共利益,维护公共秩序。③ 更进一步地讲,"在当代中国的治理实践中,执政党和政府体系并非独自运行、各成一系,而是在执政党集中统一领导下,形成了统筹协同的党政结构"。④ 结合上述分析,基于"国家逻辑"的国家治理,主要是指"国家政权的所有者、管理者和利益相关者等多元行动者在一个国家的范围内对社会公共事务的合作管理,目的是增进公共利益,维护公共秩序"。⑤ 这一定义也包含了三层含义:一是治理包含多元行动

---

① 习近平:《坚持和完善中国特色社会主义制度 推进国家治理体系和治理能力现代化》,载《求是》2020 年第 1 期。
② 参见陈进华:《治理体系现代化的国家逻辑》,载《中国社会科学》2019 年第 5 期。
③ 参见李友梅:《当代中国社会治理转型的经验逻辑》,载《中国社会科学》2018 年第 11 期。
④ 王浦劬、汤彬:《当代中国治理的党政结构与功能机制分析》,载《中国社会科学》2019 年第 9 期。
⑤ 何增科:《理解国家治理及其现代化》,载《马克思主义与现实》2014 年第 1 期。

者,尤其是人民群众应广泛参与,他们是国家权力的所有者;二是行动者要遵循"行动方案",即建构多元的规范体系,开展合作管理;三是治理的目标非常清晰,增进公共利益,即维护公共秩序。

2. 市域治理

"市域"的有序发展和优化布局,对于推进城乡要素平等交换、产业结构优化调整、资源与市场优化配置、城乡融合发展及乡村振兴战略促进具有重要的战略意义,而"县城作为城乡要素流通、地域连接的重要载体,是推进城乡融合的关键地理单元"。[1] 市域是一个既包括城镇地区又涵盖乡镇的区域单元,其既是一个行政区域概念,同时也是一个地域文化和地缘概念。"市域社会治理,是指以设区的市为地域范围,依靠党委政府、社会组织、企事业单位及个人等主体,创新社会治理机制,对辖区内的人民、事务、组织等进行管理和服务的总和或过程。"[2] 在市域治理中,县域是关键。从历史发展的角度看,县是两千多年以来中国基层较为完整的行政建制,并且具有成熟的组织形态。[3] "郡县治则天下安,县域兴则国家强。县域包括城镇和乡镇,它是承上启下、沟通条块、连接城乡的枢纽,也是我国经济发展和社会治理的基本单元。"[4] 党的十八大以来,深入推进县域治理改革已经成为提升社会治理效能的关键。"县域居于'国家—社会''城市—乡镇'的接点位置","从一系列国家战略和

---

[1] 刘彦随、杨忍、林元城:《中国县域城镇化格局演化与优化路径》,载《地理学报》2022 年第 12 期。

[2] 戴大新、魏建慧:《市域社会治理现代化路径研究——以绍兴市为例》,载《江南论坛》2019 年第 5 期。

[3] 参见王敬尧、黄祥祥:《县域治理:中国之治的"接点"存在》,载《行政论坛》2022 年第 4 期。

[4] 许宝健:《习近平关于县域治理的重要论述及其实践基础》,载《行政管理改革》2022 年第 8 期。

政策制定角度看,从县域找到新的突破口和增长点,是当前社会各界的基本共识和努力方向。这既表明县域的特殊角色、关键地位和战略意义,也表明'国家—社会'二分法已经无法解释当下的中国治理,社会实践恰恰展现出二合一的趋势"。① 习近平总书记深刻地指出,"在我们党的组织结构和国家政权结构中,县一级处在承上启下的关键环节,是发展经济、保障民生、维护稳定、促进国家长治久安的重要基础"。② 同时,强调要"把强县和富民统一起来,把改革和发展结合起来,把城镇和乡镇贯通起来"③,不断取得事业发展新成绩。我国在漫长的历史进程中,已经形成了成熟的基层行政组织结构,县是开展基层社会治理的关键节点。综合来看,市域治理有两个方面的内容要尤为关注。一方面,在整个"国家治理逻辑"中,县域是市域治理的基础,抑或治理的逻辑起点,同时也担负着极为重要的"桥梁"作用。在国家治理重心逐步下沉的背景下,县域日益成为筑牢我国经济社会发展基础的重要载体。另一方面,我国地域辽阔,地域文化差异巨大,这使各个市域和县域的发展大相径庭,呈现出有别于其他区域的民俗特质、资源禀赋和社会形态,这是扎根基层社会,进行差异性治理的重要抓手。

3. 市域体育治理

市域体育治理有着独特的内涵,其本质是将城市体育、乡镇体育、农村体育一体纳入发展框架中,发挥着重要的枢纽作用。坚持"国家逻辑"是市域体育治理必须遵循的根本性原则,也是建构协

---

① 王敬尧、黄祥祥:《县域治理:中国之治的"接点"存在》,载《行政论坛》2022 年第 4 期。
② 《习近平谈治国理政》(第 2 卷),外文出版社 2017 年版,第 140 页。
③ 中国扶贫发展中心组织编写,吕方、黄承伟等:《决战脱贫攻坚 决胜全面小康——兰考的故事》,人民出版社 2023 年版,第 30 页。

同管理制度的逻辑起点。基于前文的分析,市域体育治理主要体现出以下三层含义。

第一,市域体育治理坚持"一轴多元"的协调统一。体育治理必须坚持党政协调领导,这是有效整合、配置资源,充分调动多元主体积极性的关键。《体育法》第 2 条提出"体育工作坚持中国共产党的领导",该条款确立了整部法律的主轴。国家着力推动"高位治理转型",有助于构建人人有责、人人尽责、人人享有的社会治理共同体,同时也有助于多元治理的有序运行和资源整合,从而激发社会力量推动我国治理创新。[1] 随着我国体育事业和体育产业的蓬勃发展,需要明确国家、政府、行政部门、体育社会组织(包括体育协会)、体育俱乐部等多元治理主体的权责,实现体育治权的协调一致。这一点在 2022 年修订的《体育法》中得到了充分体现。国家作为核心法律关系主体,承担着主要的体育义务,其中有 50 多个条款对此进行了明确规定,涵盖体育事业和体育产业发展的方方面面。就实现基本权利的目标而言,国家法律义务的不断拓展,有助于提供更充分的、系统的保障。政府和行政部门作为核心的体育治理主体,代表国家行使决策权、管理权、奖励权、评估权、处罚权等,同时也履行各类体育保障义务。群团组织、社区组织是开展群众体育活动的主要主体,享有开展各类体育活动和赛事的权利和义务;各级单项体育协会、各级体育总会、自治性体育组织、反兴奋剂机构等是体育不同领域治理的业务主体,分别享有所辖业务的管理权、实施权、交流权;而体育仲裁委员会是专设的组织机构,享有独立的仲裁权。应该说,经过《体育法》的甄选和程序性引导,已经建立了"共

---

[1] 参见黄晓春:《党建引领下的当代中国社会治理创新》,载《中国社会科学》2021 年第 6 期。

治框架",发挥出了作为国家法律的统合能力。

第二,市域体育治理始终坚持行业和基层体育制度的完善。制度创新与统一的核心要求是不断优化治理结构,实现各类制度的协调有序落实。新的历史时期,体育善治需要全面充分地解读国家的大政方针,不断创新管理制度,尤其是要加强顶层设计,重点解决主要矛盾。"在组织结构上,党政结构中的地方政府、国家行政内的地方行政、中心工作下的价值评价导向,为地方政府的价值治理提供了坚强的组织制度依托。"[1]毫无疑问,制度统一是体育治理的核心内容,其将决策权、管理权、实施权进行了合理配置,建立起稳定的治理秩序。市域体育治理应重点对所辖区域内的全民健身、青少年和学校体育、竞技体育等领域作出制度安排,并在遵循一般性组织结构的基础上,进一步突出专业主体和社会权威机构的治理主体地位。2022年修订的《体育法》是新时期开展市域体育治理的核心依据,其中对"全民健身与全民健康融合制度""体教融合制度""体育与健康、文化、旅游、养老、科技等融合发展制度""社会监督制度"等进行了一体化设计,这些为提升体育治理效能奠定了基础。就法律的本质而言,《体育法》的制度设计和安排表征出的是将政府(行政)的权威机制、市场的平等交换机制和社群的自治机制进行深度融合,[2]为后续体育事业和体育产业的共治转向提供制度通道。

第三,市域体育治理聚焦体育发展的现实问题的解决。随着体育的迅猛发展,在多个领域也出现了不少亟待解决的问题。体育治

---

[1] 周尚君:《地方政府的价值治理及其制度效能》,载《中国社会科学》2021年第5期。

[2] 参见杜辉:《面向共治格局的法治形态及其展开》,载《法学研究》2019年第4期。

理的要义就是要纾解矛盾,解决主要问题。从群众体育开展的角度看,当前市域体育治理需要重点解决三个方面的问题。一是如何高效促进人民的身心健康。就高效管理而言,最有效的手段非"制度"莫属,特别是法律制度。在法治框架之下,权力不但可以得到有效控制,而且能够在积极层面有所建树。[1] 体育的高效治理需要细化行政部门的主管事项、体育项目管理制度、经营高危险性体育项目的申请与管理、体育执法机制、地方政府年度体育工作报告制度等,同时需要突出制度机制建设,强化主体责任的落实。二是应进一步细化治理的对象和行为。市域体育覆盖范围广泛,包括群众体育、学校体育、职业体育、专业体育、体育市场、后备人才培养等,同时还担负着促进经济社会发展的历史使命,这就需要细化治理的对象,将公益、私益甄别开来。体育社会组织的治理也需要明晰对象,规范管理行为,尤其是要在业务开展和体育活动安全参与方面给予专业支持。三是如何对相关主体权力及其行使进行"严密监督"。《中共中央关于全面推进依法治国若干重大问题的决定》提出,在全面推进依法治国,建设中国特色社会主义法治体系、建设社会主义法治国家的进程中,高效的法治实施体系、严密的法治监督体系必不可少。[2] 习近平总书记也多次指出:"要坚持用制度管权管事管人,抓紧形成不想腐、不能腐、不敢腐的有效机制,让人民监督权力,让权力在阳光下运行,把权力关进制度的笼子里。"[3]体育治理

---

[1] 参见江必新、张雨:《习近平法治思想中的法治监督理论》,载《法学研究》2021年第2期。

[2] 参见习近平:《中共中央关于全面推进依法治国若干重大问题的决定》,载《人民日报》2014年10月29日,第1版。

[3] 习近平:《在庆祝全国人民代表大会成立60周年大会上的讲话》,载中国人大网2014年9月5日,http://www.npc.gov.cn/zgrdw/npc/zt/qt/jndbdhcllszn/node_25454.htm。

应聚焦各类基层治理主体——县级以上人民政府及相关行政部门,将它们享有的事权、管理权、执法权等统一纳入监督体系中,形成部门监督、市场监管、社会监督、行政问责一体的制度架构。《体育法》中已经对上述问题进行了一系列条款设计,这对进一步规范体育权力运行、筑牢体育治理基础、提质增效将发挥重要的促进作用。此外,体育治理也应针对不同领域提出细化的举措,并综合采取多种评价方式。体育社会组织的治理应聚焦居民体育活动的参与和体育赛事活动的开展,并将其纳入主管部门的综合监督和评价体系中。

二、市域体育社会组织的主要类型

随着我国体育事业的不断深化改革,传统政府主导的治理体制正逐步转型为政府负责、社会协同、公众参与、法治保障的新型治理体制。随着居民健康和健身需求的不断提升,体育社会组织也日益承担着多样的职能,发挥出重要的作用。随着我国特色社会主义市场经济建设的不断推进,政府做好放权、严管、优化综合配套体系,逐步释放社会组织力量,是推动我国群众体育发展的重要经验。体育社会团体作为重要的治理主体之一,以群众需求为导向,在提供公共体育服务、发展群众健身休闲项目、倡导健康文明生活方式、实行科学健身指导、构建全民健身组织网络、促进竞技体育发展等诸多领域扮演着重要角色。[1] 它不仅能够及时满足群众多元化、多层次的体育需求,还能平衡公共体育服务中的"政府失灵"和"市场失灵"现象,降低行政成本、优化体育资源配置,从而

---

[1] 参见陈丛刊、陈宁:《论我国体育社会组织发展新的历史方位》,载《体育科学》2018年第9期。

提升政府和行政部门的服务效率。① 在我国,体育社会组织主要有广义和狭义之分。"广义的体育社会组织既包括根据现行法规在各级民政部门登记注册的体育社团(包括项目和人群协会)、体育民办非企业单位(体育社会服务机构)、体育基金会等非营利性组织,还包括各级各类体育事业单位和共青团、妇联、工会等人民团体下属的体育组织,以及未根据现行法规在各级民政部门登记注册的自发性群众体育组织(包括健身活动站点、团队、网络组织等)。狭义的体育社会组织是指根据现行法规在各级民政部门登记注册的体育社团(包括项目和人群协会)、体育民办非企业单位(体育社会服务机构)、体育基金会等非营利性组织。"②

从现实发展情况看,以下四类正式成立的市域体育社会组织在治理中发挥着重要作用:体育基金会、体育协会、体育社团、体育俱乐部。这些体育组织具有共性特征。一是正式成立。《民法典》第90条规定:"具备法人条件,基于会员共同意愿,为公益目的或者会员共同利益等非营利目的设立的社会团体,经依法登记成立,取得社会团体法人资格;依法不需要办理法人登记的,从成立之日起,具有社会团体法人资格。"二是非营利性。依据《社会团体登记管理条例》,这些组织都是公民自愿组成,自主管理,为实现会员共同意愿,按照其章程以体育运动(或活动)为目的的非营利性社会组织。三是专业性。这些组织在所负责领域,或者所负责事务方面都具有较强的专业能力,具备独立开展各项工作的业务能力。近年来,我

---

① 参见郭修金、戴健:《政府购买体育社会组织公共体育服务的实践、问题与措施——以上海市、广东省为例》,载《上海体育学院学报》2014年第3期。

② 黄亚玲、李理:《体育社会组织》,载中国大百科全书第三版网络版2022年1月20日,https://www.zgbk.com/ecph/words?SiteID=1&ID=138792&Type=bkzyb&SubID=61558。

国也颁布了一系列文件,提出了加强体育社会组织治理的一系列举措。《全国性体育社会团体管理暂行办法》提出:"为加强对全国性体育社团(以下简称社团)的业务指导和管理,保障社团依法行使行业管理职能……"①《国务院关于印发全民健身计划(2021—2025年)的通知》(国发〔2021〕11号)更是强调要"加大政府购买体育社会组织服务力度",②引导体育社会组织参与承接政府购买全民健身公共服务,推动由政府负责、社会参与的体育公共服务体系格局的形成。《全民健身条例》(2016修订)第3条规定:"国家推动基层文化体育组织建设,鼓励体育类社会团体、体育类民办非企业单位等群众性体育组织开展全民健身活动。"③《国务院办公厅关于印发体育强国建设纲要的通知》(国办发〔2019〕40号)提出,发挥全国性体育社会组织的示范作用,推进各级体育总会的建设工作,完善全民健身组织网络,使其覆盖城乡、规范有序且富有活力,从而带动各级各类单项、行业和人群体育组织开展全民健身相关活动。④ 上述法律法规为各类体育社会组织的发展提供了依据。从基层群众体育治理看,体育社会组织是重要的自治主体,其享有体育的管理权、实施权,同时接受行政部门的指导、评估,以及社会的监督。当前,基层群众体育治理存在的问题比较突出,还没有形成行之有效的管理架构,急需开展县域体育社会组织的系统建设。

这里需要注意的是,还有一类自治性的市域体育组织也日益在

---

① 国家体育总局:《全国性体育社会团体管理暂行办法》,载中国政府网2003年5月15日,https://www.sport.gov.cn/gdnps/content.jsp?id=572604。
② 国务院:《关于印发全民健身计划(2021—2025年)的通知》,载中国政府网2021年7月18日,https://www.gov.cn/gongbao/content/2021/content_5631816.htm。
③ 国家体育总局:《全民健身条例》,中国法制出版社2009年版,第13~21页。
④ 参见国务院办公厅:《关于印发体育强国建设纲要的通知》,载中国政府网2019年8月10日,https://www.gov.cn/gongbao/content/2019/content_5430499.htm。

群众体育活动中发挥突出的作用。根据《体育法》第68条的规定，国家鼓励发展青少年体育俱乐部、社区健身组织等各类自治性体育组织。此类组织主要有社区健身组织、乡镇体育组织、城乡体育俱乐部等。这些组织虽然没有正式注册成立，但一般均扎根基层，在小范围内具有良好的群众基础，在现实中发挥着积极的作用。据央视新闻和《人民日报》的报道，各类"村超""村BA"火爆开展，这些都是当地老百姓自发组织开展的乡镇社区体育赛事，扎根乡镇土壤的社会性体育组织发挥了突出的作用。[①] 本书所指的体育社会组织不包括自主性的体育组织，主要是上述正式成立的体育基金会、体育协会、体育社团、体育俱乐部4类体育组织，其中体育协会和体育社团作为主要的治理主体，是本书的主要研究对象，尤其在基层体育活动开展过程中，重点对这两类体育组织进行实证分析。

三、市域体育社会组织治理制度的理论模型及主要内容

(一) 市域体育社会组织治理制度的理论模型

基于对多元体育规范的阐述，市域体育社会组织治理的法律制度主要是指依据体育法律规范所建构形成的一系列制度和机制，其中"赋权"和"自治权"是关键。本书综合社会学、法律诠释学、管理学、经济学、地缘学说等理论观点，在明确市域体育社会组织依法治理价值定位的基础上，确立了理论集成模型，即构建了"法治融通"的基本立论，详见图2-1。

[①] 参见宋承良:《体育振兴美丽乡镇：足协篮协能为"村超"和"村BA"做点什么?》，载中国网，http://henan.china.com.cn/edu/2023-06/09/content_42403151.htm。

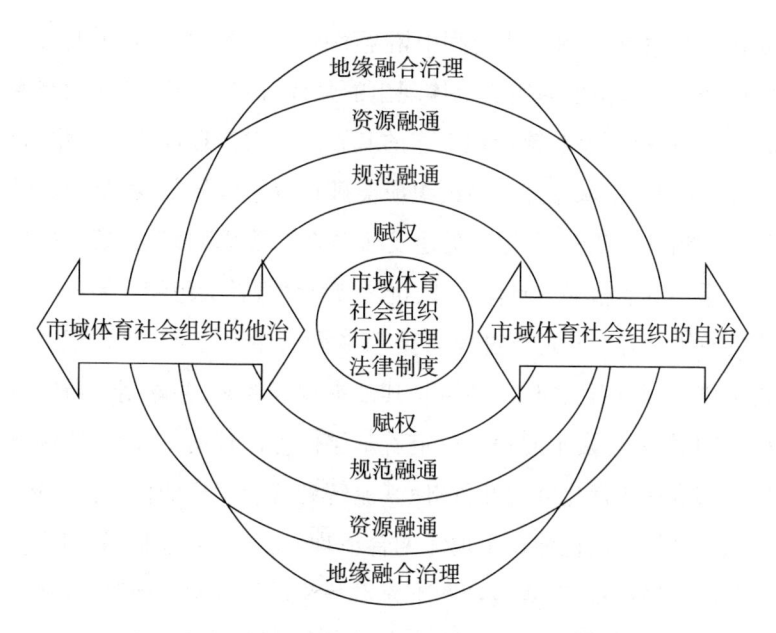

[图示:市域体育社会组织治理制度的理论模型,包含同心圆结构,由外到内依次为"地缘融合治理""资源融通""规范融通""赋权",中心为"市域体育社会组织行业治理法律制度",两侧箭头分别指向"市域体育社会组织的他治"和"市域体育社会组织的自治"]

图 2-1 市域体育社会组织治理制度的理论模型

党的二十大报告进一步提出了深化"依法治国方略"的总体思路和举措,其中把发展"全过程人民民主"确立为实现中国现代化的重要抓手,对其作出了全面部署,提出了明确要求。市域体育社会组织治理也应坚持这一导向,稳步实现结构性的治理转型。马克思主义国家治理理论突出强调要不断突破治理的结构性制约,其中,重点从政府职能转变、制度体系建设、治理方式创新、利益格局重塑、强化基层治理基础等方面提出了一系列举措。市域体育社会组织治理制度的理论集成模型总体遵循这一理论逻辑,从五个维度开展系统建设。其中,赋权是政府职能转变的具体体现,它将他治赋权和自治赋权一体纳入法治框架中,旨在强化市域体育社会组织的治理主体身份和地位。从整体看,赋权是市域体育社会组织实现体育善治的基本要素,在依法获得治理主体资格的基础上,进一步获得了自治权,并在治理进程中拓宽了提升自身能力及扩大发展空间的途径。规范融通实质上体现出的是体育组织的决策权和制度建构权,这是开展系统治理工作的基石。针对治理规范分散化、碎片化等问题,市域体育社会组织应突破传统思维局限,将整个区域纳入共治共享范畴,分层分类建设细化的多元规范体系。资源融通则是重塑利益格局的具体体现,也是市域体育社会组织开展各项工作的有力保障。从运行过程来看,资源融通注重的是市域治理中的价值创造,而信任、纽带、网络是其基本构成要素,共赢则是最终目标。同时,社会资本的积累决定着基层体育治理的有效性,资源融通能够进一步优化资源配置,使其流转到群众多样的体育需求中。市域体育治理的优势在于地缘融合治理,它深入县域基层,构建多元化的地缘联系,有效整合本土元素与流动性因素。同时,也将城市、乡镇和农村纳入一体化治理中,切实开展融合地方特色的各类体育活动。当然,市域体育社会组织治理也离不开他治与自治的协同,其本质体现出的是市域法治有自身规律,社会组织应不断成长,强化治理权秩序的建构,充分发挥其作为专业治理主体的重要作用。

(二)市域体育社会组织治理制度的主要内容

从具体治理场域的视角看,市域体育社会组织治理制度由五个维度构成,主要内容分析如下。

1. 市域体育社会组织治理的"赋权"

从法理上看,市域体育社会组织的治理权主要源于"赋权",即在市域体育活动开展过程中,需要依托各类体育组织开展有针对性的治理,这就要求在充分识别组织专业性的基础上,赋予其相对独立的治理权。依据"制度—技术"整体性分析框架,制度赋权遵循的是"核心—组织"逻辑,即赋予多种权力,开展系统性或组织化的治理;技术赋能遵循的是"多元—行动"逻辑,即聚焦具体问题和任务,将其进行分割或者切割,开展策略性或粒度化治理。① 市域体育社会组织的治理权源于相关法律规范,其遵循的也是"制度—技术"逻辑。

一方面,依据国家法律享有基本的治理权,同时依据相关法规,享有进一步的赋权,从而确立了开展系统治理的合法性基础,这也是体育领域"他治赋权"的充分体现。哈耶克曾经指出:"人类文明有其自身的生命,我们所欲图完善社会的努力都必须在以我们并不可能完全控制的自行运作的整体中展开,而且对于其间各种力量的运作,我们只能希望在理解它们的前提下去促进和协助它们。"② 在哈耶克这里,人类社会是一个非常复杂的整体,我们无法完全掌控每个领域的运作,因此在不断改造社会生态的进程中,就需要深入理解这一生态系统,厘清各类因素之间的交互影响,并借助各种力量去完善和优化它。简单地说,就是在改造社会的进程中,应以大局为重,充分尊重并利用各种力量之间的相互关系与协同作用实现治理目标。市域体育社会组织的赋权也是如此,在具体的市域场域中,主管部门应围绕所辖区域内体育法治的既定目标,分层分类赋予不同组织决策权、管理权、实施权,并建立有效的监管机制,确保能够促进和规制组织的治理进程和行为。

另一方面,市域体育社会组织立足"市域",针对主要任务,以及各领域存在的问题,动员专业力量进行细分,形成具体的运行机

---

① 参见陈潭、刘璇:《制度赋权、技术赋能与社区能动治理——中国式社区治理的三元里经验及其实践逻辑》,载《理论与改革》2023 年第 6 期。
② [英]弗里德利希·冯·哈耶克:《自由秩序原理》(上),邓正来译,生活·读书·新知三联书店 1997 年版,第 81 页。

制,并通过多元路径实施,完成既定目标。赋权不仅针对"他治",也充分体现出"自治"。在现实治理中,往往因为市域体育活动开展规模大、参与人数多,需要借助于"第三方"力量,这就要求权威的体育社会组织也要进行一定的"赋权"。组织赋能既是一种管理理念,也是一种方法,其更加"侧重于通过社会放权和授权以培育正式或非正式的组织化力量"。[1] 市域体育社会组织赋能就是通过专业放权或者授权,培育正式或非正式的组织化力量,从而在治理实践中提升组织治理的整体效率,并通过提升组织的创新能力积极应对深化变革带来的各种影响。市域体育社会组织的赋能侧重于在具体的场域中,通过调整组织治理机构,优化治理制度实现赋能,其最终目的是实现多元治理主体之间的高效配合。

2. 市域体育社会组织治理的规范融通

为了建立高效的市域体育治理秩序,就必须建立融通的体育规范,这也是市域经济社会治理的基本要求。市域体育社会组织治理规范融通主要包含以下几个方面的内容。

首先,体育规范体系是确保体育高质量发展的基石。在我国国家治理转向的进程中,已经确立了依据"多元规范"协同治理的基调。梳理当前的研究成果不难发现,目前对多元体育规范内涵的界定不清晰,混用的情况非常普遍。从法理学看,体育规范体系研究如果不适用多元法律主义,会造成内在逻辑的割裂及结构的偏差,因此迫切需要选择新的理论范式。基于体育治理的全球化和自治性特征,源于构成性关系的"规则之治"为体育规范体系研究提供了新的视野和思路,即以体育法律为基础架构,并将其他多元规范

---

[1] 唐有财、王天夫:《社区认同、骨干动员和组织赋权:社区参与式治理的实现路径》,载《中国行政管理》2017 年第 2 期。

纳入协同共治框架中,从而形成稳定有效的治理秩序。从治理实践看,当代中国的体育规范体系主要包括体育法律规范体系、党的体育规范体系、体育政策规范体系、体育治理规范体系、适用的国际体育规范体系。各类规范既相互独立,又彼此作用,共同作用于体育不同的领域。随着我国依法治体的深入,应充分发挥多元体育规范的突出作用,不断筑牢新型体育举国体制基础,优化体育协同治理秩序,尤其是应加强体育涉外法治建设,稳步提升我国的国际体育话语权,以及处理国际体育事务的能力。

其次,基于构成性关系的多元体育规范体系构成了当代中国的基本体育制度结构。从协同治理的视角看,这既是一种研究范式的突破,也是提升市域体育社会实践治理效能的基本要求。一方面,多元规范研究范式能够加深对不同体育规范体系及其效力的深入理解,在理论上系统回应市域体育"他治"和"自治"如何协调统一的重要命题。这种理解将体育治理放置于国际视野,立足市域各体育领域,从认知、行为和资源配置方面进行体育制度的双向建构,从而将多元主体纳入共治框架内,形成稳定的基层体育治理秩序。另一方面,五类体育规范体系在治理实践中具有内在统一性,共同指向市域体育的"善治"。当代中国的体育正行进在加快建设体育强国的征程上,其遵循"有为"和"有效"的总体治理逻辑,市域体育则是这一逻辑中的关键节点,这就要求其跳出现实利益和短期利益束缚的窠臼,在法治主导下赋能权力主体,并促使其充分依据多元体育规范切实开展各项工作,这是确保实现既定目标任务的关键。

最后,规范融通是进一步明确市域社会组织治理主体身份,开展依法治理的根本所在。治理规范与行业秩序密切相关,是建构稳定行业秩序的根基。美国法学家博登海默提出,"秩序是指在自然界与社会进程运转中存在着某种程度的一致性、连续性和确定性。

历史表明,凡是在人类建立了政治或社会组织单位的地方,他们都曾力图防止不可控制的混乱现象,也曾试图确立某种适于生存的秩序形式"。① 在博登海默看来,无论是自然界,还是人类社会,不同的领域和事物之间都是有规律可循的,尤其是在社会领域中,现存的各种要素都存在某种稳定性和可预测性,只有不断地找到这些要素,并确立使其稳定的秩序形式,才能控制混乱现象,实现真正的"治"。市域体育是一个具体的领域,其中包含各种治理的要素,如运动项目、体育活动、赛事资源、场地设施、市场经营、信息数据等,这就需要对这些要素进行裁量分析,厘清潜在的一致性及不确定性,进而寻求能够将这些要素统合起来协调运行的秩序形式。如果无法充分识别,不能找到有效的秩序形式,那么就极有可能出现各种混乱的情况。

3. 市域体育社会组织治理的资源融通

第一,市域体育社会组织资源的来源与使用。从资源理论学说视角看,体育社会组织的资源主要包括:人力资源、财务资源、基础设施资源(自有设施及可以使用的其他设施)、文化资源(如战略决策、制定标准、基于广泛合作的欢愉价值、多样的体育活动等)。② 目前,学界比较关注体育社会组织如何获得多样的资源,"跨组织关系"(IORs)理论模型对此提供了有力的支持。一方面,市域体育社会组织需要建立广泛的组织之间的联系。这种联系既可以是基于

---

① [美]E. 博登海默:《法理学—法哲学及其方法》,邓正来等译,华夏出版社1987年版,第207~208页。

② See Pamela Wicker & Christoph Breuer, *Understanding the Importance of Organizational Resources to Explain Organizational Problems: Evidence from Nonprofit Sport Clubs in Germany*, Voluntas International Journal of Voluntary & Nonprofit Organizations, Vol. 24:2, p. 461 – 484(2012).

上文中的"合作关系",也可以是与市场主体进行拓展的资源共享关系,同时也可以是基层松散的资源相互利用关系。"基本理论和实证研究均表明,通过建立有效沟通合作的组织间关系,能够使合作双方获得丰富多样的资源,进而可能形成具备复杂性特征的资源网络。在这一网络中,能够促进知识共享,并通过利用与外部参与者的谈判来获得优势,同时也能够使组织获得有形的资源,如设施、资金等。"[1]市域体育社会组织通过建立组织间联系能够获得以下几类资源:一是通过与体育俱乐部、学校、公共服务机构合作等,可以获得场地、设施、设备和一定资金的支持。《体育法》第86条规定:"国家鼓励充分、合理利用旧厂房、仓库、老旧商业设施等闲置资源建设用于公民日常健身的体育场地设施,鼓励和支持机关、学校、企业事业单位的体育场地设施向公众开放。"这为体育社会组织深度开展合作,系统整合相关资源提供了依据。二是与其他领域类似的组织建立广泛联系,能够在运营过程中相互学习、分享经验。从现实情况看,体育基金会、体育协会、体育社团、体育俱乐部四类组织都会和其他组织机构建立广泛的联系,搭建共享平台,这也是未来体育社会组织治理的一个趋势。例如,体育基金会通常与公共机构、企业以及个人捐赠者合作,共同推动运动员培训、比赛活动等;体育协会通常与其他相关协会共享平台和经验,共同推动赛事优化、旅游资源融合、文化民俗资源融入等。三是基于"市域",搭建城市、乡镇、农村相互联通的组织网络,共享资源,优化资源配置。中共中央办公厅、国务院办公厅印发《关于推进以县城为重要载体

---

[1] K. Misener & A. Doherty, *Understanding Capacity Through the Outcomes and Processes of Interorganizational Relationships in Small Nonprofits*, Sport Management Review, Vol.16:2, p.135 – 147(2013).

的城镇化建设的意见》提出,"支持位于城市群和都市圈范围内的县城融入邻近大城市建设发展,主动承接人口、产业、功能特别是一般性制造业、区域性物流基地、专业市场、过度集中的公共服务资源疏解转移,强化快速交通连接,发展成为与邻近大城市通勤便捷、功能互补、产业配套的卫星县城"。这一规定明确了市域的"一体化建设",其中对县域体育社会组织资源的倾斜将会成为趋势。四是与营利性的俱乐部、企业等建立联系,联合开展体育活动,不断扩大影响力。综合来看,组织之间的联系有助于解决体育社会组织面临的资源匮乏、专业知识欠缺等方面的问题,能够有力促进整个领域各方共同发展。

另一方面,市域体育社会组织还需要公共资源的支持。体育社会组织有着清晰的使命,即便其已经与其他社会组织、机构建立了广泛的联系,但获得的资源也无法完全支持其运行,同时也不能像营利组织一样,追求"以盈利为目的"的商业化运作,尤其是就一般性的体育社会组织而言,更无法以市场主体身份开展商业运营活动,这就需要公共资源给予倾斜性的支持。《体育法》第78条第1款规定:"国家鼓励社会力量发展体育事业,鼓励对体育事业的捐赠和赞助,保障参与主体的合法权益。"第80条规定:"国家支持通过政府购买服务的方式提供公共体育服务,提高公共体育服务水平。"依据上述法律规定,市域体育社会组织能够通过政府购买公共服务,以及社会力量的捐赠和赞助获得相关资源。同时,《体育法》中也进一步明确了县级以上人民政府的职责,从本级预算、投入机制、专项资金、场地设施等多个方面提出了保障体育事业发展的举措,这为市域体育组织获得更多的资源支持提供了法律依据。这里需要注意的是,市域体育社会组织中还有一类自治性的体育组织,要给予高度关注。"国家鼓励发展青少年体育俱乐部、社区健身组织等各类自治性体育组织",此类组织虽然没有正式注册成立,但是在现实中广泛存在,发挥着开展基层体育活动的积极作用,在现实的管理中,也要将其纳入扶持和引导的整体框架中。

第二,新形势下,赛事活动数据是市域体育社会组织亟待拓展的一类资源。数字信息时代,数据已经成为驱动我国经济社会发展的新的引擎。但是也应该看到,由于专门法规缺位,近年来有关体育赛事活动数据的侵权纠纷日益增多,权利保护下行压力不断加大,已经影响了我国体育数据要素市场的持续发展。针对这一突出问题,急需开展法理学研究,保障体育赛事活动数据权益,并提出具体的保护举措。

第三,市域体育社会组织治理资源的融通配置。资源理论认为,组织为了达到一定的竞争优势水平,首要的任务是要充分了解内部的资源,系统分析资源优势与绩效之间的关联程度,并在战略决策和业务开展中,不断克服劣势,拓展驱动要素,实现资源的优化配置和流转。① 当前,我国正处于体育治理的转型之中,依托行政力量的指导和支持,建立多元共治的治理机制是首要任务。市域,尤其是县域是基层体育的主要场域,同时也成为体育社会组织实现创新治理的重要基础。一方面,在城市、乡镇和农村的现实场域中,体育社会组织要积极实现所掌握资源的合理配置和流动。在以往的认知中,体育资源大多集中在城市,而在融通治理的框架下,要求体育资源向乡镇、农村等基层倾斜,这也是新时期体育法治化的内在要求。《体育法》第八章"保障条件"部分分别从经费、场地设施条

---

① See R. C. Rose, A. Haslinda & A. I. Ismad, *A Review on the Relationship between Organizational Resources, Competitive Advantage and Performance*, Journal of International Social Research, Vol. 3:11, p. 488 – 498(2010).

件、公共用地、场馆免费开放等方面作出了规定,后续应落实配套法规,强化以市域为中心的资源合理配置。另一方面,以赛事活动为载体,应突破现有框架,盘活资源,实现资源流转。体育社会组织是专业治理主体,不应仅关注和投入专业赛事,而应积极寻求与学校、乡镇体育行政部门、农村村委会的合作,将青少年赛事、乡镇赛事活动纳入治理体系。尤其是在各具特色的农村中,可以广泛融入地方文化、民俗等资源,全面打造赛事品牌。只有将赛事融入居民的现实生活中,形成流转的市场,体育治理才具备了善治的根基。

4. 市域体育社会组织的地缘融合治理

地缘融合是由地缘关系决定的,其重点在于本土要素和流动性关联要素能有序衔接。"地缘治理"是中国传统文化中的一个核心概念,主要包含三层含义:一是以"乡土"为根基。在中国几千年的农业文化中,"安土重迁,黎民之性;骨肉相附,人情所愿也"是深入骨髓的情怀。这里的"土"就是指"故土""乡土",地缘治理的核心要义就是立足乡土,遵循百姓基于乡土所形成的天性,并通过整合多种力量形成主导的价值观,教化和规范民众行为。二是基于"邻里关系"和"宗族关系"所建构形成的纽带。地缘的核心是"缘",就是形成于聚族而居环境的各种纽带。《周礼·地官·遂人》中的"五家为邻、五邻为里""四里为一酂,五酂为一鄙,五鄙为一县,五县为一遂",《孟子·滕文公上》中的"死徙无出乡,乡田同井"都是对地缘关系的解读。地缘治理所依赖的"环境"就是常说的地缘位势,其中既包括与"地域"伴生的基础要素,同时也包括空间互动所形成的关联要素和资源要素。[①] 也就是说,地缘治理通过不断整合

---

① 参见宋长青、葛岳静、刘云刚:《从地缘关系视角解析"一带一路"的行动路径》,载《地理研究》2018年第1期。

所需要的各种要素，建立起地缘纽带连接的网络。三是崇尚"礼制"。"礼制"的本源是一种社会规范和行为准则，即在各种场合中应该遵循的礼仪、礼节以及相关的制度。在中国的历史中，始终极度重视礼仪。《春秋左传正义》中的"中国有礼仪之大，故称夏；有服章之美，谓之华"，《左传·昭公二十五年》中的"夫礼，天之经也，地之义也，民之行也"，《周礼·地官司徒》中的"五曰以仪辨等，则民不越"，《吕氏乡约》中的"德业相劝""礼俗相交"等都是对地缘"礼制"的解读。今天引申来看的话，地缘中的"礼制"则突出强调的是深度融入民俗土壤中，以传统美德为载体，施"仁政"，聚民心，共筑社会秩序。基于上述分析，县域体育社会组织的地缘融合治理具有明确的指向性。主要体现在以下几个方面。

首先，扎根地方社会发展，以"地域体育善治"为中心。"地域体育"蕴含着地缘融合的各种要素，是治理的中心，其立足市域体育的整体发展，以及基层群众的多元健康需求，具有稳固的社会基础。市域体育协会治理的重点应放在融入地方治理体系上，依托不同的地域资源，建构全面覆盖的治理网络。而群众体育社团则应扎根基层群众土壤，积极寻求治理依托，不断满足群众的体育需求。从现实情况看，"乡土"是市域体育社会组织不能忽视的重点领域。乡镇体育是指故乡或长期居住市域内的一切体育元素、体育活动和体育竞赛的总称，既包括"土生土长"的传统体育，也包括某一地域内长期形成的、稳定的、带有浓郁地域特色的现代体育。① 乡镇体育具有较强的地域性、健身性、娱乐性、民俗性，是基层群众健身休闲、预防疾病、社会交往的重要途径。县域体育社会组织地缘融合治理的

---

① 参见程明吉、武亚军、解煜：《乡土体育基本理论的认知探究》，载《山东体育学院学报》2016年第5期。

核心在于扎根乡镇社会，以居民健康需求和体育需求为中心，开展群众喜闻乐见的乡镇体育活动。通过乡镇体育活动重构乡镇共同体场域，筑牢城乡居民情感连接。

其次，依托地缘位势，以整合多重资源要素为动力。基础性资源和关联性资源是体育社会组织实施地缘融合治理的基础。其主要包含三层含义：一是市域体育社会组织地缘融合治理需要基础性体育资源的支持。二是要充分利用地域优势资源。三是融合各具特色的文化资源。县域自然生态、民俗体育、传统文化等资源丰富，为体育社会组织发展提供了肥沃的土壤和坚实的基础。市域体育社会组织地缘融合治理依托地缘位势，通过整合县域各类基础性体育资源要素，充分利用城乡自然生态、民俗文化等地缘关联性优势资源，发挥资源整合优势，一体实施城乡公共体育服务治理，推动市域优势体育资源向乡镇下沉，拓展乡镇地域的多元功能，提升体育治理水平。

最后，拓展多元治理路径，以实现基础群众体育诉求为根本。多元治理是我国市域社会治理现代化的核心理念，也是体育社会组织地缘融合治理的实施手段。主要包括以下几个方面：一是依托正式治理力量。通过承接政府委托、政府购买公共服务等形式，强化政社协同，代表党和政府治理意愿、利用正式制度的强制威慑力实施治理。二是强化市域体育社会组织体系的自治力量。构建市域体育社会组织协同网络，发挥组织整合优势，一体谋划和推进城乡公共体育治理。三是扶持建立城乡体育组织网络，吸纳乡土社会的关系资源。基于乡镇熟人社会和地方性传统特性，发挥村社组织、宗族、乡贤等社会力量在乡镇体育治理中的作用。总体而言，市域体育社会组织地缘融合治理以法律法规、社会道德、文化习俗等正式制度和乡规民约形成的共同行为规范为保障，构建"城乡体育"

多元共治格局,满足城乡居民体育诉求。

5.市域体育社会组织他治和自治的协同实施

协同实施对于提升市域体育社会组织治理效能而言至关重要,实践性非常突出。本书聚焦于市域治理中的具体法律问题,重点分析体育社会组织、体育俱乐部、企业等多方主体的协同实施网络、实现方式以及路径。

第一,自治权优化配置是市域体育社会组织治理改革的核心。从市域体育社会组织的治理实践来说,自治权是指其在具体的业务范围内自主决策、自我管理及自我监督的能力;而优化配置则是根据不同体育组织的特点、规模、任务等,合理地分配资源,划分权限和责任。随着社会对体育需求的不断提升,专业化监管日益成为新兴体育组织的基本职责。这也是一个治理标准化的过程,将利益相关者及更多的人统一纳入实践中,形成治理合力。但是,体育组织治理也是一个不平衡的过程,其中在特定的边界始终存在一定的冲突,甚至在资源整合过程中,还存在排斥。[1] 例如,在不同的城市和地域之间,体育组织之间存在竞争和分歧,当试图将它们统一起来,建构协调治理网络时,就可能会引发冲突和阻力。尤其在体育组织所负责的运动项目领域,这种情况就更为明显。因此,为了消弭这些冲突、阻力、抵制,就需要清晰厘定业务边界,使每一类主体都享有资源共享的机会。从根本上讲,这一过程既是体育领域整合的过程,也是多元权力优化配置的过程。"权力边界"是我们要高度关注的领域,其涉及权力的来源、分配和运用方式,以及对权力行使者的监督和约束。德国学者埃利亚斯在2008年提出"类议会化"的观

---

[1] See P. Dolan & J. Connolly, *Sport, Unity and Conflict: An Enduring Social Dynamic*, European Journal for Sport and Society, Vol. 13:3, p. 189 – 196(2016).

点来阐述这一问题。他认为,组织或者机构的权力分配体系必须转化为类似于"议会"的核心制度,其中议会是最高立法机关,其他主体享有管理权和业务实施权,议会享有对其他主体的控制权及监督权。① 市域体育社会组织治理中也需要建立完善的权力配置制度,在确立权力边界的基础上,明确权力主体和权力内容,这是建构治理秩序的关键。从权力类型看,市域体育社会组织要厘定决策权、管理权、实施权,以及监管权的边界。当然,市域体育多元治理主体的自我约束也是重要的支持要素,其决定着治理的成效。"随着社会内部和不同社会之间相互依赖关系的增加,人们对暴力行为感到越来越羞愧,并因此自动地控制自己的行为。"② 这里主要表达了两层含义:一是社会内部及不同社会领域之间的相互依赖关系日益增加,这使各类主体能够紧密地联系在一起,彼此利益共享,承担共同责任;二是对于暴力行为(包括各种不择手段行为)的不耻感也日益加深,导致主体的自我行为能力不断提升。随着市域体育的快速发展,体育社会组织需要建立广泛的"信任关系",这是获得足够资源的前提条件。但与此同时,体育组织也应该聚焦治理中存在的突出问题,尤其是那些长期存在,没有得到有效解决的问题,致力于不断提升组织能力。一方面,邀请体育协会、俱乐部、体育企业等利益相关方,共同制定治理办法,使它们享有更多的发言权和影响力;另一方面,挖掘相关方优势,互补建立问题解决机制,调配资源,克服自身发展"短板"。

第二,市域体育社会组织治理权秩序融通机制。治理权秩序融

---

① See N. Elias & E. Dunning, *Quest for Excitement*: *Sport and Leisure in the Civilising Process* (Revised ed 3 - 43), Dublin: University College Dublin Press, 2008, p. 123 - 126.

② See N. Elias & E. Dunning, *Quest for Excitement*: *Sport and Leisure in the Civilising Process* (Revised ed 3 - 43), Dublin: University College Dublin Press, 2008, p. 123 - 126.

通是市域依法治理的核心,它以效率为中心,强调治理的一致性、连续性和实效性,因此专业建制必不可少。体育组织在具体的治理网络中面临一个固有挑战——不同层级组织之间的权力融通与配置。[①] 换言之,不同层级体育组织之间的互动与合作决定着业务活动开展的成效。比如,市域体育协会负责整个区域内的体育活动开展,其需要与各地区等体育协会积极合作,建立明确的沟通渠道和流程,并通过共同参与强化二者的关系。越来越多的国家体育组织意识到需要通过与成员协会的有效合作实现整体性的共同治理。在这一系统中,顶层设计至关重要,只有当决策权运行顺畅时,才能推动整个组织向前发展,并确保所有成员都朝着相同的方向努力。美国学者奥斯皮纳认为,"协作治理的出现激发了人们对领导者如何建设更便利、更具有整合性和包容性环境的询问"。[②]从行为方式视角看,协作治理是一种具有推动性、整合性及包容性的治理风格,其强调组织网络治理中的内外部参与程度,其中的核心在于"集体决议"。将组织"领导力"视为一种集体实践及过程实践的观点直到最近才受到关注。从传统意义上讲,领导力被认为由个人拥有并展示出来的能够影响他人的能力与品质,而"将组织领导力视为一种集体实践和过程"则意味着组织基于团队的集体决策,重点是依赖团队成员之间的协作实现共同目标。[③] 市域体育社会组织也应高

---

① See L. Ferkins & D. Shilbury, *Developing Board Strategic Capability in Sport Organisations: The National-regionalgoverning Relationship*, Sport Management Review, Vol. 13, p. 235–254(2010).

② S. M. Ospina, *Collective Leadership and Context in Public Administration: Bridging Public Leadership Research and Leadership Studies*, Public Administration Review, Vol. 77:2, p. 275–287(2016).

③ See K. L. Cullen-Lester & F. J. Yammarino, *Collective and Network Approaches to Leadership: Special Issue Introduction*, Leadership Quarterly, Vol. 27, p. 173–180(2016).

度重视提升"领导力",将其纳入整个治理过程,实现集体共同决策,激发每个成员的能动性和创造性。从结构看,组织领导力"既是关系性的,又是多层次的,不仅涉及决策层本身,还包括成员(追随者),以及更广泛的社会关系建构过程"。[1] 这对市域体育社会组织而言也具有启示意义。一方面,体育组织应立足自身发展场域,综合考量治理及业务活动开展中的各种因素,优化决策机制。另一方面,应广泛拓展场域内外关系,建立包括成员及利益相关者在内的协作治理机制,共同实现既定目标。治理权秩序的建立需要外部力量的充分支持,但这并不是最重要的,市域体育社会组织所确立的"领导力",以及所建构的广泛的合作关系将发挥决定性作用。在现实治理中,体育社会组织应将利益相关者纳入治理体系,不断实现向协同高效治理的转向,这是体育治理权有序运行的重要保证。

第三,市域体育社会组织治理需要多元路径的支持。制度理论认为,"环境迫使组织必须遵守现行的规则、要求和社会规范"。[2] "这些压力刺激组织去追求和实施合法性的活动,以使它们看起来更适于环境的要求。"[3]市域体育社会组织面临具体的场域,其中蕴含着各种具体的要求,这就要求组织必须在合法性的基础上采取有效的举措,以应对可能形成的目标压力。从现实情况看,体育组织

---

[1] K. L. Cullen-Lester, C. K. Maupin & D. R. Carter, *Incorporating Social Networks into Leadership Development: A Conceptual Model and Evaluation of Research and Practice*, Leadership Quarterly, Vol. 28, p. 130 – 152(2017).

[2] P. J. DiMaggio & W. W. Powell, *The Iron Cage Revisited: Institutional Isomorphism and Collective Rationalityin Organizational Fields*, American Sociological Review, Vol. 48, p. 147 – 160(1983).

[3] B. R. Barringer & J. S. Harrison, *Walking a Tightrope: Creating Value Through Interorganizational Relationships*, Journal of Management, Vol. 26:3, p. 367 – 403(2000).

大体上从强制性、模仿性和规范性三个维度开展具体的治理活动。[①]强制性源自其他组织和机构,尤其是行政力量对自身施加的压力。比如,体育组织必须通过多方合作,不断提高活动开展的效率,以满足主管部门的要求。模仿性主要体现在模仿同构上,是指体育组织通过模仿类似的发展成熟的组织,或者学习合作机构,进一步拓展社会关系,开展具体的项目合作。这里最为主要的就是体育社会组织应当扎根基层,与街道办、居委会、群团组织、社区组织、协会、俱乐部等建立广泛的合作关系,系统开展各类休闲体育活动和体育赛事活动。规范性则充分体现在规范同构上,其主要是指体育组织必须细化活动开展的程序、流程和标准,切实采取多样的举措,推动组织不同的部门、成员及合作方有效行动。

第二节　市域体育社会组织治理的价值基础

近年来,随着我国体育管理体制的改革深化,体育社会组织快速发展,已经成为治理的重要主体。《中国社会组织报告(2022)》显示,截至2021年,我国体育社会组织数量达6万余个,占社会组织总数的6.67%,仅次于文化组织,已经形成了全面覆盖的治理网络。体育社会组织治理有着清晰的内在逻辑,其确立的以"成员合意"为基础的主导价值观贯穿整个治理过程。同时,基于体育领域的善治,体育社会组织的主导价值观也支撑着组织使命、组织形象,

---

① See Z. Thierry & W. Annick, *Examining Collaboration Among Nonprofit Organizations for Social Responsibility Programs*, Nonprofit and Voluntary Sector Quarterly, Vol. 48:5, p. 953 – 974(2019).

以及决策权、管理权和实施权的配置及实施。体育社会组织这一逻辑的目标非常明确,即通过高水平治理来推动整个体育领域的善治。

一、市域体育社会组织治理价值基础的来源与生成

第一,成员对体育社会组织的权利让渡是关键。从本源的视角看,社会组织是一种基于自由结社和自愿精神结成的组织,其成员之间具有很强的共识性,他们有着共同的奋斗目标、理想信念、责任感和使命感。在现实中,社会组织的成立需要成员个人的权利让渡,即愿意将个体的一部分权利赋予组织,从而形成组织的权力。这种权利让渡的成因多种多样,一般而言,社会组织具有强有力的机构(或者创建者),以及广泛的影响力,能够一呼百应,成员愿意团结在其周围。同时,也由于在多样复杂的经济社会发展环境中,个体往往为了寻求庇护,即通过团队或组织抵抗公权力,这也是最为直接的原因之一。此外,随着利益关系的拓展,个体所掌握的资本或者资源无法得到充分转化,也需要通过社会组织这一载体进行拓展,产生规模效应。因此,成员的权利让渡是社会组织建设的关键,奠定了其多元价值的基础。从组织的多元价值"决定、调节和改进成员、组织以及相关机构的关系"来看,[1]成员对组织多元价值的认可和拥护程度是至关重要的,其能够形成共同的价值观,进而深刻影响组织的文化建构以及结构优化。体育社会组织的价值逻辑也是如此,一方面,成员权利让渡体现出的是基于公民精神的"信任、热情、协商共治"。哈贝马斯认为,公民精神是社会的基因,如果

---

[1] See S. Williams, *Engaging Values in International Business Practice*, Business Horizons, Vol. 44, p. 315 – 324 (2011).

一个共同体在经济社会和法律领域赋予了每个成员"公民"的身份,那么建立他们之间联结的就是蕴含一系列价值、信仰和思想的公民精神。公民精神的发展依托于文化土壤,不同的文化土壤孕育出不同的精神特质。文化土壤是指在国家与社会之间进行调节的一个领域,在这个领域中,公众是表达公共意见的重要载体,无论是个体意识还是法治精神都在这个土壤中不断地觉醒与成熟。[①] 从这个角度看,体育社会组织的生存与发展也需要适宜的土壤,即能够支持各类组织发展的制度、条件、资源等。只有在适宜的土壤中,体育社会组织才具有生命力,也才能够不断地自我革新,在体育自治中发挥突出作用。当然,体育社会组织之所以能够成为体育自治主体,依赖于成员权利让渡而形成的治理权。另外,从相互作用的角度看,体育社会组织联结每个成员的核心要素就是组织的价值和精神特质。也就是说,体育领域自治强调组织要不断强化主导的核心价值观,并组织成员广泛参与治理(尤其是要求个体的自律),这样才能体现出治理的功效。但是在实践中,体育组织的这种联结往往被忽视,甚至在很多时候被各种利益冲突腐蚀。结合我国体育社会组织发展的现实情况,社会组织生成发展的土壤还处在不断地形成过程中,存在很多问题,共治共享的文化氛围还处在酝酿阶段,在这种情况下,体育社会组织的价值基础和成员的整体素养还有待进一步提升。

第二,成员权利让渡深刻体现出对各类社会资本的整合。马克思认为:"资本是集体的产物,它只有通过社会许多成员的共同活动,而且归根到底只有通过社会全体成员的共同活动,才能运动起

[①] 参见[德]尤尔根·哈贝马斯:《公共领域》,载汪晖、陈燕谷主编:《文化与公共性》,生活·读书·新知三联书店2005年版。

来。因此,资本不是一种个人力量,而是一种社会力量。"[1]在马克思看来,资本最为核心的内容是一种能够产生广泛影响力的社会力量。体育社会组织的发展需要社会资本的支持,因此,其通过自身的专业资源,能够搭建各类平台,尤其是一些体育协会组织,其能够搭建依托的体育赛事的高端平台,这直接决定、影响和改变着其与相关机构,以及组织成员之间的关系。成员以不同的身份进入体育社会组织中,其所具有的各种资源也会以"信息""财""物"等具体的方式呈现出来。马克思在明确资本社会属性的基础上,进一步分析认为,组织的影响力只有通过成员的协同运作才能形成最大的效力。这种协同运作就是对权力配置的过程以及权力秩序建立的过程,马克思在分析这种权力实现途径时提出:"资本早就意识到了自己是一种社会权力;每个资本家都按照他在社会总资本中占有的份额来分享这种权力。"[2]体育社会组织整合资源,形成社会资本的过程也是组织权力建构的过程,即根据不同成员的角色,形成了具体的权力类型,进而建构起稳定的权力运行秩序。

第三,体育社会组织价值观的实践生成。价值观是在组织的实践中逐步形成并确立的,其产生于有效管理的具体过程之中。[3] "价值观形成与实践"这一观点与之前所认为的恰恰相反,以往将价值观界定为"既定的"和已经客观化了的现象。[4] 从这个角度看,体育社会组织所制定的管理战略可以认为是实践性知识作用形成

---

[1] [德]马克思:《资本论》,郭大力等译,人民出版社1975年版,第218页。

[2] [德]马克思:《资本论》,郭大力等译,人民出版社1975年版,第218页。

[3] See J. Gehman, L. K. Treviño & R. Garud, *Values Work: A Process Study of the Emergence and Performance of Organizational Values Practices*, Academy of Management Journal, Vol. 56:1, p. 84 – 112 (2013).

[4] See M. J. Rohan, *A Rose by Any Name? The Values Construct*, Personality and Social Psychology Review, Vol. 4:3, p. 255 – 277 (2000).

的机制,而不是理论知识的表达。这两者的差别还是很大的,知识表达一般停留在静态的逻辑中,比如在具体的情况下,一个人应该做什么事情;而实践性知识则注重步骤逻辑,即在具体的情况中,个体已经非常清晰地知道需要做的事情,会按部就班地执行。综合而言,体育社会组织的多元价值是通过各种社会性活动、所在地域价值观改变,以及具体的治理实践而确立的。在实践中,多元价值会融入体育组织的决策中,以确保所制定的政策、程序和计划能够充分反映组织真实的价值取向(利益诉求),并能够确保利益相关者对其有一致性的理解。正如加拿大体育政策(2012)明确提出的,价值观是所有加拿大人参与体育运动的基础,其导向政策、计划的设计与实施,并能够基于特定背景突出对重点内容进行解释。同时,相关政策也鼓励所有利益相关者践行"乐趣、安全、卓越、承诺、个人发展、包容与融入、尊重、公平竞争、道德行为"的体育价值内涵。[1] 此外,从世界范围看,很多国家高度重视体育社会组织建设,不断加大支持力度,这进一步奠定了其价值观形成的现实基础。加拿大政府依据《宪法法案》《公司法》《所得税法》等法律,推出了"体育资助与责任框架"(Sport Funding and Accountability Framework,SFAF),为各类体育组织的发展提供经费支持,从而确保充分发挥其在体育发展中的重要作用。除国家和政府支持外,加拿大获得资助的体育组织还需要与政府签订合同,明确组织开展工作的目标和指标,政府相关机构会定期开展考核和评估,只有达到"体育资助与责任框架"所设定的标准的体育组织才能进一步获得

---

[1] See Federal Provincial and Territorial Ministers, *Canadian Sport Policy* 2012, SIRC (Jun. 27,2012), https://sirc.ca/wp-content/uploads/files/content/docs/Document/csp2012_en.

政府的支持和资助。① 这种合作机制有效保障了体育活动高质量开展,也进一步强化了体育组织与政府合作的可持续性和稳定性。正是由于政府的有力支持,体育社会组织才能优先发展,并在整个社会权力秩序中占据一席之地。日本《体育基本法》更加强调发展体育是全社会的共同责任,为此以法律的形式规定了政府要以援助为杠杆,充分调动体育社会组织的积极性,促进其在发展体育事业、传播全民体育文化、增强国民体育意识的过程中发挥更大作用。英国的相关法律要求体育组织发展保持自身规律,并通过国家立法确保各类体育组织的持续发展,同时体育组织委员会也要细化成员定期选举和任期的要求,以防止权力持久地集中在某一个群体之中。② 我国2022年修订的《体育法》第61条第1款规定,国家鼓励、支持体育组织依照法律法规和章程开展体育活动,推动体育事业发展。③《全国性体育社会团体管理暂行办法》也提出,"加强对全国性体育社团(以下简称社团)的业务指导和管理,保障社团依法行使行业管理职能"。④ 将体育社会组织治理纳入国家的法治框架是世界各国的普遍做法,这也为其确立法律主体地位,充分发挥治理作用提供了法律依据。

就组织而言,最为重要的是形成主导价值观。价值观主要是与美德相关的一系列观念的集合,即关于什么是值得拥有、值得做,以

---

① 参见陈玉忠:《加拿大体育政策的特点及启示》,载《上海体育学院学报》2014年第1期。

② UK Code, *Principle 2 Legal Requirement and Obligations*, Docin(11.1,2013),https://www.docin.com/p-719414394.

③ 参见全国人大常委会办公厅:《中华人民共和国体育法(最新修订本)》,中国民主法制出版社2022年版,第15页。

④ 国家体育总局:《全国性体育社会团体管理暂行办法》,载中国政府网2008年5月15日,https://www.sport.gov.cn/gdnps/content.jsp?id=572604。

及美好的价值呈现,它是影响组织和制度环境的关键。[①] 价值观在组织发展中发挥着至关重要的作用,其在很大程度上决定着组织的身份,并为成员及其行为指明方向,以及发展的意义和最终目的。[②] 从内在逻辑看,价值观能够直接作用于体育社会组织成员,甚至影响直接利益相关者达成共识性的意愿和诉求,这些意愿和诉求又与他们未来的需求相对应。体育社会组织在进行治理时,要高度重视建立主导价值观,并基于此充分考虑成员和关键主体的利益诉求。如果体育组织无法达成一致的价值观,其也就失去了权威性,无法产生切实的影响力。当然,为了实现这些诉求,成员和关键主体会进而期望体育组织不断完善相关制度机制,以获得切实的机会和路径。鉴于组织及其成员的认知局限性,价值观也可以作为滤除成员注意力的手段,鼓励他们更多地关注与组织发展密切相关的环境因素。因此,从某种程度上看,当组织一直拥有高度稳定的、连贯的、明确的价值观念时,就会对成员的行为提供更为清晰的指导。社会需要不断改革,优化制度机制是克服自身局限性的关键。在这一过程中,主导价值观念发挥着不可替代的作用,其能够确保体育组织始终保持清晰的发展方向,同时也能够提供主要的评价标准,即那些不利于行业发展的举措,或者是为了短期利益的举措将不能纳入体育的深化改革之中。

当然,价值观不是有形的或稳定的实体,需要持续地实践探索,才能全面理解多元价值(如支持、共享、归属等)是如何影响组织功

[①] See P. H. Thornton, W. Ocasio & M. Lounsbury, *The Institutional Logics Perspective: A New Approach to Culture, Structure, and Process*, Oxford: Oxford University Press, 2012, p. 84 – 86.

[②] See M. S. Kraatz & R. Flores, *Reinfusing Values*, Research in the Sociology of Organizations, Vol. 44, p. 353 – 381(2015).

能发挥的。① 在非营利性体育组织中,道德社会价值与其治理效率紧密联系,能够有力地推动组织发展。多元价值在非营利性体育组织设定和实现目标中的作用最为明显,因为这些组织的管理效率总是通过总体性的社会观念(如乐趣、安全、个人发展等)概念化并系统呈现出来的,而不是通过金钱的方式呈现。② 更深入地讲,体育组织的这些价值取向都不是孤立存在的,个人的价值观念会对整个组织的文化建设和价值拓展做出积极的贡献。因此,体育社会组织多元价值的积极作用主要体现为凝聚成员个体的价值取向,并将其适用于组织的建构以及治理实践中。体育社会组织的多元价值也必须在特定的背景和环境下进行审视和理解,以强化其导向作用,这对于组织的持续发展尤为重要。体育组织的多元价值涉及更为广泛的社会目标中的道德和情感发展价值,同时也聚焦于在赛场上追求卓越和与胜利有关的实用主义价值。③ 这里主要包括三层含义:一是体育社会组织作为治理的关键主体,其主导价值观的确立必然要契合经济社会发展的基本要求,必须融入深化改革进程中不断生成的普适价值;否则,其就很难与时俱进,发挥出显著的领导力。二是体育社会组织在现实发展中也面临各种复杂多样的利益关系,尤其是随着职业体育的迅猛发展,围绕赛事、赞助、转播、版权等的各种经济利益纷至沓来,这种实用主义的庞大经济价值也成为各类主

---

① See S. Kerwin, J. MacLean & D. Bell-Laroche, *The Mediating Influence of Management by Values in Nonprofit Sport Organizations*, Journal of Sport Management, Vol. 28:6, p. 646 – 656(2014).

② See J. Amis, T. Slack & C. R. Hinings, *Values and Organizational Change*, The Journal of Applied Behavioral Science, Vol. 38, p. 436 – 465(2002).

③ See D. Bell-Laroche et al., *Leader Perceptions of Management by Values within Canadian National Sport Organizations*, Journal of Sport Management, Vol. 28:1, p. 68 – 80 (2014).

体关注和追逐的焦点,这就使体育组织在保持自身价值时面临很大的压力。三是体育社会组织要始终保持组织价值的公共属性,即在追求既得利益和商业价值时要坚守底线,清晰厘定组织及体育的发展方向,并致力于筑牢发展基础,只有这样,体育组织的多元价值才能够实现应然和实然的统一。

二、市域体育社会组织治理的价值运行

(一)价值观贯穿体育社会组织治理的全过程

价值观决定着组织发展的方向,其主要通过组织正念和组织形象(公共形象)建构两个方面体现出来。

其一,体育组织价值观的实现依托于"组织正念"。组织正念是指一个组织对自身内部和外部环境的关注和认知,以及在具体行为和行动中考虑这些因素并做出相应调整的能力。组织正念是体育社会组织立锥之基。如果一个组织重视价值观塑造,并将其融入日常运营和管理中,那么该组织在面对各种复杂情况时就会更有条理、更有效地应对,而且在实际操作过程中也能够很大程度上避免出现矛盾或者不一致的行为。组织正念对于复杂环境下的组织行为具有重要影响,其主要通过影响成员的注意力来塑造组织。也就是说,组织正念可以帮助成员更好地理解和适应外界环境变化,并且在面对挑战时能够保持冷静、集中精力。[1] 在体育治理进程中,体育社会组织需要拥有强大的正念,以更好地审视、应对各种需求,尤其是需要在复杂的利益关系中,始终保持定力。因此,团队合作、创

---

[1] See K. M. Sutcliffe, T. J. Vogus & E. Dane, *Mindfulness in Organizations: A Cross-Level Review*, Annual Review of Organizational Psychology and Organizational Behavior, Vol. 3:1, p. 55 – 81(2016).

新思维、灵活应对、不断学习就成为体育社会组织必须具备的品质和能力;否则,其就很容易陷入具体的、眼前的利益纠缠中。环境的开放性以及组织的领导者对于价值观念复杂性的理解会进一步增加组织行为或行动不一致的可能性。也就是说,当领导者已经充分理解了组织的各种价值观念时,他们就会采取不同的,甚至是相互矛盾的行动,但正是由于他们已经充分了解了不同价值观念的差异,因此他们通过协调也能够确保组织的这些行为或行动高效运行。① 这对体育社会组织的自治与治理具有启示意义。一方面,如果组织决策层能够充分认识所辖体育领域所处环境的开放性,其必然会从中循证找出能够支持组织建设与发展的要素,进而在决策时形成针对性的举措。另一方面,当体育组织决策层在复杂的利益诉求中,能够明确其间的联系或者冲突,采取合作、沟通的方式,整合相关力量进行协同干预时,往往可以发挥团队的最大化效益。当然,在复杂的环境中,如果缺乏组织正念,领导者可能会过于关注过去的信息,而忽略当前接收到的信息,更不能做出长远的思考与规划。② 这种情况下,领导者就无法全面地理解和应对当前组织所面临的问题和挑战。在体育治理中,如果体育社会组织的领导层没有足够的组织正念,他们就可能会一味追求短期利益而忽视长远发展规划,这样做可能会导致一些风险和隐患,极易出现持续利益关系的阻断,并最终影响整个组织的运营。此外,组织正念不足也会导

---

① See T. J. Vogus & T. M. Welbourne, *Structuring for High Reliability: HR Practices and Mindful Processes in Reliability-seeking Organizations*, Journal of Organizational Behavior, Vol. 24:7, p. 877 – 903(2003).

② See T. Wry, J. A. Cobb & H. E. Aldrich, *More than a Metaphor: Assessing the Historical Legacy of Resource Dependence and its Contemporary Promise as a Theory of Environmental Complexity*, The Academy of Management Annals, Vol. 7:1, p. 441 – 488 (2013).

致领导者无法充分掌握外界环境重要的、有价值的信息,从而使组织成员在解读和应对这些信息时出现协调不足、行动不一致等问题。简单来说,如果一个组织没有足够的"组织意识",那么领导者就可能会忽略一些重要的信息或信号,这样就会让下属们难以理解并做出正确反应。[1] 体育社会组织在开展各类体育活动时,如果决策层只关注活动的既得利益,而忽视了安全或者是对环境的影响,那么就必然会出现指导上的偏差,具体员工在开展工作时往往会采取自认为合适的举措,但实际上这些举措的协调性和一致性都存在很大问题,会埋下隐患。因此,无论是从发展的视角看,还是从现实情况看,都需要在体育社会组织管理团队中培养良好的组织正念,这对组织发展是至关重要的。

其二,体育社会组织形象的建构决定了自身价值的实现。在长期的实践中,外界对组织身份的特征会有一些固有的看法,这些看法代表着外界对于组织属性的默认与期望。组织形象是由人们对它的看法和印象所构成的,也可以说是一种潜移默化的价值认可,或者是标准认可,用来衡量该组织与外界互动时是否符合预期。如果一个组织的行为被认为违反了其形象和身份(那些默认期望),外界就会对该组织产生信任危机。[2] 这一点在体育领域是普遍存在的。体育社会组织的形象和身份具有稳定性,当人们听到某个运动项目组织的名字时,就会自然而然地想到该组织的属性以及其代表的群体利益,这种认知就被称为"默认期望"。例如,当人们提到足

---

[1] See M. Grimes, T. A. Williams & E. Y. Zhao, *Anchors Aweigh: The Sources, Variety, and Challenges of Mission Drift*, The Academy of Management Review, Vol. 44:4, p. 819 – 845(2019).

[2] See S. H. Harrison, B. E. Ashforth & K. G. Corley, *Organizational Sacralization and Sacrilege*, Research in Organizational Behavior, Vol. 29, p. 225 – 254(2009).

球协会时,自然而然会想到其代表的职业联赛、球迷及其背后的职业联盟,同时也会想到球星,以及该国家队的整体水平等。这种认知一旦形成,就应然赋予了体育组织一定的价值期望,这始终贯穿于治理的整个过程之中。但是当体育社会组织背离自身的业务宗旨或组织身份时,就会很容易被认为违背了自身的公共形象和声誉(如过度追求短期经济利益),极易失去外界的信任和支持。例如,随着体育发展商业化程度的日益加剧,体育腐败、操纵比赛的问题也越来越突出,国际奥委会已经将操纵体育比赛与使用兴奋剂并列为当代体育发展面临的最大威胁。[1] 近年来,我国足球领域反腐的力度也日益加大,男子足球的整体形象已经下滑至冰点,亟待进行全方位改革。体育领域中出现的这些突出问题原因是多方面的,但组织使命偏移是一个至关重要的原因。

当然,外界对组织的利益相关者及其所处环境的看法会带来一些与组织形象不相符合的期望,这些期望通常与监管、文化、社会认知相对应,能够鼓励组织进一步遵守行为规范。[2] 体育社会组织在特定的环境下运行时,往往会受到外部因素的影响而产生某种社会预期,如果其不能快速有效地适应这种预期,长期不思变革,就很可能导致公众质疑其反应能力和应变能力。这种情况在职业体育领域更为突出,主要原因在于,在社会各界对职业联赛高度关注的现实环境中,公众对联赛质量和治理水平提出了越来越高的要求,这

---

[1] IOC, INTERPOL, *Handbook on Protecting Sport from Competition Manipulation*, Olympic(May 2016), https://stillmed.olympic.org/media/Document%20Library/OlympicOrg/IOC/What-We-Do/Protecting-Clean-Athletes/Betting/Education-Awareness-raising/Interpol-IOC-Handbook-on-Protecting-Sport-from-Competition-Manipulation.

[2] See H. Schildt & M. Perkmann, *Organizational Settlements Theorizing How Organizations Respond to Institutional Complexity*, SAGE Publications, Vol. 26:2, p. 139 – 145(2017).

就要求体育协会必须主导,并协同职业体育俱乐部和联赛运营公司求新、求变,以适应发展趋势,但是如果治理水平长期没有提升,问题和矛盾始终不能得到解决,甚至是各类主体陷入各种利益纠纷之中,就会导致联赛受损,受众大量流失,体育协会的治理能力也会受到怀疑。

(二)稳固的权力秩序是体育社会组织治理制度的重要抓手

建构稳固有效的权力秩序是体育社会组织治理的总体要求,其内在逻辑是通过自治,确保体育关键领域的多元主体权力不断优化配置,最终形成清晰的权力运行轨迹。主要内容体现在以下几个方面。

第一,体育社会组织的自治。体育社会组织享有自治权,这一点有着非常明确的法理依据。《奥林匹克宪章》明确提出了体育自治原则,奥林匹克运动的有关体育组织基于体育在整个社会框架下运行的认识,享有自治的权利和义务。这些权利和义务包括制定和完善治理规范、自主决定组织结构和治理风格、享有不受任何外部影响的选举权利,同时负有确保善治原则充分实施的责任。[1]从传统意义看,在公共当局面前,体育社会组织被视作"自治的""独立的"。首先,自治意味着它们建立了一个自治的制度系统,即体育公正;独立意味着它们拥有这样的权利:制定、修改和解释治理规范不受外部影响,并且能够选择组织决策机构和治理风格。公正对于任何俱乐部、运动员以及在体育协会注册的其他人来说都是至关重要的,这些群体都有着特殊的体育权利和体育义务。其次,为了推动体育领域的持续发展,有必要在体育自治系统内加强制度建设,进行适宜的授权和监督。也就是说,体育组织也必须建立良好的赋权

---

[1] IOC, *Olympic Charter* (2015), Docin (Jul. 31, 2015), https://www.docin.com/p-434118898.

程序,将主要业务进行有效分配,同时要不断完善监督机制,通过广泛的相关者以及反馈平台,定期监管业务开展情况,这是建立高效治理秩序的主轴。最后,体育社会组织治理的司法实践。世界上有很多体育协会以其自治性和运动项目特殊性的名义成立了自己的司法机构,发挥了显著的作用。这些机构的目标一致:解决争端,进行调解,准确解释相关规则和条例。但这不是一项简单的工作,因为体育领域关系复杂,公正的范围并不容易界定。事实上,普通司法在对某些权利和义务进行授权与监督时所起的作用,和体育领域司法并无太大差异,然而,一旦涉及个体权利或基本体育权利,二者的区分界限就会变得极为模糊。这已然成为一个有趣的悖论——仅从普通司法的角度出发,已无法对体育领域司法作出充分解释。其原因或许在于,体育领域司法与普通司法界限并非始终清晰,并且在许多国家,这两种制度已呈现出趋同态势。[1] 体育仲裁日益在体育治理中发挥出显著的作用,这也是进一步深化体育社会组织治理权的重要制度。在实践中,体育社会组织应与体育仲裁机构建立深入的合作关系,引入提前介入机制,依托体育仲裁的专业力量,全面提升组织解决纠纷的水平。

第二,体育社会组织需要优化配置多元主体权力。社会组织在行业治理方面具有先天的优势,业务管理和绩效管理始终是其关注的焦点。当然,这种管理反映出的是权力及其配置问题,也就是说,作为非营利性组织,要不断争取各类资源,不断提升自身的影响力。[2] 布

---

[1] See M. Colucci & K. L. Jones, *International and Comparative Sports Justice*, Eur. Sports Law Policy Bull, 2013, p. 99 – 100.

[2] See M. Winand et al., *Determinants of Service Innovation: A Typology of Sports Federations*, International Journal of Sport Management and Marketing, Vol. 13:1 – 2, p. 55 – 73(2013).

迪厄的场域理论指出,必然会形成以组织为核心的网络,其中既有各类利益相关者,也有各种线性的权力秩序,相关主体都拥有一定的资源,且都会为捍卫自身的资源采取针对性的举措,这就要求组织必须具备强大的整合能力。体育社会组织的治理具有典型性,它将各类资源集中在一起,通过内部建构制度和机制进行配置,这就初步形成了权力秩序。任何组织如果没有形成稳定有效的权力秩序,其治理的效率都会很低,就无法实现行业善治。从现实情况看,高效的决策、公平的资金分配、充分的信任、有效的内部结构优化和赋权,以及不断拓展的外部环境是关键。[1] 体育社会组织也遵循这一逻辑,其只有科学决策、持续规划,并有效配置各项权力,才能建立治理秩序。当然,体育社会组织必须在经济社会普适价值和实用主义价值之间建立稳固的秩序、牢固的导向,否则就极易出现各种问题。从世界范围看,这种情况经常出现,已经成为体育治理的顽疾。价值是制度逻辑的核心——其规定了实践中假定的产物,构成了实践领域本体论的基石,是规则合法性的来源,同时也是个人认同,以及权力代言和构成的基础。[2] 体育社会组织如果不能厘清公共价值和商业价值的界限,就极易会被后者取代。商业价值背后的资本和资源本身就是权力的决定性因素,当出现以商业资本为主导的组织管理体系时,各种乱象也就会不断涌现,体育社会组织本身也就沦为商业资本的代言,这是我国体育改革中要尤为注意的。

第三,体育社会组织治理的监管。体育社会组织享有治理自治

---

[1] See A. Koh-Tan, *The Determinants of Effectiveness of Sporting Associations in Singapore*, Managing Leisure, Vol. 16:3, p. 216-230(2011).

[2] See R. Friedland, *God, Love, and Other Good Reasons for Practice: Thinking Through Institutional Logics*, Journal of Biological Chemistry, Vol. 251:4, p. 1197-2011(2015).

权,但是当通过赞助和电视转播而向体育领域注入大量资金,以及出现了越来越多参与者和利益相关者时,政府就会对体育表现出更大兴趣。政府进一步认识到,体育发展取得成功可以给国家带来声望,举办各类重要体育赛事也能产生极大的经济效益。体育对于社会发展意义重大,它能改善社区体育设施、有效提升国民体质健康水平,还能促进社会融合,形成良好的行为导向;同时也能够提供就业即职业发展的机会。[1]

基于体育在社会发展中的重要性,体育组织需要与政府建立长期伙伴关系,进行对话与合作。当然,体育组织也需要建立完善的治理制度,并积极实践,提升治理效能。如果没有这些,体育组织的自主权及自我监管就会受到限制。更严重的情况是,它们可能会面临无法实现组织和利益相关者目标的风险,进而影响其生存和发展。[2] 加强对体育组织治理的外部控制,也始终是各类国际组织关注的重要问题。例如,欧洲委员会在其制定的《足球善治》中建议建立一个独立的监测机构,以"确保欧洲足球善治原则得到有效实施和共享"。然而,这种建立外部控制制度的做法与体育领域的自治原则矛盾。当然,从对体育自治权更平衡的解释角度看,体育社会组织的外部控制主要涉及的是除比赛监管和推广之外的其他事项。实际上,体育社会组织都实行"会员制",具备法人资格与专业管理能力,并且都制订了带有部门性和排他性的"组织计划"。基

---

[1] See N. Dunbar & T. Middleton, *UEFA'S Financial Fair Play Regulations: A Good Example of Best Practice Governance by a Sporting Body?*, The International Sports Law Journal, Vol. 22, p. 272 – 287(2022).

[2] See Expert Group, *Principles of Good Governance in Sport*, Europa(Sept. 2013), https://ec. europa. eu/assets/eac/sport/library/policy_documents/xg-gg – 201307 – dlvrbl2 – sept2013.

于这种"排他性"的权限,体育社会组织在自治权范围以及司法救济方面应受到一定的限制,而对于外部控制,则应充分尊重那些能够对组织活动产生影响的其他法律法规规定。[1]

(三)价值冲突是体育社会组织不断深化治理改革的动力来源之一

社会制约权力理论的创始人托克维尔对"价值冲突"进行了深刻的分析,他提出:"任何独立的团体都被旧政权看作一种祸害,而不管它的规模有多大,只要它似乎渴望采取行动而不是处于旧政权的庇护之下就会引起旧政权的惊恐,同时也不管它的目的是否有害,只要它是哪怕最微小的公民自由结社。"[2]在他看来,社会组织是一种新兴力量,它的发展要不断突破旧势力和旧有权力秩序的桎梏。对于社会组织所面临的复杂环境,托克维尔又分析认为,"如果一个民主国家的政府到处都代替社团,那么,这个国家的道德和知识方面出现的危险将不会低于它在工商业方面发生的危机"[3]。在这里可以看到,社会组织受制于公权力,在各种冲突中不断确立自身的身份。当然,这是就外在冲突而言的,内部价值冲突则是体育社会组织不断深化改革的动力所在。就大多数社会组织而言,其并不是总由稳定的、明确的价值观来指导,常态是面临多个共存的、动态的,经常不相容的价值观,也就是常说的价值观冲突。这种冲突往往是内部和外部共同作用于社会组织。在外部,各种制度秩序

---

[1] See R. H. C. Kleef, *Liability of Football Clubs for Supporters' Misconduct: A Study into the Interaction between Disciplinary Regulations of Sports Organisations and Civil Law*, The Hague: Eleven International Publishing, 2016, p. 31 – 54.
[2] [法]托克维尔:《旧制度与大革命》,冯棠译,商务印书馆1992年版,第175页。
[3] [法]托克维尔:《论美国的民主》(上卷),董果良译,商务印书馆1991年版,第640页。

(如政府、社会、市场、职业、家庭等)和逻辑影响组织的建构,其作为组织必须遵循的原则直接塑造了组织及其行为。① 制度逻辑需要付诸实践,其只能在个人和组织层面观察到。在很多情况下,这些不同制度秩序和逻辑会产生不相容的价值观。英国著名学者斯科特提出监管、规范和认知是制度的支柱,被称为"三驾马车",②但制度逻辑不能单纯与之并列。如果进一步深究,这"三驾马车"应被解读为确证权利的规则,确立善的价值和构成现实场域的本体论,其中每一种制度逻辑都围绕着具体的对象进行规则设计,并进行有序排列,其中都包含着特定的规则、角色和范畴。而且在每一个制度逻辑中,由不同形式强制力执行的规则,以特定价值生产为基础的角色,以及描述现实领域的范畴都紧密联系,相互作用。③

当然,组织还会受到行业或领域内复杂性价值诉求的影响。体育社会组织需要不断进行治理的深化改革,核心目的就是解决现实发展中的问题和困难。从价值冲突的一般性原理看,认知、规则、监管构成了基本的分析范式。其中,认知反映出体育社会组织治理的眼界,以及所能达到的格局,这决定着体育组织能否紧跟时代脉搏,洞察经济社会对体育发展要求的变化,时刻保持创新发展。规则是体育社会组织进行治理的主要手段,即通过多元规范消弭各种冲

---

① See P. H. Thornton, W. Ocasio & M. Lounsbury, *The Institutional Logics Perspective: A New Approach to Culture, Structure, and Process*, Oxford: Oxford University Press, 2012, p. 84 – 86.

② See H. Peton & S. Pezé, *Reflection on Historical Studies of Institutional Change: Small Steps are not Necessarily Missteps, A Rejoinder to Daudigeos, Boutinot And Jaumier*, Post-Print, Vol. 18:3, p. 261 – 265 (2015).

③ See P. H. Thornton, W. Ocasio & M. Lounsbury, *The Institutional Logics Perspective: A New Approach to Culture, Structure, and Process*, Oxford: Oxford University Press, 2012, p. 84 – 86.

突,调解矛盾,推动多元主体权力的规范运行。监管则是对各类权力秩序的监督和调整,价值冲突也深刻体现出多元主体权力(利益)的冲突,尤其是当权力过度集中时,就极易出现乱象,因此需要进行有效的监管,这是建立稳定治理秩序的关键。这三者之间并不是简单地排序,而是基于体育领域自治和他治有机结合的制度设计,其间所表达出的逻辑是依据体育特点和规律,将主要权力赋予专业机构,并通过组织主导价值观确立共治的逻辑主线。当然,在这一逻辑中,绩效评价也是不可或缺的,其贯穿于体育治理的整个过程。

三、市域体育社会组织的价值管理

首先,体育社会组织价值管理具有清晰的目标。社会组织的价值管理主要是指组织的高级管理层(决策层)定义组织的多元价值,形成一定的标准,并将其融入组织目标以及各类活动中,让所有支持者积极感知和体验,从而形成内部和外部对组织发展的高度共识性。[1] 价值观的实践管理是一个分布式的、交互联系的持续过程。从善治的角度看,价值管理也是一种战略工具,其可以通过让员工参与组织战略愿景促进他们的发展,最终目标是创造性地实现行为一致,以获取基于组织价值诉求的一系列成果。[2] 为了进一步解释价值管理的内涵,美国学者多兰和加西亚提出了组织价值管理的

---

[1] See K. Jaakson, A. Reino & M. Vadi, *Organizational Values and Organizational Practice: What Makes Them Diverge?*, Estonian Business School Review, Vol. 25, p. 9 – 25 (2004).

[2] See S. Dolan & S. Garcia, *Managing by Values: Cultural Redesign for Strategic Organizational Change at the Dawn of the Twenty-first Century*, Journal of Management Development, Vol. 21, p. 101 – 117 (2002).

"三轴"模型(MBV),即经济实用主义轴、社会道德轴、情感发展轴。① 同时,他们也认为,只有这三个轴达成共同的平衡,一个组织才能实现向优秀组织的转变。体育社会组织的价值管理也遵循这一规律,主要包括三个方面的内容:一是明确组织核心价值观的重要性,使员工和成员能够充分理解其内涵,并乐于遵从;② 二是始终保持组织核心价值观与组织目标高度一致,并将其置于中心地位;③ 三是组织的领导者积极依据既定的价值观陈述进行管理,并努力消除成员或利益相关者因自身角色和利益诉求而抵触组织的价值诉求。④ 只有当体育社会组织的价值切实应用到实践管理中时,才能促进组织发生积极的改变。当前体育改革日趋深入,面临很多深层次问题,在解读体育组织价值管理的同时,应综合内外部因素进行全面细致的考量。体育社会组织所建构起来的治理秩序不同于行政管理,因此在组织内部不能简单地施行刚性的等级管理模式,否则,就很容易动摇其治理的根基。当然,体育治理秩序的核心是稳定有效,其本身体现出的是具有"自治性"特征的权力秩序,其治理的源头在体育组织内部。也就是说,稳定有效必须从体育组织内部创造出来,并深刻嵌入体育文化(尤其是依托运动项目的领域文化)中,治理才能生根,才能不断拓展治理思维,创新治理方式。

---

① See S. L. Dolan, S. Garcia & B. Richley, *Managing by Value*, European Business Forum, Vol. 21:2, p. 101 – 117(2008).

② See J. Gehman, L. K. Treviño & R. Garud, *Values work: A Process Study of the Emergence and Performance of Organizational Values Practices*, Academy of Management Journal, Vol. 56:1, p. 84 – 112(2013).

③ See S. L. Dolan, *Managing by Values: A Corporate Guide to Living, being Alive, and Making a Living in the 21st Century*, New York: Palgrave Macmillan, 2006, p. 63 – 78.

④ See S. Arieli, F. Lee & L. Sagiv, *Roles Affect Individuals' Preferences for Organizations: A Values Perspective*, Journal of Experimental Psychology Applied, Vol. 26:2, p. 350 – 359(2019).

当然,这里面临很大的挑战——既要保持有效的监测机制,又要激发体育组织中每一个成员的潜力。不难判断的是,在体育深化改革中,每个时期都会遇到观念、价值取向、制度机制完善、文化建构等方面的问题,如果体育组织不能确立治理的核心价值观,不能让员工、成员以及利益相关者充分理解组织的新理念和新诉求,就无法在精准管理、持续改进等方面取得突出的成效,甚至可能会因为组织和个体的价值观冲突,而造成严重的、消极的后果。

其次,价值观陈述是价值管理的主要方式。价值观陈述是组织价值管理的主要运作方式,其与使命、愿景及其他战略管理要素不同,因为它们主要关注的是如何实现目标,而价值管理主要是塑造或调整员工的个性,而不是规范具体的行为。一般来说,生存、伦理和福祉构成了组织价值观的三个维度。[①] 当组织的核心价值观在章程等核心规范中固定下来时,其就成为成员共享的价值观。这一价值观是组织的根,也是组织持续发展的核心动力。体育社会组织的核心价值观只有与社会主导价值观高度契合才能筑牢发展的根基,并在此基础上进一步生成具有组织文化特质的价值内涵。但是在实践中,组织的价值观可能与很多利益相关者所持有的价值倾向产生冲突,进而引发紧张关系,造成治理不畅。[②] 也就是说,在没有有效开展价值管理的情况下,组织可能无法充分发挥依据共享价值观提升敬业度、信任度,以及提升员工/志愿者工作积极性方面的优势。从运行路径看,简单地灌输或采用组织的价值观不会提高管理

[①] See K. Jaakson, *Management by Values: Are Some Values Better Than Others?*, Journal of Management Development, Vol. 29:9, p. 795 – 806(2010).

[②] See K. Jaakson, A. Reino & M. Vadi, *Organizational Values and Organizational Practice: What Makes Them Diverge?*, Estonian Business School Review, Vol. 25, p. 9 – 25 (2004).

效能,只有将其融入组织制定的政策、程序、标准及其评估中,并战略性地提升整合组织价值观的能力,才能切实提升管理效能。有研究表明,拓展非营利性体育组织多元价值的管理实践是直接决定组织价值能否转化为组织行动和行为最为重要的因素之一。[①] 但是也应该看到,价值管理的战略实践解释机制还需要挖掘和完善,其主要原因是还需要进一步清晰识别多元价值、价值管理和组织有效管理之间的线性关联性。因此,在这种情况下,需要采取与组织核心价值观陈述紧密相关的实施策略,尤其是要高度重视人力资源的整合与培训,在日常业务管理以及多部门沟通中浸润组织的发展理念和价值取向。

最后,体育社会组织价值管理的基础和载体是文化,即组织文化,以及建立在所辖领域的运动项目文化。欧洲工商管理学院(INSEAD)的研究表明,价值管理重点关注的是组织财务改革,而不是基于文化的基础创新。这就是大多数组织失败的原因:在一个庞大的组织中转变信念和观念,可以说是所有管理挑战中最困难的。[②] 为了强化体育社会价值管理的作用,需要做好四个方面的工作:一是不断筑牢组织的文化基础,确立组织的价值承诺。体育社会组织的发展离不开组织文化的建设,尤其是不能离开基于运动项目的文化建构。例如,足球协会的发展就应建立在足球文化之上,这既是根基,也是土壤。离开了足球文化,足球协会的发展就会失去动力。当然,正是形成了雄厚的文化底蕴,体育社会组织也就自然承担起

---

① See D. Bell-Laroche et al., *Leader Perceptions of Management by Values within Canadian National Sport Organizations*, Journal of Sport Management, Vol. 28:1, p. 68 – 80 (2014).

② See P. Haspeslagh, T. Noda & F. Boulos, *Managing for Value: It's not Just About the Numbers*, Harvard Business Review, Vol. 79:7, p. 64 – 79(2001).

了引领体育文化发展的责任和使命,这一承诺始终贯穿于组织发展和治理的方方面面。二是创造能够接受组织价值的氛围和环境。不断优化体育发展的良好环境是体育社会组织的价值落到实处的关键。如果体育发展的环境非常恶劣,那么就很难实现既定的目标。良好的发展环境不是空穴来风,而是需要组织具备很强的专业能力,依据所辖项目或者体育特点,不断完善制度机制,尤其是要形成稳定有效的权力秩序。只有这样,体育的自治才能真正实现。三是围绕价值管理指标,系统开展培训,增强每个人的主人翁意识。体育治理需要每个成员,尤其是利益相关者的广泛参与。利益相关者的支持是组织生存和发展的关键,他们能够对组织的决策、管理、实施、资源等产生多方面的影响,这会促进组织治理活动更加多元化。[1] 尤其是就内部的利益相关者而言,他们的能力提升直接关系组织的资源配置和管理实施,因此需要围绕组织目标,定期开展培训,使每个人都能够感受到自身的重要性,并能够在自身岗位上切实做出成绩。四是应广泛包容地开展组织制度和流程改革。资源短缺一直是体育社会组织发展面临的主要困境之一。萨拉蒙提出,无论是发达国家还是发展中国家,因社会经济发展不均衡,各类公共资源也处于动态变化之中,这在很大程度上影响了社会组织发展所需要的资源。[2] 正是由于资源短缺,组织就更加需要建立完善的制度和工作流程,以最大限度地提升效率。从组织管理看,决策制度是关键。体育社会组织理事会或者会员大会是进行决策,并充分

---

[1] See S. C. Myers, *Corporate Financing and Investment Decisions When Firms Have Information That Investors Do Not Have*, Journal of Financial Economics, Vol. 13:2, p. 187 - 221(1984).

[2] [美]莱斯特·M. 萨拉蒙等:《全球公民社会——非营利部门视野》,贾西津、魏玉等译,社会科学文献出版社2002年版,第3~4页。

联结外部资源的重要途径。基于科学决策,体育社会组织也需要不断优化工作流程,注重纾解可能存在的漏洞和症结,只有建立起全面覆盖的网络,并能够顺畅运行,组织才能集中获得更多的资源,不断突破发展"瓶颈"。

第三节 市域体育社会组织治理制度建设存在的主要问题及原因

从现实情况看,体育社会组织是我国体育治理实现现代化的重要力量,其分布于体育的各个领域,在整合社会资源、开展各类体育活动、规范体育市场、联结群众等方面发挥着突出的作用。但是也应该看到,当前受制于多种因素,我国市域体育社会组织在发展中面临不少困难,已经影响了组织的持续运作。因此,深入了解并解决危机是每个组织都必须面对的挑战,通过分析危机的性质以及可能产生的影响,并采取适当措施回应与克服各种形式和程度的危机,可以实现组织的稳定与发展。[1]

一、体育社会组织治理中的使命漂移

第一,体育社会组织使命漂移的基本内涵。利益相关者是指那些能够影响组织行动或者被其影响的个人、团体及其他组织。[2] 随着利益相关者的不断增加,他们的期望和需求也在不断增加,这对体育组织提出了更高的要求,需要其不断提升有效治理能力。体育

---

[1] See C. M. Pearson & S. A. Sommer, *Infusing Creativity into Crisis Management: An Essential Approach Today*, Organizational Dynamics, Vol. 40:1, p. 27 – 33 (2011).

[2] See R. E. Freeman, *Strategic Management: A Stakeholder Approach*, Pitman, 1984, p. 12.

领域是一个具有特定变量(活动、组织、互动、目的)特征的特殊系统。近年来,体育多元化发展,已经发生了实质性的变化。视野的拓展及参与方式的改变也在不断推动体育组织更新思维,创造性地完善程序和开展工作,提高成效。[1] 基于现实发展,质量管理对于体育组织尤为重要,因为在有限的资源下,更加需要重点布局,提升效能。使命是组织身份和行动间的社会认知"桥梁",其从根本上规定了组织为什么存在、应该如何行动(目的)。当组织的行为随着时间的推移而出现与组织身份和使命不一致的情况时,就很可能会增加外界对组织行为和形象的消极认知——我们称之为"使命漂移"。基于价值观的复杂性,在社会性的、领域性的、组织性的运行中,可能导致组织行为的不一致或者偏离。组织采取何种行为取决于价值观伴随组织正念和资源自由裁量权的程度。[2] 组织使命漂移已经成为学界关注的重要领域之一。通过商业手段解决组织所面临的社会问题被认为是产生这一现象的直接原因。当社会组织的行为突然发生变化,象征性地或实质性地偏离了被外界感知的固有身份时,就会发生使命漂移。[3] 也就是说,出现这种情况时,社会组织的宗旨也就发生了变化,之前的初心也会随着各种利益纠葛而产生背离式的调整和转向。使命漂移与社会组织的一致性紧密相连。一方面,可以从组织身份认同的视角看,即组织行为是否与其身份认同之间的认知一致性发生了偏离。另一方面,可以从适应性的视

---

[1] See C. G. Gabriel & C. I. Alina, *Research on the Management of Sports Organizations*, Procedia-Social and Behavioral Sciences, Vol. 140, p. 667 – 670(2014).

[2] See M. Grimes, T. A. Williams & E. Y. Zhao, *Anchors Aweigh: The Sources, Variety, and Challenges of Mission Drift*, The Academy of Management Review, Vol. 44:4, p. 819 – 845(2019).

[3] See J. Battilana & M. Lee, *Advancing Research on Hybrid Organizing*, The Academy of Management Annals, Vol. 8:1, p. 397 – 441(2014).

角看,即组织行为是否与其生存发展环境的一致性发生了偏离。

第二,体育社会组织认同与使命漂移。社会组织的身份是由特定的特征(如价值观)构成的,这些特征被认为是最为重要的、具有固有属性的,而且随着时间的推移,其也表现出一定程度的连贯性和持续性。① 正是基于如此重要的地位,社会组织价值观被认为是主导其行为的结构性的动力之源。这里主要表达的意思是,组织最初的主张对早期的章程、惯例等产生主导性影响,随着时间的推移,组织发展壮大,其行为会进一步提升这些规范的影响力。也就是说,当组织被认为"不符合其典型特征"时,就极易引发外界对其身份真实性的怀疑。前文已述,这正是因为组织行为与外界对组织承诺和主张的期望出现了认知的偏差和背离。组织通过章程或其他规范作出的承诺和要求是关键的价值主张,会成为组织特有的标准,甚至是符号,这会深刻影响其后续的行为和行动。② 当社会组织及其领导者建立这种价值判断标准时,其也就与客户、供应商、监管机构等关键利益相关者形成了一种隐形契约,并产生具体的绩效诉求和期望。当这些期望和诉求达成共识时,就建构起了组织的形象;当行为不断偏离时,就会颠覆这一形象。就非营利性体育组织而言,明确组织使命有助于其将利益相关者的行动集中在统一的目标上。所有类型的组织都面临不断改变其治理范围、工作内容和方式的压力,如果不加以控制,这些压力就会引发使命漂移,即我们通

---

① See D. A. Gioia, S. D. Patvardhan & A. L. Hamilton, *Organizational Identity Formation and Change*, The Academy of Management Annals, Vol. 7:1, p. 123 – 193 (2013).

② See R. Greenwood, Oliver C. & Meyer R., *The Sage Handbook of Organizational Institutionalism*, London: SAGE Publications, 2017, p. 24.

常说的"无锚状态"。① 在这种状态下,组织转而追求短期既得利益,丧失初心。因此,在各种情况下,组织都要始终坚守其章程明确的"宗旨",警惕与防范各种形式的侵蚀。从西方非营利组织的发展历程看,当代社会对于可衡量的使命驱动型成功的需求,迫使非营利组织放弃了创新和突破。而且随着经济社会的发展,非营利组织似乎更加不能清晰地审视和应对社会现实,造成这一结果的关键原因是非营利组织大规模转向了以狭隘使命为中心的管理体系建构。② 总体来看,我国市域体育社会组织的网络是十分分散的,凝聚力水平比较低。从相关调查结果看,我国体育社会组织与营利组织之间存在多种联系,但尚未建立起有效的协同治理网络,存在很多结构性的漏洞。

第三,体育社会组织适应与使命漂移。组织适应一般被认为是为应对外部变革压力所保持的一种正常反应。从这个角度看,使命漂移也被视为组织反应的一种方式,其中,偏离组织身份被认为是创造多样性,促进组织持续发展的路径。随着社会组织面临的发展环境越来越复杂多样,竞争优势不被认为是源于组织行为与其身份表达的一致性,而被认为是源于其与不断变化的环境的期望和要求的一致性。③ 体育社会组织往往是嵌入式运行的,它们能够作用于不同的领域或场域中,尤其是在当前深化改革的背景下。当然,体

---

① See R. Bennett & S. Savani, *Surviving Mission Drift: How Charities can Turn Dependence on Government Contract Funding to Their Own Advantage*, Nonprofit Management & Leadership, Vol. 22:2, p. 217 - 231(2011).

② See R. M. Linden, *Leading Across Boundaries: Creating Collaborative Agencies in a Networked World*, San Francisco, CA: Jossey-Bass, 2010, p. 14 - 15.

③ See R. Greenwood, M. Raynard & F. Kodeih, *Institutional Complexity and Organizational Responses*, The Academy of Management Annals, Vol. 5:1, p. 317 - 371 (2011).

育组织必然会面临各种不同的价值观念,这些观念也极易对其产生影响,并使其成员的承诺、责任和义务产生混淆。体育协会、体育商会等都需要在各自的领域中与政府、市场、社会等产生各种各样的联系,都会受到各种不同价值观念和诉求的影响,这就极易使自身发生改变。从现实情况看,体育社会组织所面临的这些价值观念是不稳定的,往往会产生新的压力,迫使组织不断创新,解决现有问题,从而使其治理转向或者调整身份,以适应发展。

当然,不同的社会领域或场域之中的价值观念和诉求纷繁多样,构成了一个非常复杂的系统——"由众多相互作用的代理人组成的,每个代理人都依据自身的知识或者规则行事。"[1]有研究表明,价值观的复杂性,无论其内部或外部起源如何,都会对成员的注意力和意图产生破坏性影响,从而导致组织行为不一致。组织在价值观念复杂的环境中,需要保持身份和行为的一致性,并有效应对环境的变化。[2] 如果组织在领域或场域中存在多种竞争价值观时,这种平衡和一致性就会变得越来越困难。不同场域的价值观念可能会引发组织的注意力倾向,将组织推向不同的目标和利益诉求。这是因为价值观念和利益相关者环境的复杂性,使社会组织存在身份上的错位,这种情况往往会使组织采取偏离行为,造成既定目标无法实现。[3]

---

[1] See D. A. Plowman, L. T. Baker et al., *Radical Change Accidentally: The Emergence and Amplification of Small Change*, Academy of Management Journal, Vol. 50:3, p. 515 – 543(2007).

[2] see J. Battilana & M. Lee, *Advancing Research on Hybrid Organizing*, The Academy of Management Annals, Vol. 8:1, p. 397 – 441(2014).

[3] See T. Wry, J. A. Cobb & H. E. Aldrich, *More Than a Metaphor: Assessing the Historical Legacy of Resource Dependence and Its Contemporary Promise as a Theory of Environmental Complexity*, The Academy of Management Annals, Vol. 7:1, p. 441 – 488 (2013).

二、重点领域法律法规不足，多元权责界限不清

第一，体育社会组织治理重点领域的法律法规不足。我国出台了大量有关体育社会组织治理的规定和条例，为市域体育社会组织治理提供了重要的制度依据。但是当前体育社会组织的法治建设依然落后于其发展需求，存在重点领域法律法规建设不足的问题。首先，从国家立法层面看，存在立法层级较低、内容不够完善以及缺乏系统设计等方面的问题。目前，我国还未颁布专门针对社会组织的基本法律，相关规定主要以行政法规、办法、意见等形式呈现。[1]其中，国务院颁布的《社会团体登记管理条例》《民办非企业单位登记管理暂行条例》《基金会管理条例》是专门针对社会组织治理的重要规定，[2]这些规定对于体育社会组织治理问题发挥了重要的指导作用。但由于缺乏上位法的统一指引，相关政策法规之间存在重复和矛盾等问题，[3]并且许多制度安排较为模糊，对于当前我国体育社会组织治理缺乏应有的法律效力。此外，其他体育社会组织治理相关的政策法规在系统性方面亦存在不足，这些政策法规主要是对体育社会组织的登记注册和监督管理等程序问题进行原则性规定，[4]对其主体界定、权力范围、培育与支持以及相关法律责任等相关实体性规范较少。例如，《体育法》对于体育社会组织的发展作

---

[1] 参见王向民、鲁兵：《社会组织治理的"法律—制度"分析》，载《华东师范大学学报（哲学社会科学版）》2019年第5期。

[2] 参见周俊：《政府与社会组织关系多元化的制度成因分析》，载《政治学研究》2014年第5期。

[3] 参见黄晓春：《当代中国社会组织的制度环境与发展》，载《中国社会科学》2015年第9期。

[4] 参见周俊：《政府与社会组织关系多元化的制度成因分析》，载《政治学研究》2014年第5期。

出了宏观层面的规定,但内容不够细化和完善,对于体育社会组织治理问题的针对性和可操作性存在不足,无法全面系统地为体育社会组织的实际运作过程提供保障。其次,市域政府对于体育社会组织治理方面的制度创新不足。我国部分市域政府部门为了支持对体育社会组织的培育发展,已经结合本地情况相继出台了关于体育社会组织治理的政策性文件。例如,2013 年,常州市就已经出台《关于培育发展基层体育社会组织的实施意见》。但是,当前我国市域政府作出的相关制度安排依然较为笼统,对体育社会组织的建设和发展缺乏长远的规划设计,存在与微观层面体育社会组织的需求不够匹配等方面的问题,①在一定程度上降低了对于市域体育社会组织治理问题的适用性。尤其是在政府部门和体育社会组织之间的关系方面缺乏更为完善的制度设计,对于体育社会组织健康发展提供的系统保障不足。

第二,市域体育治理多元主体的权责不清,协同机制缺位。长期以来,我国体育治理受到"强政府、弱社会"理念的影响,政府部门在体育管理中处于强势的主导地位,其他主体的力量较为薄弱。②随着多元主体协同治理在体育领域的持续推进,包括体育社会组织在内的其他社会主体参与市域体育治理的重要地位逐步得到确认,成为推进体育治理体系和治理能力现代化的力量源泉。③ 但由于相关政策法规没有明确规定多元主体之间的权责关系,市域体育治理

---

① 参见刘苏、许兰、汤卫东:《地方足协实体化改革的制度困境与纾解之策》,载《体育与科学》2021 年第 1 期。

② 参见汪文奇、金涛:《新时代我国体育治理格局的转型改造:由"强政府弱社会"转向"强政府强社会"》,载《武汉体育学院学报》2018 年第 7 期。

③ 参见季彦霞、吕万刚、沈克印:《元治理视角下体育社会组织参与治理的现实困境与改革路径》,载《体育学研究》2021 年第 4 期。

实践中存在多元主体权责关系不明晰、边界模糊、参与无序化等问题,难以建立政府和其他主体之间的平等合作关系,协同机制存在明显缺位。从体育社会组织与政府之间的权责关系看,体育社会组织独立地行使权力和承担责任是参与体育治理的重要前提,但是实践中政府部门并不愿意将自身拥有的很多实质性权力赋予体育社会组织,体育社会组织缺乏明确的职能范围和定位。此外,政府部门与体育社会组织之间的责任协调并不到位,导致体育社会组织难以担责,阻碍了体育社会组织的参与。权责关系不明晰导致政府部门与体育社会组织之间的治理秩序较为混乱,体育社会组织只是在一定程度和范围内参与了体育公共事务,对其治理仍然处于零散参与状态,不能及时对政府部门管理存在缺失的领域进行补位,未能实现市域政府与体育社会组织平等主体之间的协同合作。

第三,市域体育治理评价机制不健全。市域体育治理评价是实现市域体育治理现代化的重要手段,其根本价值在于推动市域政府部门职能转变,构建多元主体协同参与的共治结构,完善体育治理运行机制和提升治理水平,进而通过评价实现体育善治。但是当前我国政府部门对于市域体育治理评价的关注较少,依然处于探索阶段。关于体育治理评价的规定散见于一些规范性文件中,并没有颁布专门的体育治理评价政策,缺乏关于市域体育治理评价的实质性规定。实践中,我国市域体育治理评价机制并不健全,在评价主体、评价指标、评价流程以及评价结果的反馈和运用层面均存在诸多问题。首先,市域政府在体育治理评价过程中处于主导地位,既是"裁判员"又是"运动员",社会公众以及第三方机构对于体育治理评价参与不足。其次,当前我国市域体育治理评价缺少一套较为科学完善的指标体系,指标内容不够精细并且可操作性较差,难以作为评价标准很好地反映市域体育治理现状。从评价对象和内容看,多将市域政府作为评价对象,将政府体育治理作为主要内容,对于体育社会组织等其他主体参与体育治理的评价较少。最后,体育治理评价结果的运用对于调整体育治理方式和改善体育治理实践发挥的作用不够明显,在一定程度上阻碍了体育治理评价效能的发挥。

三、体育社会组织建设动力不足,综合能力亟须提升

第一,体育社会组织建设的动力来源不足。市域政府是推动体育社会组织参与市域治理的重要力量,国家层面颁布的相关政策对于体育社会组织治理问题进行了顶层设计,并为市域政府设定了目标任务,期望市域政府部门自下而上地探索体育社会组织的建设路径。但是,实践中市域政府建设体育社会组织的动力不足。[1] 首先,从政策制定层面看,由于国家层面不同时期颁布的关于体育社会组织建设和发展的相关政策具有不稳定性和含混性,[2]对于政府部门培育与发展体育社会组织的规范程度和约束力度不足,并且中央政府没有针对体育社会组织的发展设置强激励措施。[3] 市域政府部门对于体育社会组织建设和发展未能形成稳定的预期,[4]亦没有充分认识到体育社会组织参与市域体育治理的重要价值,导致当前市域政府对于体育社会组织建设与发展的制度设计具有"权宜性"特

---

[1] 参见戴香智:《社会工作参与市域社会治理现代化的制度建设》,载《社会科学家》2021年第1期。

[2] 参见刘苏、许兰、汤卫东:《地方足协实体化改革的制度困境与纾解之策》,载《体育与科学》2021年第1期。

[3] 参见黄晓春、嵇欣:《非协同治理与策略性应对——社会组织自主性研究的一个理论框架》,载《社会学研究》2014年第6期。

[4] 参见黄晓春、嵇欣:《非协同治理与策略性应对——社会组织自主性研究的一个理论框架》,载《社会学研究》2014年第6期。

征，往往会从满足自身管理需求的角度进行制度建构，在落实国家宏观政策的配套政策方面存在缺位。① 其次，从政策执行层面看，政府部门之间存在信息不透明、协调交流不通畅等问题，它们在政策执行过程中自主选择空间较大，往往基于工具主义的动机，按照自身的治理偏好和行政政绩对体育社会组织的发展进行选择性支持。② 体育公共服务属于经济发展达到一定水平后的"增量型"社会需求，对于政府部门治理绩效的贡献程度较低，③许多市域政府职能部门对于体育社会组织参与体育治理的重视程度不足。④ 加之体育社会组织在参与体育治理过程中一旦出现问题，政府部门就会受到牵连。面对可能承担的较大风险以及激励性不足，政府部门往往会选择做一些形式上的推进，更加偏向于对体育社会组织的控制和约束，对于孵化培育体育社会组织的动力不强。

第二，体育社会组织的资源配置及整合能力不够。在市域体育治理的过程中，虽然政府掌握着大量的体育资源，但是如果仅凭政府自身力量进行日益庞杂的体育公共事务管理非常容易出现管理成本过高、效率低以及资源浪费等问题。⑤ 体育社会组织提供的体育公共服务被认为是一种建立在志愿基础上的公益事业，它们在与社会公众的沟通中具有天然的亲和力，更加了解群众的体育需求，

---

① 参见何强：《技术治理逻辑与行动策略选择——基于体育社会组织改革历程的考察与审视》，载《体育科学》2019年第4期。
② 参见赵鹏、王鹤：《公共治理视角下基层体育社会组织的培育逻辑、制度困境与应对策略》，载《武汉体育学院学报》2023年第10期。
③ 参见王鹤、李明、丁自豪：《基层体育社会组织参与体育合作治理的主体决策与动态演化——基于演化博弈模型的分析》，载《武汉体育学院学报》2022年第6期。
④ 参见赵红娟：《体育公共服务视角下体育社会组织价值作用及制约因素研究》，载《西安体育学院学报》2015年第4期。
⑤ 参见汪文奇、金涛：《新时代我国体育治理格局的转型改造：由"强政府弱社会"转向"强政府强社会"》，载《武汉体育学院学报》2018年第7期。

这一特点能够与政府部门形成优势互补。通过体育社会组织动员更多力量广泛地获取社会资源,再对社会资源进行整合进而集中提供体育公共服务,亦能对政府管理体育公共事务产生积极的影响。①然而,在实践中,许多体育社会组织未能实现从政府划拨到广泛获取社会资源的顺利转型,与政府部门的资源整合能力不够,导致体育社会组织在资源配置和整合方面均存在很大的不足。目前体育社会组织获得资源支持的渠道较为单一,多数体育社会组织需要依靠政府给予的资金才能运行,发动社会力量筹集资源的能力较差,整合社会资源的效率低下。②体育社会组织资金的获得主要通过政府购买公共体育服务、资助补贴、税收优惠和减免等方式,依靠会费、场地出租、各种培训、社会捐助等方式获得的收入难以维持其正常运转,这导致许多体育社会组织过度依赖政府。然而,政府提供的扶持资金十分有限,在购买体育社会组织提供的服务以及税收减免优惠等方面的力度较弱,许多体育社会组织面临资源匮乏的困境,很多专业的体育公共服务都难以持续进行。③尤其是在一些经济落后地区,由于财政收入较少,单纯依靠政府亦无法解决体育社会组织经费不足的难题。

第三,体育社会组织的自治能力急需提升。受体育体制等因素的影响,行政力量在体育社会组织中的渗透与生俱来,政府部门掌握着体育社会组织发展的核心资源,并且政府职能转变的进程较为

---

① 参见王鹤、李明、丁自豪:《基层体育社会组织参与体育合作治理的主体决策与动态演化——基于演化博弈模型的分析》,载《武汉体育学院学报》2022年第6期。
② 参见刘兵、郑志强:《中国式现代化进程中我国体育社会组织治理转型与发展》,载《体育学研究》2023年第5期。
③ 参见季彦霞、吕万刚、沈克印:《元治理视角下体育社会组织参与治理的现实困境与改革路径》,载《体育学研究》2021年第4期。

缓慢,直接或者间接干预体育社会组织的情况时有发生。① 党的十八大以来,"政社分开、权责明确、依法自治"成为治理改革目标,并不断出台相关政策文件予以强化,为体育社会组织走向自治提供了指引。② 市域政府部门也在逐渐调整与体育社会组织之间的关系,对于提升体育社会组织的自治能力发挥了重要作用。但是,当前我国体育社会组织依然尚未完全实现自我管理、自我监督、自我服务和自我利益表达。实践中,政府对体育社会组织的干预控制较强,科层制的行政体制与体育社会组织自治之间形成了矛盾,体育社会组织的自治空间受到限制。首先,体育社会组织的准入制度对体育社会组织进行了约束。双重管理体制之下,体育社会组织的成立受到政府部门的严格监控和条件限制,导致许多体育社会组织不具备合法资格,体育社会组织的自我管理在源头上受到极大限制。尽管后来我国绝大多数地级市均实现了登记备案双轨制,但是体育社会组织的独立发展依然受到诸多限制,其自治性受到很大影响。③ 甚至部分体育行政部门并没有将体育社会组织看作平等的法律主体,认为政府拥有直接管理体育社会组织的权力,即理所应当地干涉体育社会组织的内部事务。其次,很多体育社会组织的定位更多聚焦于分担政府部门在体育管理方面的职能,行政化色彩非常浓厚,而对自身治理能力的提升有所忽视。④ 因此,许多体育社会

---

① 参见杨远波、陈丛刊:《"控制权"理论视角下政府与基层体育社会组织互动关系的创新》,载《上海体育学院学报》2020 年第 8 期。
② 参见马立、曹锦清:《社会组织参与社会治理:自治困境与优化路径——来自上海的城市社区治理经验》,载《哈尔滨工业大学学报(社会科学版)》2017 年第 2 期。
③ 参见王政、万文博、江元元:《我国体育社会组织准入制度的内在逻辑和改革取向》,载《天津体育学院学报》2019 年第 6 期。
④ 参见叶小瑜、李海、史芙英:《地方政府培育发展体育社会组织的实践探索——基于沪、苏、粤三地的调查》,载《武汉体育学院学报》2021 年第 3 期。

组织的法人治理结构并不健全,其制度建设、经费开支等内部事务在一定程度上都受到政府干预。还有一些体育社会组织本质上就属于政府职能的延伸,高度依附于政府部门,在人员聘用、资金使用、组织建设以及运行机制等方面均没有完全的自主权,自治能力非常薄弱。

四、体育社会组织的公信力不高,体育活动组织呈现碎片化

第一,体育社会组织治理问题频出,公信力不高。随着我国市场经济的不断完善和社会公共体育事业的蓬勃发展,社会公众、捐赠方以及政府对体育社会组织的公信力和透明度提出了更高的要求,期望体育社会组织能够达到更高的治理标准。但是,当前我国体育社会组织的公信力建设存在很大不足,甚至面临社会公信力危机。一方面,公信力本身非常脆弱,一旦受到冲击就很难弥补。"善心汇骗局""知乎女神诈捐"等事件对社会组织的形象产生了巨大的冲击和影响,使其公信力整体下降。体育社会组织本身也存在违法经营和违法募捐等借公益名义谋取利益的情况,尤其是部分青少年体育俱乐部乱收费以及打压同行等行为时有发生,降低了社会公众对于体育社会组织的信任度。[1] 另一方面,体育社会组织在信息公开方面不够完善,其运行过程的透明度不高,导致捐赠者、服务受众难以了解其运转情况。大多数体育社会组织运营资金的来源、使用情况以及人力资源的筹集、使用呈现"暗箱"状态,尚未建立完善的信息披露制度体系。此外,媒体也缺少对体育社会组织发挥作用的正面宣传和报道,社会公众对于体育社会组织的专业职

---

[1] 参见刘兵、郑志强:《中国式现代化进程中我国体育社会组织治理转型与发展》,载《体育学研究》2023 年第 5 期。

能没有形成清晰的认知,对其专业程度认可较低。加之体育社会组织日常开展体育活动总是紧密围绕政府部门的体育治理目标,将政府的态度和意见作为行动指南,而在一定程度上减弱了与社会公众的联系,导致社会公众对于体育社会组织的公共职能以及其能否代表公众利益的角色定位存疑,信任度不高。[1] 当遇到问题需要帮助时,还是习惯找力量更加强大的政府部门,并没有将寻找体育社会组织的专业帮助作为行之有效的途径。

第二,体育社会组织的决策和管理系统存在缺陷。体育社会组织内部治理的核心是充分发挥决策机构和管理机构的职能,保证形成有效的决策和管理。近年来,体育社会组织越来越重视完善内部治理制度,并着力于制定其内部章程,强化依照内部章程保障其正常运转。但许多体育社会组织制定的章程内容并不完善,相关规定往往存在形式大于内容的问题,缺乏对于我国体育社会组织内部治理的指导价值。[2] 实践中,许多体育社会组织的决策机构、执行机构和监督机构之间仍然处于失序状态,未能形成"分工合理、有效监督、相互制衡"的内部法人治理结构,在决策和管理系统方面存在诸多缺陷。[3] 从体育社会组织的决策机制看,虽然部分体育社会组织的章程中明确规定理事会是最高的决策机构,但其只是在形式上对理事会的决策职责作出了规定,实际运行中并不主要发挥决策职能,真正的决策权往往掌握在少数人的手中,仅靠少数人的能力维

---

[1] 参见曾丽敏、刘春湘:《非正式制度对社会组织参与城市社区治理的影响》,载《北京社会科学》2021年第11期。

[2] 参见郑志强、任柏超、曹景川:《〈民法典〉时代体育协会法人治理的现实困境与疏解策略》,载《天津体育学院学报》2022年第1期。

[3] 参见春潮、高奎亭:《困境与破局:体育强国建设背景下我国体育社会组织改革路径研究》,载《天津体育学院学报》2021年第4期。

持组织的决策和运转,民主决策机制有待进一步完善。从体育社会组织的执行机制看,当前体育社会组织的内设执行机构不够规范,临时组建管理部门的现象比较严重,执行过程中的协调和沟通不够顺畅,并且较为缺乏专业化的体育组织管理人员,执行成效往往大打折扣。此外,许多体育社会组织的内部监督机制还不完善,部分体育社会组织尚没有设置较为健全的监督机构,对体育社会组织的约束力度不够,无法从内部实现对体育社会组织活动开展的自我监督和自我发展,严重制约了体育社会组织的社会服务能力的提升。①

第三,体育社会组织开展活动的碎片化趋势严重。当前,社会公众的体育锻炼意识在持续提升,参与体育活动的需求也在不断增长。体育社会组织在参与体育治理时,具备组织动员、资源吸纳、提供专业服务、利益协调等多方面的功能,在面向大众开展体育活动方面有着独特优势。因而,政府部门也高度重视发挥体育社会组织的功能,并支持鼓励其开展体育活动。但是由于许多体育社会组织的活力激发不足,开展体育活动的碎片化趋势严重。一方面,体育社会组织依据当前的制度安排难以对体育公共服务的提供产生稳定的预期,也缺乏长期参与市域体育治理的规划,导致我国许多体育社会组织为获得资源支持,将发展策略定位于维护与政府之间的关系,②而非通过提供体育公共服务获得更多社会公众的支持。虽然体育社会组织的发展在数量增长和规模扩大方面都已经初见成效,但是许多体育社会组织的活力不足,未能积极参与市域体育治理过程,开展体育活动的频次不高,在一定程度上抑制了群众参与

---

① 参见刘转青、殷治国、郭军:《我国体育社会组织主体性缺失的场域理论解析》,载《体育学刊》2018 年第 4 期。
② 参见嵇欣、黄晓春、许亚敏:《中国社会组织研究的视角转换与新启示》,载《学术月刊》2022 年第 6 期。

体育活动的热情。另一方面,体育社会组织的治理能力不足导致体育公共服务供给质量不高。体育活动开展过程中常常出现场地和人力资源短缺、体育活动组织资金匮乏等问题,导致体育活动开展的形式较为单一、内容不够丰富,不能满足社会公众日益增长的健身需求。① 此外,由于体育社会组织的治理意识薄弱,治理行为还没有得到规范完善,对于体育活动开展中的突发情况也存在解决能力欠缺等方面的突出问题,制约了体育活动的广泛有序开展。

五、体育社会组织的创新发展意识不足,治理监管不力

第一,体育社会组织的自我革新意识不足。体育社会组织发展是政府培育建设和自身创新发展共同作用的结果,双向力量缺一不可。② 其中,不仅需要政府部门转变职能,积极培育和支持体育社会组织,更加需要体育社会组织积极主动地进行自我革新。面对当前高度复杂的体育社会组织建设制度环境,体育社会组织也难以对自身的发展作出合理的判断,③缺乏长期参与市域体育治理的规划,自我革新意识不足。首先,过度地依附政府部门导致体育社会组织逐渐丧失了自主性和能动性。④ 体育社会组织为了得到政府部门的支持,往往会将服务政府部门作为自己的首要任务,⑤而不是将主要任务

---

① 参见刘兵、郑志强:《中国式现代化进程中我国体育社会组织治理转型与发展》,载《体育学研究》2023年第5期。
② 参见赵挺:《地方政府如何培育社会组织发展?——组织生命周期视角的分析》,载《东岳论丛》2023年第11期。
③ 参见李利利、刘庆顺:《社会组织发展的转向:从依附到内生》,载《学术交流》2023年第7期。
④ 参见王诗宗、宋程成:《独立抑或自主:中国社会组织特征问题重思》,载《中国社会科学》2013年第5期。
⑤ 参见杨华、张小航、李宗涛:《政府行为视角下体育社会组织治理策略选择与路径优化》,载《天津体育学院学报》2022年第3期。

设定为如何更好地为社会公众提供体育服务,体育公共服务提供意识和社会责任意识不强,难以发挥其独特的作用。其次,很多体育社会组织缺少宣传意识。当前体育社会组织的数量不断增多且类型多样,政府部门很难掌握所有体育社会组织的信息。相反,政府部门对于大量游离于体制之外的体育社会组织掌握的信息并不充足,甚至完全不知道这些体育社会组织的存在,更难实现政府部门与体育社会组织之间的沟通合作。体育社会组织缺少宣传意识,社会公众对体育社会组织也缺少了解,导致体育社会组织缺失很多发展自身的机遇。

第二,对于体育社会组织的治理监管不到位,存在监管盲区。完善的体育社会组织监管体系对于提升体育社会组织的公信力和促进体育社会组织的良性发展具有非常关键的作用。然而,当前对于我国体育社会组织的监管依然不到位,还存在监管盲区。首先,尽管多元主体参与体育社会组织监管的重要性得到了理论界的广泛认同,但是实践中多元主体协调有序、共同参与的监管格局还没有形成,有待进一步完善。目前,我国出台的相关政策制度尚未对体育社会组织外部监管主体及其职责进行整体规划,导致监管责任划分不清,监管效率低下。[1] 此外,由于社会公众以及第三方机构等其他监管主体力量较为薄弱、缺乏参与监管的意识以及畅通的参与渠道等方面原因,[2]多元主体参与体育社会组织监管面临诸多方面的阻碍。其次,政府部门对于体育社会组织的全过程监管存在不足。体育社会组织的外部监管主体主要是依靠政府部门,包括体育

---

[1] 参见春潮、高奎亭:《困境与破局:体育强国建设背景下我国体育社会组织改革路径研究》,载《天津体育学院学报》2021 年第 4 期。

[2] 参见万文博、王政、蔡朋龙:《江苏省政府培育体育社会组织的实践及路径优化》,载《体育学刊》2019 年第 5 期。

社会组织的业务主管单位和登记机关两大监管机构。① 在政府部门的双重监管体制之下,政府部门过于注重在体育社会组织的准入阶段加强监管,许多体育社会组织未能获得合法资格,导致正式登记的体育社会组织的数量较少、规模发展受到限制。② 对于体育社会组织的运行过程缺乏监管,尤其在定期对体育社会组织各项事务方面监管方面力度不足。最后,体育社会组织评估手段的运用不够充分,监管流程存在缺失。政府部门主要采用登记、年检、执法等手段对体育社会组织进行监管,在一定程度上忽视了体育社会组织评估的重要性,在弥补登记管理不足方面发挥的效能不佳。此外,市域政府部门对体育社会组织的考评,往往采用评估社会组织的通用模板,未能充分考虑体育社会组织的特殊性。③ 许多评估指标的设定不够科学合理,未能反映体育社会组织的特点,对于政府部门筛选体育社会组织方面发挥的效能不佳,更加难以依据评估结果及时发现体育社会组织发展过程中存在的问题并有针对性地提出体育社会组织的发展建议。

---

① 参见周俊:《政府与社会组织关系多元化的制度成因分析》,载《政治学研究》2014 年第 5 期。
② 参见冯晓丽、崔佳柠:《新时代我国体育社会组织高质量发展研究》,载《体育学刊》2020 年第 2 期。
③ 参见陈丛刊:《论体育社会组织治理的内在逻辑——基于"合法性·权威·支配形式"的分析框架》,载《西安体育学院学报》2018 年第 6 期。

第三章
市域体育社会组织的治理赋权

"善治"是一个整体性概念,涉及多种要素。市域体育社会自治的善治是导向性要素,其决定着为何赋权、如何赋权,以及如何评价等关键问题。市域是一个特殊的场域,在分析体育组织的治理时,也必然要充分考虑其蕴含的现实因素,尤其是要充分考虑存在的突出问题,并提出有针对性的解决方案。在整个治理体系中,一方面,要厘清关系,进一步赋权体育社会组织,强化其治理的主体身份;另一方面,市域体育社会组织要依托地域资源,优化扶持有资质的组织和机构,拓展治理网络。

第一节　市域体育社会组织的善治导向原则

体育的"善治"可以理解为"体育组织制定治理规范,实现战略目标,并与利益相关者合作,系统监测绩效,评估和管理风险,并定期向其成员报告活动开展及治理规范实施情况的框架"。[①] 这一界定突出强调了体育善治是一个过程,其中渗透着透明、负责任,且能够满足各方需求的组织文化。体育组织以及每个活动领域确立的"最佳治理实践"原则,就是我们通常所说的"善治原则",主要内容包括三个:坚持自主性治理原则——有能力的董事会/管理团队,采取与组织自身以及利益相关者目标一致的策略,促进遵守及问责程序完善;坚持诚信治理原则——促进道德和诚信水平提升的制度/规则;坚持精细化治理原则——清晰界定岗位和职责的组织计划,识别管理风险和威胁的程序,识别利用和开拓机会的战略和途径。[②] 市域体育社会组织遵循的"善治原则"主要包含以下几个方面的内容。

一、市域体育社会组织应坚持自主性治理原则

建构体育组织为主体的治理网络是坚持自主性治理原则的具体体现。体育组织的自主性治理原则有着很高的专业要求,资质、能力、资源等缺一不可。《体育法》第 67 条规定:"单项体育协会应当接受体育行政部门的指导和监管,健全内部治理机制,制定行业

[①] EU, *Principles of Good Governance in Sport*, Europa (Sept. 2013), http://ec.europa.eu/assets/eac/sport/library/policy_documents/xg-gg-201307-dlvrbl2-sept 2013.

[②] See N. Dunbar & T. Middleton, *UEFA'S Financial Fair Play Regulations: A Good Example of Best Practice Governance by a Sporting Body?*, The International Sports Law Journal, Vol. 22, p. 272-287(2022).

规则,加强行业自律。"第 62 条规定:"中华全国体育总会和地方各级体育总会是团结各类体育组织和体育工作者、体育爱好者的群众性体育组织,应当在发展体育事业中发挥作用。"第 68 条规定:"国家鼓励发展青少年体育俱乐部、社区健身组织等各类自治性体育组织。"[1]这些规定明确了各类体育组织的治理主体地位,也为深入开展各类体育活动提供了依据。在我国治理体制不断优化的背景下,需要不断创新市域体育管理制度和机制,尤其是要强化体育协会网络建设。体育协会作为专业的体育组织,其在治理中发挥着不可替代的作用。从组织职能上看,在我国体育深化改革的进程中,自上而下成立的体育协会网络,能够在政府的授权或委托下,承担一部分管理职能,且承担着体育赛事活动开展、后备人才培养等工作,并内嵌于体育行政部门的府际竞争体系之中,与体育行政部门之间有很强的关系纽带。[2] 通过天眼查系统查询,截至 2024 年 1 月,我国登记注册的各类体育协会共计 28,521 个,主要有各类群体的体育协会、体育产业协会、地方体育协会等,其中约有 20% 为区域体育协会。例如,兰溪市老年人体育协会、北京经济技术开发区全民健身体育协会、贵港市港南区体育协会、嘉兴市南湖区农民体育协会等。这些体育协会都是正式成立的社团组织,具有非常清晰明确的职责,它们是市域体育治理的重要主体。

提升治理能力也是坚持自主性治理原则的基本要求。"体育体制改革是推进体育治理体系和治理能力现代化的重要一环。"[3]近20 年来,体育协会实体化改革日益深入,尤其是单项体育协会去行

---

[1] 《中华人民共和国体育法》,法律出版社 2022 年版,第 17 页。
[2] 参见张兵:《地方足球协会运行机理及改革策略》,载《体育科学》2017 年第 11 期。
[3] 余诗平、王志文、张瑞林:《后脱钩时代地方性单项体育协会融入体育治理体系现代化:角色审视与多元路径》,载《体育学研究》2023 年第 4 期。

政化改革取得了比较突出的成绩,在很大程度上破解了体育管理制度"僵化"的问题,发挥出了一定的作用。作为独立的社团法人,体育协会治理要切实改变观念,遵循社团法人治理逻辑,不断提升治理的综合能力。从现实看,自我"造血"能力不足、资源整合能力差是社会组织普遍存在的问题,需要采取针对性的举措。国外一些成熟体育组织的治理可以提供一定的借鉴。

首先,立足自我发展,切实优化组织机构,并能够确保组织价值观的传播。组织发展的基本要求是秉承使命,建立健全竞争性的发展机制,培育"专有性"人力资本(知识和技能的专门化程度,以及它们在员工之间转移的程度),这是组织有效治理的基本构成要素。[1] 2017年,欧足联执委会提出一系列足球治理改革举措,其中包括人事任命——执委会主席和成员的任期不超过12年(3个4年任期),只接受在本国协会任职的委员竞选连任执委会成员;公开招标——确保欧足联所有比赛场地均是通过透明的招投标程序确定的;价值观——确立职业道德和善治的立法目标,并贯穿欧足联治理始终。[2] 欧足联在核心机构方面的改革取得了成效,使更多的高水平的人力资源能够进入管理团队中,并增加了人才流动产生的资源效益。同时,价值观也是关键的要素之一,其能够推动组织及相关利益者共同形成治理的合力。市域体育社会组织的治理也应将组织机构优化及价值观培育和灌输作为核心任务,只有在这两个方面形成了张力,其治理格局才有可能形成。其中最重要的工作应

---

[1] 参见刘兰华:《非营利性社会组织能力建设中的人力资源紧张及其纾解》,载《兰州学刊》2014年第11期。

[2] UEFA, *UEFA Congress Approves Good Governance Reforms*, UEFA (Apr. 5, 2017), https://www. uefa. com/news-media/news/0238 - 0f8e4fcb1c36 - 2e546f884d8b - 1000 - - uefa-congress-approves-good-governance-reforms/.

放在省、市、县(区)、乡镇、农村体育协会组织的治理网络建构上，建立可以进行线性管理的机制。

其次，积极争取资源支持，不断筑牢体育治理基础。资源支持是体育组织生存的关键，也是确保各类体育活动持续开展的基础要素。欧盟体育正是不断获得了充足的资金支持，才不断焕发出治理活力。自2011年以来，促进体育善治一直是欧盟体育工作的首要任务，伊拉斯谟基金已经用于支持体育治理改革项目。该基金主要用途包括教育、培训、青少年培养及体育发展；2021~2027年欧洲议会决议将此计划的预算增加了3倍。2016年，欧盟委员会进一步提出，政府应将体育组织的公共资金与治理标准及关键绩效指标紧密联系起来，如果体育组织不能够实施透明的决策过程，政府有权对其自主权提出怀疑。[①] 市域体育社会组织需要获得各类资源的支持，这是确保发展的关键，目前很多地方政府、行政部门，以及体育基金会等都加大了对体育组织的支持力度，这为其系统开展工作奠定了基础。但是需要注意的是，资源支持也在很大程度上对体育组织的决策和管理提出了更高的要求，如果不能深入业务领域，解决体育发展，以及群众体育中的矛盾和问题，就会因其支持力度的降低，而影响其持续发展。我国各省、市、地方已经初步形成了庞大的体育组织网络，但系统的引导和支持仍然存在很大问题，还不能充分发挥治理作用，这是未来一个时期需要解决的重点问题。在资源并不均衡的现实情况下，更加需要对已经建成的体育组织开展资质摸查工作，对于那些不能有效开展业务工作的组织坚决取缔，而对于工作成效显著的体育组织，则应重点给予资源倾斜。

[①] 参见黎芳媛：《伊拉斯谟计划：欧盟高等教育一体化战略研究》，河北大学出版社2023年版。

最后,针对突出问题,持续填补管理漏洞,稳固治理权秩序。改进体育组织治理的一个关键挑战是要找到一种共识性观念和话语以深入探索治理的各个方面。这样做将有助于在体育系统的众多利益相关者中直接建立一种共同体意识,并降低提出其他治理框架的可能性。改善体育管理的努力可以从反兴奋剂和操纵比赛的斗争中获得启发,这两个问题已经成为国际公约(公法)的主要内容。按照这一逻辑,首要任务是通过公共机构和私人机构制定一个普遍能够接受的体育治理定义,对核心的治理原则达成高度共识,并构建一个清晰的操作机制,明确评价指标。尽管从短期看,弥补漏洞改革可能会削弱体育组织所享有的一些自主权,但从长远看,其通过提高公众的信任度而提升人们对组织的期望,从而会强化它们的行业自主权。[1] 例如,为了有效应对日益严重的体育腐败问题,欧洲议会于2017年通过了一项关于综合体育治理的临时决议,其内容广泛,涵盖体育知识产权保护、财务团结、儿童权益保障等各个方面。同时,该决议也从更为宽泛的视角明确了体育的"善治"举措。一是积极建设一种透明的、可持续融资的文化,建立财务记录和互动账户公开制度,披露高管薪酬并明确其任期内的义务。二是体育的善治必须"更好地分权,更好地区分商业和慈善,更有效地自我监管"。三是"善治"必须是对体育组织自治的基本要求,应对利益相关者适当包容,并遵循透明、问责、机会平等、社会包容和民主治理原则。[2] 市域体育社会组织也面临各种突出的问题,其中如何实现

---

[1] See J. L. Chappelet & M. Mrkonjic, *Assessing Sport Governance Principles and Indicators*, Publisher: Edward Elgar, 2019, p. 15.

[2] European Parliament, *An Integrated Approach to Sport Policy: Good Governance, Accessibility and Integrity*, Europa(Feb. 2, 2017), https://www.europarl.europa.eu/doceo/document/TA-8-2017-0012_EN.

权力合理配置是关键。从欧洲议会的治理经验看，需要针对体育领域的突出问题形成系统的治理方案。一方面，市域体育社会组织要充分梳理当前治理中存在的突出问题，循证形成治理方案，尤其是要对一些长期无法解决的问题进行深入调研。另一方面，在治理过程中，要根据需要合理配置不同层级的权力，清晰划分商业运作、体育公共服务之间的界限，不断加强组织的监管能力，以防止因权力集中而榨取资源，造成治理秩序的混乱。从现实情况看，近年来因为省级体育协会治理不畅，出现了很多违规违纪，甚至是违法问题，造成了很大的社会负面影响。比如，2022年12月24日，中央纪委网站发布消息，广东省第十六届全运会男子足球乙组U15决赛出现假球事件，广州市足球协会和清远市足球协会不仅没有起到监督、管理作用，甚至有人员参与了这次假球事件，影响极其恶劣。从长远看，明确市域体育社会组织的职责，加强权力监管需要长期建设，不能掉以轻心。

二、市域体育社会组织应坚持诚信治理原则

诚信是关系体育事业持续发展的核心要素。全球范围内，"诚信"已经成为体育领域的重要议题，学界、政府机构和非政府体育组织都强烈建议建立"诚信体系"，并提出了一系列建设举措。值得注意的是，近年来，体育"诚信"已经超出了兴奋剂使用、操纵比赛、财务腐败等领域，还拓展到了运动员权利、儿童保护、球场暴力，以及场外行为等领域。事实上，体育诚信体系建设已经超出了传统的定义，其与运动相关的各个议题都融合在了一起。诚信已经成为各层级体育改革和治理中所依据的重要原则，同时也正在成为国家体

育政策的核心内容之一。① 结合一般理论和市域的实际情况看,体育组织坚持诚信治理原则主要体现在以下几个方面。

首先,市域体育社会组织应坚守主导价值观,并将其贯穿于业务管理及活动的开展过程中。新公共管理理论认为,公共部门的改革涉及两个关键的制度特征——观念和组织元素。② 观念一般包括两个层面的含义:③一是建构价值观,即意味着通过社会、文化等各种途径构建一系列的价值观,其中包含公平、自由、可持续发展等价值,在深化改革时,改革者通常会根据特定的情景和需求建构价值观。比如,在国家深化推进体育协会实体化改革的进程中,致力于打造全面覆盖的"自治网络",为了实现这一长期目标,国家会在"去行政化"的基础上,构建多维度的体育主导价值体系,并将其融入具体的项目协会改革实践中。二是改革中需要达成的目标,即意味着致力于改革需要解决的问题,设定希望实现的目标。比如,在全民健身深化改革中,针对居民体育参与不足的问题,通常设定增加健身场所、减少参与费用、提高体育公共服务质量的主要目标。同样,体育诚信体系也包含着广泛而明确的道德、伦理因素,并强调要采取有针对性的举措将其融入各层级体育的管理和活动开展过程中。市域体育社会组织所建构的诚信也需要立足需要解决的突出问题,设定期望的目标,并不断优化业务管理程序,采取强有力的措施。以市域足球协会为例,为了提升市域组织治理的诚信水平,足球协会首要的任务就是要充分梳

---

① See M. Sam, C. Stenling & M. Tak, *Integrity Governance: A New Reform Agenda for Sport?*, International Review for the Sociology of Sport, Vol. 58:5, p. 829 – 849(2023).

② See P. Dunleavy, H. Margetts et al., *New Public Management is Dead-long Live Digital-era Governance*, Journal of Public Administration Research and Theory, Vol. 16:3, p. 467 – 494(2006).

③ See J. Boston, J. Martin et al., *Public Management: The New Zealand Model*, Auckland, NZ: Oxford University Press, 1996, p. 46 – 57.

理、分析当前存在的突出问题,尤其是要针对不正当竞争、操纵比赛等乱象提出根治方案。只有解决了这些突出问题,才能树立足球协会的良好声誉,治理的公平机制也才能建立起来。同时,市域足球协会在设定期望目标时,也要将"诚信建设"作为核心内容,并通过推动行业秩序完善而充分体现出来。当然,诚信与品质、效率紧密关联,市域足球协会应立足整个区域足球运动的发展,统筹设计,围绕"区域共同体"建构整合资源,一体化开展足球活动,其中的重点应当是整合各类赛事资源,将联赛、群体比赛、社区比赛、乡镇赛事活动等纳入专业治理体系中,不断输出真实可靠、公正透明等价值观念。只有形成了共治的氛围,足球运动才能真正赢得他人的认同和支持。

其次,市域体育社会组织应采取针对性举措不断强化诚信建设。《体育法》第 51 条第 1、2 款规定:"体育赛事实行公平竞争的原则。体育赛事活动组织者和运动员、教练员、裁判员应当遵守体育道德和体育赛事规则,不得弄虚作假、营私舞弊。"体育诚信全球联盟(SIGA)也充分认识到体育治理改革,以及建立体育诚信的重要性。2016 年,该联盟发布了《体育诚信核心原则宣言》,明确提出体育"善治"的核心原则包括维护公平竞争、团结,尊重人权、尊严、完整性和多样性,拒绝任何形式的歧视等道德原则,以及保持最高的治理标准——民主和透明的选举程序,限制任期,监管权和商业权分离;监测潜在的利益冲突,风险管理程序,董事会层面的性别平等,独立董事,决策机构中重要的利益相关者代表,透明和负责任的财务管理及监督。[①] 市域体育社会组织总体上也遵循这一基本要

---

① See Sport Integrity Global Alliance, *Declaration of Core Principles on Sport Integrity*, SIGA (Apr. 7, 2016), https://www. icsspe. org/system/files/SIGA% 20 - % 20Declaration% 20of% 20Principles% 20on% 20Sport% 20Integrity.

求。一方面,作为治理主体要充分尊重成员及利益相关者的权益,并强化地域认同感。从本义上看,地域认同是指个体或群体对自己所属的地理区域所形成的情感依恋、内心感知的心理状态。其作为一个复杂而多维度的概念,涉及个体与集体、历史与现实、文化与社会等多方面,并在很大程度上决定着个人行为及社会的发展。① 市域体育社会组织更加具有地域认同的优势,其能够调动区域资源及利益相关者深入参与体育治理。以市域足球协会为例,其广泛的会员及利益相关者都依赖于区域足球土壤和环境,彼此不可分割,尤其是县域足球协会,其生根于基层,更加具有群众基础,在双向或者多向的活动开展过程中,就能够形成天然的区域社会资本存量,这对于夯实足球运动发展土壤是至关重要的。市域体育协会则需要强化这些"信任联系",并不断拓展地域认同的基础。另一方面,市域体育社会组织应立足阶段性目标,不断强化运动项目发展的文化氛围。仍然以足球协会为例。市域足球协会的发展壮大离不开参与人群基数及良好的足球文化氛围,如果缺失了这些基本要素,其发展必然会受到极大影响。针对这一情况,市域足球协会应将足球俱乐部、相关企业等锚定在一起,将多元主体纳入共治体系之中,共同筑牢足球人口基数,以确保阶段性目标的不断实现。

最后,市域体育社会组织应将"诚信"作为治理制度建设的核心。新公共管理理论与职业体育紧密结合,形成了以"善治"为中心的改革浪潮。这一浪潮源自国际奥委会(IOC)和国际足球联合会(FIFA)内部贿赂事件所引发的一系列严重问题,这些国际层面上的腐败行为表明体育领域仍然缺乏透明度和问责制,国际体育组

---

① 参见赵跃:《地域认同与跨文化重构——中国传统故事的文化传播与再生产》,载《山东社会科学》2022 年第 6 期。

织的合法性和公信力也受到怀疑。① 对此,相关组织机构出台了一系列旨在提高治理水平、增强透明度、强化问责制的改革举措。近年来,有关运动员权益受到侵犯案件屡禁不止,体育"诚信"再次成为人们关注的焦点。② 今天,体育"诚信"的范围已经从反兴奋剂、操纵比赛、财务腐败等领域扩大到了运动员福利、儿童保护、性骚扰、球场暴力、球场外行为等领域,日益成为一个国家体育政策的核心内容,并从多方面提出了细化的建设要求。市域体育社会组织涉及的业务类型多样,其中既包括职业体育、专业体育,也包括青少年体育、社会体育、基层体育活动开展等,因此其涉及的规范也多种多样。基于国际体育发展的基本要求,市域体育社会组织也应将"诚信"视为多个领域规范研判的核心,并基于此形成具有逻辑关系的机制体系,以展现自身良好的风貌,同时也给予所有参与者信心,共同致力于营造良好的治理环境。

三、市域体育社会组织应坚持精细化治理原则

治理包括一整套广泛的外部和内部机制、程序,其主要目的是使组织的利益、目标与各利益相关者的利益、目标保持一致,并确保组织能够遵守由专业的以及标准制定机构(部门)制定的相关法律法规,实现长期生存。③ 最佳实践是指在顶级表现的公共或私营组织中所确定的流程、做法和制度,这些对减少组织开支,提升其在特

---

① See A. Geeraert, *Sports Governance Observer* 2015: *The Legitimacy Crisis in International Sports Governance*, Copenhagen: Play the Game, 2015, p. 128 – 135.

② See K. Loyens, I. Claringbould et al., *The Social Construction of Integrity: A Qualitative Case Study in Dutch Football*, Sport in Society, Vol. 25:9, p. 1 – 20(2021).

③ See Z. Rezaee & R. Riley, *Financial Statement Fraud: Prevention and Detection*, Wiley, Hoboken, 2010, p. 110.

定领域的效率和绩效发挥着决定性作用。①"治理"与"最佳实践（做法）"之间存在一定程度的重叠,这是可以理解的。因为治理的核心也是要落实到具体的实践中,如果没有形成有效的管理办法和途径,很难产生良好的效果。② 治理是更为广泛、全面、普遍性的概念,而"最佳实践"则被描述为依据组织性质而适用某些特定原则或程序的子集。治理可以涉及各种不同类型的实践活动,以确保实现自身利益与相关者利益的一致性,并最终实现可持续发展。市域体育社会组织坚持精细化治理原则主要体现在以下几个方面。

第一,优化业务管理流程。对现有组织治理制度的深入研究表明,大家经常忽视这样一个事实,即改革是需要付出代价的,如果想要有效地实施相关改革举措,就必须优化管理流程,并切实执行,而这需要强有力的领导力,同时也需要引入新的决策机构和机制,并监测改革进程,充分沟通交流,循证完善相关法规。这里尤其要注意的是,要根据地方发展的优先事项调整改革举措。③ 一些国际体育组织的深化改革具有启示意义。欧盟致力于善治的专家团队也已经充分认识到,小型、自愿的基层体育组织还不具备应对大量改革举措建议所需要的资源。④ 此外,强制推行体育改革的一般性准则既不合适也缺乏有效性,因为这一准则往往没有充分考虑当地社

---

① See S. R. Vallabhaneni, *Corporate Management, Governance, and Ethics Best Practices*, John Wiley & Sons, 2015, p. 121.

② See See N. Dunbar & T. Middleton, *UEFA'S Financial Fair Play Regulations: A Good Example of Best Practice Governance by a Sporting Body?*, The International Sports Law Journal, Vol. 22, p. 272 – 287 (2022).

③ See J. L. Chappelet, *Beyond governance: The Need to Improve the Regulation of International Sport*, Sport in Society, Vol. 21:5, p. 724 – 734 (2017).

④ See European Commission, *European Union Work Plan for Sport* 2011 – 2014, Europa (Feb. 28, 2014), https://eur-lex.europa.eu/legal-content/EN/TXT/HTML/? uri = LEGISSUM:ef0029.

会组织、政治和文化发展的优先事项。① 市域体育社会组织的优先事项是如何实现自我生存和自我发展。如果贸然仅从宏观角度开展所谓的改革，不仅不能解决市域体育组织面临的问题，还会带来新的矛盾和压力。在这种情况下，应立足组织本身的状况，聚焦业务活动，以最佳的活动开展效率获得生存和生长空间，这也是所有体育组织初级阶段必由之路。正如有学者认为的，近年来，提升体育治理质量的趋势本身并没有什么错，那些以业余精神和自治为基础的体育组织引入"善治"政策有助于确保私人治理为共同利益服务，同时也有助于实现体育公共利益。② 而从方法论的视角看，现行大多数的制度框架都没有将体育治理进行指标解构，这些指标包括一般性原则（如民主、透明、问责制）、子构件，以及有效性、可靠性及可衡量性。此外，这些制度框架也没有清晰地解释为什么选择某些原则，而不是其他原则，以及这些原则从何而来，为什么要采取此种方式制定。与其他领域相比，学界对体育组织治理原则和指标有效性的研究比较缺失。体育协会的善治更加体现出制度建构的重要性。③ 从这里可以看到，体育治理指标的解构与建构仍然不够深入，市域体育社会组织面临更为复杂的发展环境，其业务管理流程及指标体系需要精细化，并具有清晰的指向性。比如，省级足球协

---

① See M. Ghadami & I. Henry, *Developing Culturally Specific Tools for the Evaluation of Good Governance in Diverse National Contexts: A Case Study of the National Olympic Committee of the Islamic Republic of Iran*, International Journal of the History of Sport, Vol. 32, p. 986 – 1000(2015).

② See A. Geeraert, *Routledge Handbook of the Olympic and Paralympic Games*, Routledge, Oxon, 2020, p. 1 – 15.

③ See M. W. Bühlmann, L. Merkel & B. Müller, *The Democracy Barometer: A New Instrument to Measure the Quality of Democracy and Its Potential for Comparative Research*, European Political Science, Vol. 11:4, p. 519 – 536(2012).

会的治理需要清晰划分业务类型,针对不同的领域设置可以监控和评估的量化指标。其中,一级指标应涵盖专业管理团体(机构)、与组织目标及利益相关者利益一致的战略、业务合规性及问责制程序、高水平的诚信规则体系清晰的职责、风险识别及管理等。二级指标则应据此进一步细化,设定的基本要求是有助于实施,能够量化业务管理及活动开展流程。

第二,建立健全体育善治清单机制。2013年,欧盟善治专家组发布的体育善治原则清单被纳入2011~2014年欧盟体育工作计划。该计划将体育治理定义为一种框架和文化,其中包括"体育机构制定政策,实现战略目标,与利益相关者积极合作,监测绩效,评估和管理风险,定期向成员公布活动有效开展情况,以及制定可持续的、适宜的政策和法规"。同时,该计划也提出了12项体育治理的原则——目的/目标清晰、行为规范、利益相关者识别及角色、民主及最低标准、授权和委员会、管理、司法/纪律处罚程序、包容性和青少年参与、章程、规章制度、问责制和透明度。[1] 2013年,联合国教科文组织在一场旨在"促进全球体育和竞技运动发展方向和原则"的会议上达成全球共识,并在会议后发布了《柏林宣言》。该宣言强调公共当局和利益攸关方有必要"打击兴奋剂、腐败和操纵比赛对体育诚信的危害",尤其是要通过加强民主治理结构,增加透明度,以及改善财务管理实现体育组织的"善治"。[2] 2015年,德国奥

---

[1] See European Commission, *European Union Work Plan for Sport* 2011 – 2014, Europa(Feb. 28,2014), https://eur-lex.europa.eu/legal-content/EN/TXT/HTML/? uri = LEGISSUM:ef0029.

[2] See UNESCO, *Declaration of Berlin*, UNESCO (Jun. 3, 2013), https://unesdoc.unesco.org/ark:/48223/pf0000222898 _ chi? posInSet = 5&queryId = N-EXPLORE - 5e6d9082 – 0567 – 433e – 8c37 – 1abd68f69e24.

林匹克体育联合会发布有关"德国体育善治"的治理规范,其中涉及治理的各个方面。该文件明确提出,"体育善治"是指"一种将联合会的活动和管理与道德标准紧密结合起来,以追求并实现其目标的途径,主要包括诚信、透明度、问责制、参与投入四个方面的基本内容"。其中,透明度主要通过明确职权范围,清晰任务分配;问责制主要通过采取有效控制措施,以及向利益相关者及时通报予以促进。同时,该文件也提出建立一个基于风险分析和具体案例研究的工作流程,以优化实施体育治理改革。① 2016 年,夏季奥运会单项体育协会联合会发布了体育治理的一套关键性原则和指标,其中主要包括指导原则、透明度、职业诚信、民主、发展与团结。② 同年,英格兰体育运动委员会也发布了一份体育治理行为准则,其中明确提出了体育组织治理的 5 个高级的结构性"要素"——组织结构、人、沟通、标准和行为、政策和流程。此外,该准则还根据体育组织的规模将其分为三个"级别",每个级别的要求不同,第三级是最高级。③市域体育社会组织建立"善治清单机制"的基本要求是服务于不同群体,能够促进体育的有效治理,其主体要素包括:一是体育治理目标清晰,尤其是针对运动项目的普及和提高,设置不同类型及层级的目标;二是细化的管理规范,针对不同业务及活动,有可以遵循的有效规则;三是与利益相关者建立良好的合作关系,基于"信任"形

---

① See German Olympic Sports Confederation, *Good Governance in German Sports*, DOSB(Oct. 1, 2015), https://cdn. dosb. de/alter_Datenbestand/fm-dosb/downloads/dosb/GGinGermanSports_EN.

② See ASOIF, *First Review of IF Governance*, ASOIF(Apr. 2016), https://asoif. my. salesforce. com/sfc/p/#D00000001cuP/a/570000004Zol/440hiJwYRu9Ub7KRUGPWbfAfw4A8T1cFVflinsATOqg.

③ See UK Sport and Sport England, *A Code for Sports Governance*, UK sport(Oct. 31, 2016), http://www. uksport. gov. uk/resources/governance-code.

成了涵盖主要业务范围的治理网络;四是较为完善的体育治理授权机制,将具体业务交由专业机构或者合作伙伴,以提升效率;五是完善的奖励机制和问责制,能够迅速反应;六是较为稳定的资源拓展多元途径,在包容的基础上,能够不断拓展、整合资源,给予组织发展支持。

第三,能够有效监管。监管本质上是一组具体的指令,其表现出通过规则、限制要求或者原则要求来指导、控制行为的过程,其核心是授权他人制定具有约束力的规则,并由专门机构负责解释与实施。[1] 监管的价值在于维护公共利益(行业利益),促进社会秩序稳定,以及促进社会公平竞争。近年来,针对体育领域的治理,形成了"监管摆锤"的理论观点,其核心内容是针对不同情况或者实际需求调整监管力度。[2] 也就是说,在治理时,如果整体运作比较顺畅,没有出现重大问题,体育组织或者权威机构就会采取比较轻松的监管方式,而当出现各种严重事件时,针对性的监管就必须加强,甚至在某些时候,还需要司法的介入和干预。市域体育社会组织的治理监管也应遵循"监管摆锤"的要求。具体而言:其一,完善授权机制是实现监管的逻辑起点,其要求专业机构或者部门制定完善的、具有约束力的行为规范;其二,通过成员的自我管理,推动体育组织抓大放小,采取强化自我管理的举措;其三,体育组织不断优化监管规范,尤其是要注重绩效评价规范的完善,通过内部审核与评价等活动推动成员履行责任,并达到最佳治理实践水平。

---

[1] See R. Baldwin, M. Cave & M. Lodge, *Understanding Regulation Theory, Strategy, and Practice*, Oxford University Press, Oxford, 2012, p. 3 – 6.

[2] See G. Medcraft, *ASIC Special Report: The Outlook for Enforcement* 2012 – 2013, UNSW CLMR(Jul. 15, 2015), https://clmr.unsw.edu.au/sites/default/fles/attached_fles/asic - _the_outlook_for_enforcement_2012.

第二节　市域体育社会组织的他治赋权

他治赋权是市域体育社会组织进一步获得治理权的重要途径。从内涵上看,赋权的核心是配置权力,提质增效。赋权体育组织离不开现实的制度场域,尤其是在深化改革的具体环境中,外部最为关键的制度和机制会快速对接体育领域,引发多层面的变革。近年来,我国体育领域改革日趋深入,国家颁布的一系列法律法规进一步赋权体育社会组织,在拓展其决策权、管理权,以及协同实施权的基础上,提出了更高的治理要求。

一、赋权的内涵

"赋权"一词最早出现在《黑人赋权:社会工作与被压迫的社区》一书中,最初是为黑人这一特殊群体争取平等参加社会活动的权利,以提高他们的自我认同感,减少无权感。早期的"赋权"理论更加关注的是对个体或者群体的"增能",即提升他们的能力,使其具有拓展权利的基础。[1] 之后的一段时期,"赋权"从个体或群体逐渐扩展到组织、社区等更为广阔的领域,其维度也从提高能力、减少无权感拓展到获得个人权利、社会权利、公共权利等,同时赋权理论将这一能力的提高、权利的获得与社会变革紧密联系起来。[2] "赋权"比较代表性的一个定义是:"以社区为中心,有意识变革的持续过程,其中涉及相互尊重、批判性反思、群体关怀与参与等。在这个

---

[1] 参见陈潭、刘璇:《制度赋权、技术赋能与社区能动治理——中国式社区治理的三元里经验及其实践逻辑》,载《理论与改革》2023 年第 6 期。

[2] See J. Rappaport, *In Praise of Paradox: A Social Policy of Empowerment Over Prevention*, American Journal of Community Psychology, Vol. 9:1, p. 1−25(1981).

过程中,使那些缺乏平等份额价值资源的人们能够获得更多分享和控制这些资源的机会。"[1]更进一步地讲,赋权也是人们不断地提升对生活的掌控能力、对社会活动的参与度,对环境批判性理解的能力的过程。[2] 长期以来,"赋权"一直是许多领域一个非常重要的概念,包括性别研究、教育研究、国际发展研究等,主要目的是挖掘传统边缘化群体的潜力,促进其发展。但是近年来,赋权理论也被广泛应用于社会权力的形成与运行中,形成了典型的方法论基础。[3]在对社会权力配置的关注中,赋权与社会批判理论都承认应赋予社会组织理所当然的、无可争议的权力。正如有学者认为的,赋权理论运行的基础是通过社会行动改变现有权力结构,其本质体现出的是其强调改变权力隐藏的特性。[4] 综合上述研究成果,可以明确,赋权已经作为一个实质性的概念,具有了多层面和多维度的内涵,这为深入探讨体育社会组织的"赋权"奠定了学理基础和方法论基础。

从更深层次看,体育社会组织他治赋权与民主制度密切相关。一方面,体育发展的开放环境进一步拓展了"法治"的内涵,基于社会民主治理制度的赋权能够快速融入体育组织的治理中。20世纪初开始,体育运动就被认为是民主的象征,因为它一般都是发生在"开放的环境"中,并且受到公众和体育仲裁的高度关注。体育进

---

[1] See E. G. Cornell, *Empowerment and Family Support*, Networking Bulletin, Vol. 2, p. 1 – 23(1989).

[2] See M. A. Zimmerman, Israel B. A. & Schulz A., *Further Explorations in Empowerment Theory: An Empirical Analysis of Psychological Empowerment*, American Journal of Community Psychology, Vol. 20:6, p. 707 – 727(1992).

[3] See K. Ross, *Making Empowering Choices: How Methodology Matters for Empowering Research Participants*, Forum Qualitative Sozialforschung, Vol. 18:3, p. 1 – 17 (2017).

[4] See Joe. L. Kincheloe & P. McLaren, *Rethinking Critical Theory and Qualitative Research*, Rotterdam: Sense Publishers, 2011, p. 285 – 326.

一步拓展了具有健康民主特征的"精神自由""包容反对意见""尊重法治"内涵,这就是其被视为"通向民主大门""权利载体""和平与可持续发展工具"的主要原因。[1] 从这一点看,经济社会所形成的制度和制度场域成为赋权体育组织的基石。此外,我们还要高度关注的是,企业民主理论强调将民主原则运用到企业治理中,能够有效确保个人行为不违反集体的道德规范,这被认为是将企业所有权制度转变为民主社会制度的基本步骤。企业治理最为基本的要素是股东的直接控制权和选出董事会的表决权。[2] 将企业民主治理理论运用到社会组织治理中,可以通过分析体育社会组织决策和管理机构选举的国际趋同性来验证、考察其资格标准和内部制度建设,而这不可避免地引入了关于社会组织制度有效性和外部治理针对性的问题,同时也不可避免地牵涉众多利益相关者之间的利益诉求达成及分配,这使体育组织的治理呈现日益复杂的态势。

另一方面,赋权体育社会组织需要选择适宜的方式、方法。"赋权"也与参与的方式和方法密切相关,"当研究或者评估的方法能够给行动者提供反思的机会,从而促进其参与技能,以及政治理解力的发展,这就是一个赋权的过程"。[3] 围绕赋权的方式与方法,研究者从不同的角度提出了观点。有研究者从知识建构的角度提出,

---

[1] United Nations General Assembly, *Sport as a Means to Promote Education, Health, Development and Peace*, UNDLS (Nov. 17, 2003), https://www. baidu. com/link? url = 4IMqZ2Zzyop1TCtvOF5MJkUi_mPahXv2ZWg3DhHh_lLOaP9hzO7CxKfiBmElylp-t9Qd6Sx ZbTF6O5fEy – 4hCa&wd = &eqid = fd3cfa8f0008a3ab0000000664004816&tn = 85070231_6_ hao_pg&.

[2] See D. P. Ellerman, *Social Economics: Retrospect and Prospect*, Boston, 1990, p. 365 – 387.

[3] See P. Foster-Fishma et al., *Using Methods That Matter: The Impact of Reflection, Dialogue, and Voice*, American Journal of Community Psychology, Vol. 36:3 – 4, p. 275 – 291(2005).

给参与者或者行动者充分的机会,拓展他们的知识体系,并促进他们对知识的不断反思,这对其成长具有非常重要的作用。[1] 这一过程反映出个体知识的提升决定了自身影响力的形成。还有研究者从协商对话的角度提出,赋权不单是自我反思的副产品,还是需要行动者通过合作、对话来打破固有权力层级的副产品。[2] 这里实质上蕴含着共同创造知识,促进参与式、民主和赋权型社会实践的含义。市域体育社会组织的赋权同样是合作行动的具体结果。在我国市域的现实环境中,体育组织的生存与发展有自身的逻辑,其需要政府(行政部门)的指导,更需要提供一系列的保障。因此,在很多时候,体育组织的权力就源于行政赋权。或者说,其在某些方面承担了原本是行政部门的职责。随着体育组织日益在治理中发挥重要作用,参与式的、协商式的赋权就成为常态,尤其是对于具体体育活动的开展更是如此。市域体育社会组织之间需要联合行动,同时也需要充分融入行政部门的统筹安排中,通过融入获得各类资源。当然,从更深层次看,赋权市域体育社会组织体现在具体社会关系中的社会资本获得情况。布迪厄在探讨社会领域冲突时强调,社会领域就是"社会关系网络",其具体表征为"社会地位的结构化系统,人们在这一系统中都在不断地为争夺资源、利益和机会而斗争或不择手段"。[3]在布迪厄这里,有四种社会资本决定了参与者在特定领域的权力配置,以及他们可能采取的行动。这四种资本分别

---

[1] See P. Shah, *Spaces to Speak: Photovoice and the Reimagination of Girls' Education in India*, Comparative Education Review, Vol. 59:1, p. 50 – 74(2015).

[2] See B. K. Dennis, *Understanding Participant Experiences: Reflections of a Novice Research Participant*, International Journal of Qualitative Methods, Vol. 13:1, p. 395 – 410(2014).

[3] See L. S. Oakes, B. Townley & D. J. Cooper, *Business Planning as Pedagogy: Language and Control in a Changing Institutional Field*, Administrative Science Quarterly, Vol. 43:2, p. 257 – 292(1998).

是社交资本——通过所处的社会网络获得资源和支持;经济资本——拥有的财富和物质条件;象征性资本——通过自身符号、声望和荣誉获得权力和地位,通常与知名度密切联系;文化资本——通过所掌握的知识,并将其运用到特定的场景中,以获得所需要的利益。[1] 市域体育社会组织在特定的领域中,也需要通过多样的途径不断获得社会资本,以筑牢发展的根基。一是通过建立广泛的社会关系,获得多领域的资源支持,这是体育组织发展的普遍做法;二是通过开发利益相关者,或者是加强非营利性经营,获得更多的财富,主要表现为依托赛事开展商业服务;三是凭借自身的权威地位,以及业界共识性的声望,以标志、品牌等具体形式获取相应的资本积累;四是通过治理主体身份,以及掌握的专业知识、技能等,强化权利主张,拓展利益实现途径。

二、制度场域是体育社会组织赋权的基石

制度场域理论是研究组织发展最为重要的一个概念,能够对组织行为展开"有价值的层次分析",[2]"没有哪个概念比'组织场域'更能够充分理解制度构成及组织机构流程"。[3]从结构上看,制度场域本身是一个中观概念,在整个理论体系中处于中间层次,其不像基本概念那样具象化,也不像宏观理论设计那样抽象。相反,制度场域涵盖了其他相关概念,通常用来分析组织行为领域的运行要素

---

[1] See P. Bourdieu, *The Social Space and The Genesis of Groups*, Theory and Society, Vol. 14:6, p. 723 – 744 (1985).

[2] See T. Reay & C. R. Hinings, *The Recomposition of an Organizational Field: Health Care in Alberta*, Organization Studies, Vol. 26:3, p. 351 – 384 (2005).

[3] See W. R. Scott, *Institutions and Organizations* (4th ed.), Thousand Oaks, CA: Sage, 2014, p. 125.

和运行方式。也就是说,在具体情况要素分析与抽象理论之间建构起了桥梁。① 在社会学和管理学中,制度场域是指一系列相关的组织、机构、行业等共同建构形成的一个特定环境或制度系统,其中"组织领域"是这一理论的中心结构,其建构起了稳定的治理秩序。②

一方面,通过制度场域理论可以更好地分析不同组织机构之间的相互作用、影响、合作,并能够通过研判存在的问题更加深入地了解整个业务领域的运行及改革。另一方面,组织场域涉及内部规章制度和标准的建设,可以通过探究治理制度揭示其背后隐藏着的复杂而精妙的社会结构及其动态变化情况。从运行逻辑上看,赋权也离不开具体的制度场域,其中尤以法律法规、规章制度、治理规范、职业道德等对组织的权力配置及运作发挥突出作用。制度场域筑牢市域体育社会组织赋权基础主要包括以下几层含义:一是赋权的基础是制度场域中的各类体育社会组织。市域中存在的多样的体育组织是制度场域的"中心结构",在这个领域中,人们通过互动或者开展各类体育活动共享体育价值观念,形成具体的行为方式。也就是说,以体育组织为中心,会形成具体的领域或者系统,其间都有着自身独特的价值观和运作方式,所有的赋权实质上都是通过外在规范性的制度场域给予其积极影响,提升该领域的影响力水平,从而进一步稳固治理秩序。二是在制度场域中,赋权有着明确的标准和流程。市域本身就是一个区域界限,对市域体育社会组织的赋权

---

① See C. Zietsma, P. Groenewegen & D. M. Logue, *Field or Fields? Building the Scaffolding for Cumulation of Research on Institutional Fields*, Academy of Management Annals, Vol. 11:1, p. 391-450(2017).

② See M. Wooten & A. J. Hoffman, *Organizational Fields: Past, Present and Future*, U. K. : Sage, 2008, p. 130-147.

也有着明确的对象,即对某个领域中具有资质的组织赋予权力。从这个角度看,赋权也涉及一系列的标准,需要经过流程的筛选和甄别。在赋权过程中,既赋予体育组织在业务范围内的权力,同时也要求其必须建构符合体育特点的管理和运营方式,这实际上是从权利和义务两个方面进行赋予。三是赋权必须遵循制度场域的结构性要素。制度场域包括组织间的权力配置、互动、信息负荷和共同认知四个基本的结构性要素,这些要素相互作用,并塑造了特定社会或行业系统的运行体系。[1]

赋权则是进一步明确这些结构性要素的边界,进行结构化建构的过程。一方面,赋权进一步明确组织治理的制度逻辑,通过对权力的分配,进一步达成治理共识,这实际上也是治理制度优化的基本要求。另一方面,通过赋权,进一步强化组织的同质性,使其在组织结构、业务流程、管理机制等方面趋于统一,这反映出了提升治理规模效应的内在要求。市域体育社会组织的赋权也需要充分考量组织间的权力关系,积极互动,开展充分的信息交流,达成共识,只有在整个体系内形成稳定的治理结构,赋权才有依托,也才能产生最大的效力。例如,在不同的领域都有相对独立的体育组织网络,且职责范围大致相同,为了确保其高效运作,对外提供多样的专业化服务,就需要遵循基本的流程强化其治理主体身份,并赋予其切实的业务管理权,促进其建立广泛的合作关系。在这个过程中,市域体育社会组织依托自身所掌握的广泛的专业性资源,建构的是以"善治秩序"为核心的治理网络,因此其运行也就必须遵循内外部

---

[1] See P. J. DiMaggio & W. W. Powell, *The Iron Cage Revisited: Institutional Isomorphism and Collective Rationality in Organizational Fields*, American Sociological Review, Vol. 48:2, p. 147 – 160(1983).

力量共同作用的制度依据。进一步细化地讲,赋权进一步强化了体育治理网络,突出了市域体育社会组织的互动,并在中观和微观领域建构并形成治理共同体。这表明随着赋权力度的加大,市域体育社会组织必须接受和处理更多的信息负荷,成员及利益相关者有可能形成具有一致性特征的行为方式。总而言之,赋权是制度场域中促进"权力结构化"的复杂过程,其涉及不同层次的因素,它们共同作用,推进体育改革的深入。

我国很多地方政府都出台了细化的文件,对本地区体育社会组织的赋权发展进行了规定。例如,内蒙古自治区人民政府印发的《关于加快发展体育产业促进体育消费的实施意见》(内政发〔2015〕116号)第1条强调要"推进体制机制改革",要求"转变政府职能。凡是法律法规没有明令禁入的体育产业领域,都要向社会开放。取消商业性和群众性体育赛事活动审批,加快综合性和单项体育赛事管理制度改革,公开赛事举办目录,通过市场机制积极引入社会资本承办赛事。健全体育社会组织,逐步建立以体育总会为龙头,单项协会为纽带,健身组织为根基的社会体育组织体系,积极培育基层组织,有计划地发展基层体育协会。推行政社分开、管办分离,将体育社会组织提供的公共服务和解决的事项,交由体育社会组织承担"[1]。体育社会组织应当构建和完善自身的组织架构,以体育总会为核心引领,单项协会作为连接桥梁,健身组织作为坚实基础,同时积极孵化基层体育组织,并有条不紊地推动基层体育协会的发展。辽宁省人民政府办公厅印发的《关于加快发展健身休

---

[1] 内蒙古自治区人民政府办公厅:《关于加快发展体育产业促进体育消费的实施意见》,载内蒙古自治区人民政府 2015 年 9 月 30 日,https://www.sport.gov.cn/gdnps/files/c25527620/25527632.pdf。

闲产业的实施意见》(辽政办发〔2016〕152号)第1条强调要"持续推动'放管服'改革"。其中明确规定了由省体育局牵头协同相关部门持续推动"放管服"改革,削减健身休闲活动相关审批事项,实施负面清单管理,改革赛事管理制度,推进政府向体育社会组织购买公共体育服务,体育社会组织要加强事中事后监管、完善安保服务标准、加强行业信用体系建设。

三、体育社会组织他治赋权的主要内容和途径

福柯指出,"知识生产过程的本身就蕴含着权力配置的不平衡",因此"需要分配知识生产过程中的权力配置需求"。[①]在福柯看来,知识并不是客观、中立地存在的,其形成受到经济、社会、文化、历史等因素的影响,掌握特定领域或者某类特殊知识的人往往能够通过其所拥有的专业知识和信息形成或者获得一定的权力。基于这一观点,我们可以比较清晰地了解到体育组织为何具备治理权力的资质。正是因为体育的特殊性和专业性要求,才需要专业的体育组织进行系统治理。总体来看,体育组织治理的过程也是专业知识生产和输出的过程。无论是运动项目的推广普及,还是竞技活动、赛事活动的开展,抑或体育公共服务体系的建构,都涉及各类专业知识的有力支持,体育组织因其身份的"应然性",先天具有生产专业知识的优势,这也决定了其权威性。市域体育社会组织他治赋权的主要内容和途径有以下几个方面。

第一,基于体育治理决策的赋权。决策赋权是体育社会组织高效治理的关键,其本意是依据决策原则和规定,将关键利益方纳入

---

① See L. Sapouna, *Madness and Civilization: A History of Insanity*, Community Development Journal, Vol. 47:4, p. 612 – 617(2012).

组织决策体系，以优化决策机构，推动精准决策。体育社会组织的决策一般包括制定目标和发展战略、资源配置（包括财务、人力资源、场地设施等）、管理运营、风险控制等，尤其是在进行市场拓展时，需要深化决策，做出细致安排。针对这些业务，体育社会组织的决策必须广泛纳入专业团队，充分听取意见。从现实看，我国很多体育协会在改革时不做调研、不听取关键利益方意见，贸然形成一项举措，往往在实施时引发各种矛盾，甚至是造成不可挽回的负面影响。当然，决策的赋权还体现在决策流程的不断优化上。除常规性业务之外，很多体育组织还需要开展一系列的商业活动，这些业务包含多个领域，且对应关系复杂多样，这就需要按照模块形成预案，并经过既定的决策流程进行集体商议，最终形成决议。决策流程不能过于烦琐，要提前做好详细的方案，尽量循证争取大多数人的意见，在集体决议时，也应抓住关键点，达成最大共识。

第二，基于现实体育治理业务的赋权。当然，在现实治理中，由于受到经济社会发展、体制制度、文化环境等多方面因素的影响，体育组织的发展大相径庭。也就是说，不同类型的体育组织，其生产专业知识的能力存在极大差异，这就形成了"实然"的生存状态，需要外部力量的干预。这在我国尤为明显，由于受到体育体制的深刻影响，大量体育组织不具备很强的专业知识生产能力，其本身的权威性和专业性备受业界诟病，虽然能够得到一定的资源支持，但其主导的权力秩序始终不够稳定，这也是当前我国体育组织在深化改革过程中需要解决的深层次问题。立足我国体育依法治体改革进程，需要实体性强化体育组织的主体身份，使其能够切实进行专业知识生产，这是进行赋权的逻辑起点。一方面，如果体育组织不具备这一能力，那么其就失去了发展的载体，不可能真正确立行业"话语权"。这也就表明了，体育组织"他治赋权"取决于其自身所拥有的生产专业知识的能力。另一方面,配置权力是专业生产过程中的基本要求,但这一赋权更强调的是体育领域内的赋权,其主要目的是进一步解构现有知识体系,建构更加具有活力的协同治理体系。

第三,基于体育协同治理实施的赋权。协同治理实施权是体育社会组织进行治理的重要权力,近年来,国家颁布的一系列有针对性的文件进行了赋权。《国务院办公厅关于促进全民健身和体育消费推动体育产业高质量发展的意见》(国办发〔2019〕43号)突出强调了"单项体育协会的深化改革",要求"各协会主办的体育赛事活动资源、培训项目等,符合条件的都要通过公开方式交由市场主体承办。鼓励将赛事活动承办权、场馆运营权等通过产权交易平台公开交易"。该规定要求各层次体育协会要充分梳理自身掌握的赛事资源,将符合条件的体育企业、俱乐部、其他体育机构纳入协同治理体系中,尤其是要强化赛事活动的承办权、场馆运营权,以提升治理的透明度。

第三节 市域体育社会组织的自治赋权

市域体育社会组织的自治赋权有着明确的要求,决策机构是开展一系列赋权的关键,其决定着体育权力的运行,而创新能力则是体育组织赋权的重要抓手,在很大程度上影响着治理的效果。在现实环境中,市域体育社会组织也需要建立广泛的合作关系,针对主要业务类型形成细化的执行和落实计划,并能够定期监控,保障落实。自治赋权本质上体现出的是体育组织根据治理实际情况和需求,授权专业业务主体独立执行组织决策的一系列活动,主要目的是提高运作效率,解决现实问题。

一、高效的决策机构是体育社会组织自治赋权治理的关键

(一)体育社会组织决策机制的优化

体育社会组织如果没有高效的内部管理机构,就很容易出现决策方面的问题,尤其是在不能审时度势合理选择组织和体育发展目标时,就会出现治理的"空洞",造成严重的损失。从现实看,极有可能出现两种极端情况:一个是脱离组织的实际情况,过高设定组织发展及治理目标。这种情况会造成组织无法承载使命与任务,负重前行,当这种压力过大时,组织机构、人力资源、制度机制等无法有效应对,组织崩塌的情况就会出现,这会给组织自身以及体育发展带来严重的负面影响。另一个是不能科学研判,过低设定组织发展及治理目标。这种情况产生的原因是显而易见的,当组织发展到一定程度的时候,很容易出现懒政、惰政的情况,其背后的根本原因就是组织决策机构丧失了"初心",将应该践行的责任抛诸脑后,在功劳簿上享受既得利益。应该说,在现实中,过低设置目标的情况是经常出现的,尤其是当体育组织不具备自主性和强大的自治能力时,整个组织的运行和体育治理的运行就会不畅,各种矛盾也会不断出现,其最终的结果也会引发各种体育乱象。

从内部机构建制看,定期举行透明、自由和公正的理事机构选举是实现组织内部民主治理的第一步。为了达到这一基本要求,需要健全体育组织章程,明确管理机构的任期,而这也是建设体育组织民主治理结构的先决条件。[1] 域外很多体育组织的深化改革都立足于建立基于决策权的优化机制。欧洲委员会强调,"在体育联合

---

[1] See IOC, *The Consolidated Minimum Requirements for the Implementation of the Basic Principles of Good Governance Point*, Olympics (Apr. 19, 2016), https://olympics.com/ioc.

会内部,有必要引入监督机制,实现主席权力的新平衡,并且确保其能够对会员大会负责。基于这一点,各个体育联合会主席的任期都应受到限制"。① 欧洲委员会认识到体育组织内部权力过度集中极易引发腐败等问题后,率先实施了一系列决策权制度的改革,大体内容包括两个方面:一个是纳入新生力量,推进决策权的优化配置;另一个是建立相对独立的监督机制,直接对会员大会负责。主席任期限制与体育组织内部民主之间的紧密联系,这也被欧盟视为能够"允许定期更新决策机构"的最低限度民主原则。② "普遍缺乏任期限制"是"权力集中的具体体现",会带来诸多负面影响,严重影响民主治理进程。针对这一问题,国际田联拟采取一项改革举措,由执行委员会决定首席执行官的任期限制,并确保董事会能够进行监管,以及对它们的工作定期进行评估。③ 英国相关法律规定,确保委员会(体育)成员定期选举,明确任期限制,以防止权力持久地集中在一个群体之中。同时,欧盟治理原则还强调任期限制可以确保定期注入新生力量和新的思想,并为更新理事会的专业技能提供机会,以便使其更加适应组织的宗旨。这些规定对于委员的连任是至关重要的,特别是对于那些理事会提名进入董事会的董事。此外,明确理事会成员任期限制也能够为新成员或年轻成员提供更多参与体育管理的机会。④ 欧盟原则、国际田联规则,以及一些国家最新

---

① PACE, *Good Governance and Ethics in Sport*, Researchgate(May 8,2020), https://www.researchgate.net/publication/341250577_Good_Governance_and_the_Ethics.

② See European Commission, *Principle* 4, Britannica(Feb. 14,2013), https://www.britannica.com/topic/European-Commission.

③ Art, *IAAF Constitution*, Word Athletics(Sept. 1,2023), https://wenku.baidu.com/view/e635192e8f9951e79b89680203d8ce2f006665cf.html?_wkts_=1678156825649.

④ UK code, *Principle* 2, Docin(Nov. 1,2013), https://www.docin.com/p-719414394.

出台的相关法律法规,都突出强调要对体育联合会权力进行监管,并要求每年至少对其开展一次评估。

综上分析,体育社会组织民主治理的首要任务是明确董事会的具体职责,能够促使其有效践行,并能够确保其先于成员承担责任,这是充分运用"公司民主治理理念"的具体体现。在一个良好的治理系统中,应当有一套完善的规章制度和程序确保所有行动都是合法、透明、公正和负责任的。同时,董事会成员也需要遵守道德准则并尽力保护公司及其股东、客户等利益相关方的权益。[1]

(二)市域体育社会组织决策机制优化的主要内容

体育组织的高效决策机制应当包括专业化、[2]有效控制,以及绩效管理/评价[3]三个基本方面。

第一,专业化是市域体育社会组织治理的基本要求。专业化水平与组织的具体运作和项目管理息息相关,决定着体育治理的进程。随着现代体育的发展,日益需要专业化的管理系统,尤其是要建立稳定的秩序,使活动、组织、互动和目标之间清晰、有序。在体育管理系统中,"活动"既包括各类体育活动,也包括参与者担负的具体职责以及行为;"组织"既包括专业的组织机构,也包括负责安排并协调相关活动的团队;"互动"主要是指不同参与者及利益相

---

[1] See R. Hoye, M. Parent et al., *Design Archetype Utility for Understanding and Analyzing the Governance of Contemporary National Sport Organizations*, Sport Management Review, Vol. 23:4, p. 576 – 587(2020).

[2] See J. Clausen, E. Bayle et al., *Drivers of and Barriers to Professionalization in International Sport Federations*, Journal of Global Sport Management, Vol. 3:1, p. 37 – 60 (2018).

[3] See T. Nowy, P. Wicker & S. Feiler, *Organizational Performance of Non-profit and For-profit Sport Organizations*, European Sport Management Quarterly, Vol. 15:2, p. 155 – 175(2015).

关者之间相互的影响与交流,也包括相互的支持;"目标"是指整个体育管理系统所追求达到或实现的结果。① 综合来看,体育管理系统包含多个重要变量,应采取多样化的手段指导体育组织的运作,以提升组织的广泛影响力。随着体育的快速发展,人们看待体育的视野日益广泛,认识更加深刻,参与方式也发生着深层次的变革,这促使体育管理要进一步系统化和精细化。在传统发展模式中,体育领域高度重视实践和技术层面上的训练和竞争,但是随着时间的推移,人们开始意识到战略规划、理论革新对于深化体育改革,提升影响力也同样重要。因此,需要专门的决策机构指导体育的管理和运营,从顶层设计、制度保障、协同运行、绩效评价等方面一体化开展工作。与此同时,随着分工的细化,体育管理也从以往的以场域为重点转型为以具体任务和事件为重点,要求落实到每一个细节,以达成既定目标。毫无疑问,这对市域体育社会组织治理提出了更高的要求,尤其是要将提升决策机构水平作为改革的重中之重。

除决策机构优化外,决策范围也是市域体育社会组织应高度关注的方面。"任何给定的领域都嵌入在由无数近处或远处的场域、状态构成的更广泛的环境中,这些环境本身又形成了复杂的战略行动领域系统。"②这一观点将组织领域延伸到了广泛的外部系统,并强调其中各种策略性的行动。举例来说,体育赛事活动的举办不仅仅是体育领域的事情,还与其他相关领域及因素密切关联,在很多时候,如果不能处理好这些关系,举办赛事就很难成功。"议题领域"也是学界关注的一个热点问题,其强调一系列利益相关者围绕

---

① See C. G. Gabriel & C. I. Alina, *Research on the Management of Sports Organizations*, Procedia-Social and Behavioral Sciences, Vol. 140, p. 667 – 670(2014).

② N. Fligstein & D. McAdam, *A Theory of Fields*, Oxford, U. K.: Oxford University Press, 2012, p. 2.

特定的议题展开互动、协作,以拓展发展空间。这一过程往往涉及组织与政府、行政部门、公共机构的积极作用,伴随多样的权力关系。[1] 最初,英国学者鲍威尔和迪马乔提出了"共享认知框架"的理论观点,他们认为在这一框架内所有的参与者和行动者对于议题的诠释方式、实施方案和阶段目标都有着一致性,而这些一致性背后都受到各种权力关系的影响。奥地利学者梅耶和赫勒尔进一步发展了这一理论,他们认为在具体的领域中,都存在不平等分配的资源、信息、决策等多种因素,这些因素相互作用,共同建构形成了"意义结构",并在此基础上形成了具有相互关联性的"地形图",从而影响行动者之间的竞争或者合作。[2] 体育组织在治理中也面临各种议题,需要整合利益相关者的需求以进行决策。其中,政府部门、俱乐部、公共机构、体育企业等都有着自身的利益诉求,具有广泛资源和影响力的政府部门往往成为推动改革的主导因素,会引导议题朝着有利于其自身诉求的方向发展,当这种引导过度呈现时,就会形成行政干预,产生阻碍,不利于体育自治发展。应该说,这一现象在我国体育治理中普遍存在,"去行政化"始终是体育组织面临的深层次问题。市域体育社会组织的治理也聚焦各种"议题领域",其中包含一致性框架中的决策、管理、实施、评估等。体育组织应充分审视所负责领域的"结构性要素",深入了解背后的权力关系,在厘清重要程度的基础上,通过内部赋权给相关的业务主体,推动各项工作的优化实施。

---

[1] See K. E. Meyer, R. Mudambi & R. Narula, *Multinational Enterprises and Local Contexts: The Opportunities and Challenges of Multiple Embeddedness*, Journal of Management Studies, Vol. 48:2, p. 235–252(2011).

[2] See R. E. Meyer & M. A. Höllerer, *Meaning Structures in a Contested Issue Field: A Topographical Map of Shareholder Value in Austria*, Academy of Management Journal, Vol. 53:6, p. 1241–1262(2010).

第二,市域体育社会组织应学会治理的有效控制。从内在逻辑看,"控制是管理者用来引导注意力,激励和鼓舞成员以支持组织目标的方式行动的机制"。① 其主要包括三层含义:首先,市域体育社会组织的有效控制是以目标为导向的。组织所形成的控制机制均与组织目标直接相关,也就是说,这一机制是为了支持和实现组织目标而设计的。当然,在一些比较复杂的领域,组织的目标多样,甚至是存在一定的冲突,这就使组织控制机制变得十分困难。这其中反映的仍然是各部门各自主张,利益诉求难以调和,致使组织目标变得复杂。为了实现既定目标,市域体育社会组织需要整合所掌握的资源,建立完善的控制机制。以市域足球协会为例,其每年都会制订年度工作计划,提出工作目标,其中大体包括青少年足球、群众足球普及、足球裁判培训与考核、足球俱乐部发展、足球赛事活动开展等工作任务,针对不同的任务和目标,市域足球协会应建立相应的控制机制,采取针对性举措。控制机制的建立围绕每项工作的目标,分阶段设计,一般应包括工作机构、团队、条件、信息资源、支持条件、应急举措等。

其次,市域体育社会组织的管理者是控制机制设计和运行的核心。作为组织领域的一类重要现象,控制是以管理者为中心的——强调自上而下的运行方式,而不是以同级别的互动为导向。② 简单地讲,组织控制通常由管理者或者决策层决定,他们通过设定目标、

---

① C. P. Long, S. B. Sitkin & L. B. Cardinal, *How Controls Influence Organizational Information Processing*: Insights from a Computational Modeling Investigation, Computational & Mathematical Organization Theory, Vol. 21:4, p. 406 - 439 (2015).

② See C. P. Long, C. Bendersky & C. Morrill, *Fairness Monitoring*: Linking Managerial Controls and Fairness Judgments in Organizations, Academy of Management Journal, Vol. 54:5, p. 1045 - 1068 (2011).

规则、程序,要求成员实施,并监督他们执行,达到预期效果。这一点在市域体育社会组织的治理中是非常重要的。控制不仅体现为一种影响力,而且更加深刻体现出权力秩序的建立。在治理中,体育组织需要有清晰的方向,通过决策层集中精力,精确制定目标,并激发成员参与的积极性与能动性。例如,市域足球协会在开展群众赛事活动时,应针对赛事本身及关键利益相关者的相关诉求,形成议题和方案,并要求专业团队积极深入群众中,整合其他领域的资源。如果没有形成系统的决策方案,任由自发组织和举办,赛事控制就无从谈起,也就不可能建立长久的秩序。这一点在县域体育赛事活动的举办中是要特别注意的。

最后,市域体育社会组织的控制实施涉及多个方面,需要分层分类开展。控制的类型和方式多种多样,既有信仰、边界、互动式的控制,也有正式、非正式的控制,以及行为控制等。[①] 体育组织所设定的目标是多元的,在某个特定的时期,体育组织所制定的关键目标会成为业界共识,并保持稳定,这就基本上确立了治理的总体方向。这个时期即便出现了一定的冲突,组织也会及时采取措施进行调整。但是,在具体的任务实施中,体育组织应根据循证的数据,预测并及时采取控制措施。从应然的状态看,市域体育社会组织的调整应重点围绕以下几个要素展开。一是注重任务完成的环境。现实中,体育组织面临多样的环境,其中既有行政支持环境、同类型组织机构竞争环境,也有市场调整环境等,市域体育社会组织应充分把握环境因素的变化和要求,及时采取举措。二是及时应对周期性因素的影响。周期性因素主要是指间隔一段时间就会出现的现象。

[①] See L. B. Cardinal, S. B. Sitkin & C. P. Long, *Balancing and Rebalancing in the Creation and Evolution of Organizational Control*, Organization Science, Vol. 15:4, p. 411 – 431(2004).

体育组织治理的周期性因素一般包括政策和法规变化、赛事活动开展、"去行政化"改革、体育市场波动等。这些周期性的因素往往对体育组织的治理提出更高的要求，需要组织深入研判，高水平应对。三是要把握好"断点平衡"。任何改革都不是一蹴而就的，尤其是在当前的背景下。体育社会组织面临多重压力，尤其是体育协会整体处于低潮期。当形成了改革方案并切实实施时，体育组织决策层、管理层和专业团队应密切关注动向，把握"断点平衡"，即在触及核心问题时，改革往往会产生较大的改变或者反弹，进入所谓的稳定状态，这时只有进一步的坚持，才有可能产生实质性的突破。四是克服组织惯性的影响。惯性往往是阻碍组织深化治理改革的重要因素。市域体育社会组织的惯性主要表现在认知惯性、管理惯性、做法惯性等方面。在新的时期，组织惯性与时代要求脱节，很难适应，更难以取得突破，急需组织做出调整。五是始终保持透明度。透明度是高质量管理的基本要求，其要求信息和流程公开程度要高，能够被相关利益方清晰获取和理解。同时，组织治理的透明度也是提升组织运行效率、公信力和行业权威的重要手段。体育组织治理的透明度主要包括两个方面的内容。一个是对内部的信息公开，主要是对改革信息和一般治理信息的发布。当然，在涉及成员都关注的利益分配信息时，更要确保信息的公开性和精确性。另一个是对外部的信息公开，主要是对社会、行政部门、媒体、球迷等公开，以接受监督。对外信息公开能够有效提升社会对体育组织的信任感，拓展影响力。

第三，市域体育社会组织应强化绩效管理/评价。绩效管理/评价是为了更好地评估组织或者团队是否达到预期目标，并据此做出相应的调整。非营利组织是一种不以营利为目的、致力于服务公众或推动社会进步的组织。与商业企业不同，非营利组织追求的是社会价值而非经济利益,因此在绩效管理/评价方面存在一些限制和规定。也就是说,非营利组织的绩效管理系统相对于营利组织更加复杂。[1] 体育社会组织亦是如此。一方面,体育社会组织的核心职责是促进体育发展,推广并实现体育主导价值观;同时也担负着非常重要的社会责任,这就决定了在评价体育社会组织的绩效时涉及更为复杂的因素。从现实看,评价体育社会组织的指标一般包括组织结构和运行、行业影响力、公众认知程度、资金使用效率、管理能力和效果等。尤其是在资金使用方面,对体育社会组织有着严格的限制和要求。体育社会组织的盈余资金不能用于分配或者与控股人分享,其只能用于投资社会目标和体育发展目标方面。另一方面,体育社会组织的绩效评估应量化,注重相关数据的收集和分析。体育社会组织的绩效评估具有系统性,在考量经济可行性、管理效率等因素外,还需要重点考量受益人群所带来的实际改变及福祉提升。

针对不同类型的体育社会组织,其自身发展及体育各领域管理都涉及一些关键性指标,应予以明确,形成可以量化的指标体系,并切实执行。简单来说,在体育领域中存在一些问题需要解决。为此,在进行相关研究时需要关注专业化、有效控制以及绩效管理/评价这三个方面。举例来说,市域足球协会如果没有一个高效的管理机构,则可能导致在多方面的经营上出现问题。而专业化则可以帮助提升组织管理人员的水平,使整个协会运行顺畅。当然,在对绩效进行管理/评价时,可以更好地评估组织团队是否达到预期目标并做出相应调整。

---

[1] See C. Moxham, *Understanding Third Sector Performance Measurement System Design: A Literature Review*, Int. J. Prod. Perform. Manage, Vol. 63:6, p. 704 – 726 (2014).

二、体育社会组织自治赋权的创新治理

组织创新能力主要是指"组织动员整合成员个体技能和资源来创造新知识,从而带来新服务、新产品或新流程的能力"。[①]毫无疑问,体育社会组织的创新能力在获得新资源,促进运动项目持续发展方面发挥着不可替代的作用。从逻辑上看,体育社会组织的创新能力主要体现在四个维度上:一是战略维度;二是用户与伙伴关系维度;三是财务维度;四是人力资源维度。[②]具体分析如下。

第一,战略对体育社会组织创新能力提升发挥着显著的作用,其主要包括对体育社会组织开展服务的市场环境分析、竞争对手总体情况分析、关键体育管理机构和利益相关者的期望,以及在此基础上的顶层设计和总体布局。如果不能立足体育现实发展、不能依据经济社会总体发展趋势进行一体化战略考量,体育社会组织就无法创新治理能力,治理效能就会大打折扣。习近平总书记多次论述构建"一体化国家战略体系和能力"的深刻内涵,他指出:"巩固提高一体化国家战略体系和能力,关键是要在一体化上下功夫,实现国家战略能力最大化。""巩固提高一体化国家战略体系和能力是复杂系统工程,要统筹全局,突出重点,以重点突破带动整体推进。""巩固提高一体化国家战略体系和能力,必须向改革创新要动力。"[③]体育社

[①] See F. Damanpour, *Organizational Innovation: A Meta-analysis of Effects of Determinants and Moderators*, Academy of Management Journal, Vol. 34:3, p. 555 – 590 (1991).

[②] See M. Winand & L. Hoeber, *Innovation Capability of Non-profit Sport Organisations*, London: Routledge, 2017, p. 77 – 84.

[③] 习近平:《(两会受权发布)习近平在出席解放军和武警部队代表团全体会议时强调 统一思想认识 强化使命担当 狠抓工作落实 努力开创一体化国家战略体系和能力建设新局面》,载新华网, http://www.news.cn/politics/leaders/2023 – 03/08/c_1129421490.htm。

会组织的一体化战略创新治理主要包括三层含义：

一是要高度重视战略设计。战略思维关乎体育组织以及体育治理的方向和价值诉求，必须循证考量，通盘设计。体育社会组织在治理的整体设计中要始终坚持党领导的中心地位，要通盘考量治理的内在逻辑，尤其是要完善程序建制，搭建统一平台，整合优质资源，注重轻重缓急，循序解决面临的主要矛盾和问题。简言之，体育社会组织只有形成发展的战略态势和力量，才能被真正纳入创新发展轨道，也才能实现组织和体育发展的战略目的。

二是要深化建设一体化的协同治理创新平台。在我国经济社会深化改革进程中，体育社会组织担负着日益艰巨的使命。当前，体育治理还面临很多尖锐的矛盾，归因来看，不外乎是功利主义倾向主导，在庞杂的利益面前，短视行为盛行，使原本已经建构的制度体系形同虚设。一体化平台创新的核心诉求是全面系统稳固治理的根基，聚焦体育治理基础领域，统筹布局，谋长远，强化"权力配置"，紧密围绕体育的"自治权秩序"进行平台创新。自治权平台包括赋权平台、协同治理平台、资源共享平台、信息发布平台、监管平台等，这些平台分别对应不同的主体，共建共享，提升基层治理效能。

三是要坚持改革创新，聚焦解决关键问题。这些年，我国体育在深化改革中没有彻底解决一些关键问题，加之各种商业利益的融入，更进一步造成乱象丛生。战略创新的最终落脚点还是要解决关键矛盾，尤其是解决协会组织决策机制不健全的突出问题。这些问题如果不解决，或者解决得不好，问题就会叠加，会使"劣币驱逐良币"，体育组织的公信力也就荡然无存。从现实发展看，体育社会组织必须创新"一轴多元"的治理制度。事实上，我们不能忽略的是，社会环境对体育社会组织的创新能力也有很大的影响，政府、行政部门、上级协会也发挥着突出作用,尤其是在一些决策中,能够为组织创新发展提供指导性思路。当然,从现实环境看,体育社会组织与其网络中的企业或商业机构建立的伙伴关系也十分重要,因为后者可以从盈利或者是商业利益分配的角度促进其创新业务的开拓和实施。[1] 体育社会组织治理的主轴是坚持党的领导,这一点不可动摇,"多元"则是在充分发挥行政部门指导职责的基础上,将俱乐部、赞助企业、媒体、第三方机构纳入共治制度体系中,形成各司其职、紧密协作、规范有序的治理格局。

第二,用户与伙伴关系对体育社会组织的赋权治理具有不可替代的作用。用户维度(主要包括会员、消费者和核心客户)既是指用户对新的运动项目以及相关体育服务的期望和满意度,也指他们对组织创新的参与,尤其是对新想法概念化过程的参与。[2] 感知价值是受服务质量和价格影响的变量,被认为是体育组织服务质量与客户满意度之间重要的中介因素,同时也是影响客户未来意愿的决定性因素。[3] 这三维结构(服务质量、满意度和感知价值)具有内在的逻辑关系,客户感知到的体育组织服务质量主要由有形的场地设施,以及员工的态度和专业技能决定,而这又直接影响参与或消费的满意度,同时也会直接影响客户下一次的行为意愿。从现实情况

---

[1] See L. Hoeber & O. Hoeber, *Determinants of an Innovation Process: A Case Study of Technological Innovation in a Community Sport Organization*, Journal of Sport Management, Vol. 26:3, p. 213 – 223(2012).

[2] See N. Franke & S. Shah, *How Communities Support Innovative Activities: An Exploration of Assistance and Sharing among End-users*, Research Policy, Vol. 32:1, p. 157 – 178(2003).

[3] See F. Calabuig et al., *Satisfaction, Quality and Perceived Value in Spectators of Athletics*, Revista Internacional De Medicinay Ciencias De La Actividad Física y El Deporte, Vol. 10:40, p. 577 – 593(2010).

看,许多非营利体育组织的运作资源有限,基础设施不足,难以实现既定目标,而建立持久的战略伙伴关系有助于缓解这些问题。[1] 伙伴关系已经成为体育社会组织治理能力建设的重要内容。巴比克将非营利组织伙伴关系界定为"一个联盟网络",主要是指两个或多个组织之间针对主要问题领域,而采取自愿的、紧密的、长期计划的战略行动,以实现互惠互利的目的。[2] 非营利体育组织不仅仅是这个网络的中间人或者组织者,还是非常重要的领导者和协调者,即除明确合作伙伴关系的愿景、打造有力形象、建构有效制度、营造信任即互惠氛围外,还需要全面熟悉市场和商业理念,充分了解其他伙伴(跨部门)能够发挥的显著作用,聚力领导,弥补不足,协同开展活动,完成既定目标。当体育整体治理顺畅有效时,非营利体育组织与资助机构、政府、企业以及其他组织建立的伙伴关系能够提升组织多方面的能力,尤其对学习型组织更为有效。[3] 从传统视角看,非营利组织是由严格的分级管理结构构成的,其突出强调单向的交流,快速地产出及效率。然而,全球化的深入,以及新兴技术的发展,促使许多非营利组织进行深层次改革,它们利用伙伴关系密切进行双边或多边交流,同时建构其联结组织内外的更高层次的协作网络,即建构起包括战略/目标、治理模式、架构、人员和管理流

---

[1] See K. Misener & A. Doherty, *Understanding Capacity Through the Processes and Outcomes of Interorganizational Relationships in Non-profit Community Sport Organizations*, Sport Management Review, Vol. 16, p. 135 – 147(2013).

[2] See P. Wicker & S. Vos et al., *The Link between Resource Problems and Interorganisational Relationships: A Quantitative Study of Western European Sport Clubs*, Managing leisure, Vol. 18:1, p. 31 – 45(2013).

[3] See L. Paarlberg & D. Varda, *Community Carrying Capacity: A Network Perspective*, Nonprofit and Voluntary Sector Quarterly, Vol. 38:4, p. 597 – 613(2009).

程在内的运行系统。① 这种动态建构的、灵活性的管理架构也被视为一种能够提供更多资源的嵌入式系统,能够有效解决复杂的社会问题。

伙伴关系中的"权力与资源"会对体育社会组织治理产生影响。权力和依赖是非营利体育组织伙伴关系中所体现出的一个关键性的二元特征。② 进一步地看,一个组织在网络中的位置,以及网络本身的资源配置,都能够显著地影响这种二元关系的形成,并激发其运行效力。③ 资源依赖理论(RDT)和交易成本经济学理论(TCE)是用于深入解析非营利组织合作关系的核心理论。④ 资源依赖理论突出强调外部环境和资源对组织行动的影响,其核心是组织通过拥有权力及其合理配置获取所需要的各类资源。深入解读,非营利组织的诉求是直接获取资源,或者是明确自身定位,以最低限度依赖获得对资源的控制;抑或组织通过弥合与伙伴关键资源的结构性差距,从而最大化伙伴对自身的依赖程度。非营利组织所处的社会、经济和政治环境是高度动态的,往往会导致双方产生新的、

---

① See J. Raab, R. S. Mannak & B. Cambré, *Combining Structure, Governance, and Context: Configurational Approach to Network Effectiveness*, Journal of Public Administration: Research and Theory, Vol. 25:2, p. 479 – 511(2015).

② See J. MacLean, L. Cousens & M. Barnes, *Look Who's Linked with Whom: A Case Study of One Community Basketball Network*, Journal of Sport Management?, Vol. 25, p. 562 – 575(2011).

③ See J. Galaskiewicz, W. Bielefeld & M. Dowell, *Networks and Organizational Growth: A Study of Community Based Non-profits*, Administrative Science Quarterly, Vol. 51, p. 337 – 380(2006).

④ See G. J. Jones & M. Edwards et al., *Collaborative Advantages: The Role of Inter-Organizational Partnerships for Youth Sport Non-Profit Organizations*, Journal of Sport Management, Vol. 31:2, p. 148 – 160(2017).

更为复杂的关系。① 交易成本经济学理论则关注如何将资源转化为组织产品或服务相关的成本,其经常被用来解释如何最小化非营利组织生产与交易相关的综合成本。② 这些成本包括直接成本,如购置设施设备、员工薪酬;还包括间接成本,如与规划及其实施和监测有关的费用。当然,非营利组织的成本依据其规模、管理人员的能力和经验,以及区域位置优势而有所不同,尤其是一些已经形成比较成熟职业赛事的体育协会,它们的管理和运营成本会非常大。同时,需要高度关注的是,根据交易成本经济学理论,如果体育盛行机会主义、功利主义,诚信不足,自利行为普遍,就会极大地增加体育组织的交易成本。例如,体育俱乐部或相关竞争体育组织隐瞒重要信息,并试图从各种交易中获得巨额利益,最终会损害其在业界的信任度,这种情况的普遍发生会增加体育协会管理的压力,迫使其只能通过组织自身支付相关交易成本(如果在良好的环境中,这种成本能够通过伙伴关系承担)。根据威廉姆森的观点,当独立交易成本对于生产者而言变得令人望而却步时,其所造成的低效率会导致市场失灵。③ 从交互理论的视角看,伙伴关系能够增加合作方的选择权,从而拓展并优化非营利组织在产品生产或采购方面的决策。④ 凭借这一特征,伙伴关系能够降低很多体育社会组织所产生的市场交易成本,也可以分担大量因无法融资而形成的生产成本;

---

① See A. J. Hillman, M. C. Withers & B. J. Collins, *Resource Dependence Theory: A Review*, Journal of Management, Vol. 35:6, p. 1404 – 1427(2009).

② See O. E. Williamson, *Comparative Economic Organization: The Analysis of Discrete Structural Alternatives*, Administrative Science Quarterly, Vol. 36:2, p. 269 – 296(1991).

③ See O. E. Williamson, *Markets and Hierarchies: Analysis and Anti-trust Implications*, New York, : Free Press, 1975, p. 56 – 58.

④ See B. R. Barringer & J. S. Harrison, *Walking a Tight Rope: Creating Value Through Interorganizational Relationships*, Journal of Management, Vol. 26:3, p. 367 – 403(2000).

同时伙伴关系的持续也能够提升体育中各利益方的互惠关系,增强信任感,促进协同管理机制的完善,尤其是能够促进所有权激励机制的完善,通过资源共享,创造共同利益,最大限度地减少机会主义行为。但是从现实情况看,体育社会组织尚未充分认识到伙伴关系带来的诸多好处。我国体育社会组织的发展极不平衡,绝大多数尚不具备很强的独立生存能力,在这种情况下,急需与其他组织或机构建立合作关系,不断提升整合资源的能力。体育治理也是如此,体育协会应当专注于运动项目发展的战略规划和长期目标的实现,会员管理、业务拓展和外包等工作可以交由专门组织负责(战略伙伴)。简言之,如果没有强大的合作伙伴作为基础,体育社会组织将举步维艰,难以持续发展,创新治理也就无从谈起。我国体育治理面临多方面的矛盾和问题,当社会组织难以应对时,往往会诉诸行政干预。这一做法虽然能够解决一时的问题,但是从根本上挤压或排斥了体育社会组织生存发展的空间,各种矛盾也会进一步叠加,形成巨大的治理隐患。因此,在市域体育社会组织治理中,要逐步剥离行政力量的干预,尽量拓宽合作伙伴关系,尤其是要基于业务活动建立相关平台,以形成规模效应。

第三,财务对体育社会组织赋权治理创新发挥着突出的作用。财务维度主要涉及非营利组织从成员、赞助商、资助机构、公共当局等所获得的各种经费,其在很大程度上关系组织的治理水平以及对新领域的投资拓展。非营利组织获得的经费资源一般不多,因此要努力实现财务平衡,作为基本的要求,组织获得的所有利润必须投资于其业务活动。[1] 组织的资金来源影响着它们对资助者(抑或利

---

[1] See M. Winand, T. Zintz & S. Scheerder, *A Financial Management Tool for Sport Federations*, Sport, Business and Management, Vol. 2:3, p. 225 – 240(2012).

益相关者)的依赖程度,同时也影响着它们拓展业务的自主性。体育赞助是非营利体育赞助资金的主要来源,但赞助方往往在媒体和基础活动参与方面有特殊的要求。从传统的观点看,赞助方提供资金支持并不断增加合作内容必然会要求非营利组织不断变革以提供更好的服务,一些核心赞助商甚至可能直接要求服务其主导开展的活动,以增加市场和社会知名度。这种途径获得的资金很有可能成为非营利体育组织创新治理的一种障碍。[1] 但最近的研究表明,非营利组织内部低资金吸纳和流动的情况可能会促进治理创新。因为这种创新的主要目的是与竞争对手区别开来,创造机会增加资源,满足会员的期望和诉求,以实现组织的生存与发展。[2]

从资源依赖理论视角看,非营利组织的发展需要获得更多的外部资源支持,并建立广泛的合作关系。其中合作伙伴(如赞助商、学校或其他组织机构)可以通过向非营利组织提供一定的资金、物质条件或人力资源鼓励其创新,以提升参与者的兴趣和积极性,从而使合作伙伴受益。[3] 非营利组织的有效治理取决于其组织能力,即识别、获取和利用资源以实现既定目标的能力。[4] 外部资源主要是指基础设施资本、资金支持;内部资源主要是指战略规划和志愿者

---

[1] See R. A. Wolfe, *Organizational Innovation: Review, Critique and Suggested Research Directions*, Journal of Management Studies, Vol. 31:3, p. 405 – 431(1994).

[2] See M. Winand, J. Scheerder et al., *Do Non-profit Sport Organisations Innovate? Types and Preferences of Service Innovation within Regional Sport Federations*, Innovation Organization & Management, Vol. 18:3, p. 1 – 20(2016).

[3] See P. Wicker & S. Vos et al., *The Link between Resource Problems and Interorganisational Relationships: A Quantitative Study of Western European Sport Clubs*, Managing Leisure, Vol. 18:1, p. 31 – 45(2013).

[4] See S. Paynter & M. Berner, *Organizational Capacity of Non-profit Social Service Agencies*, Journal of Health and Human Services Administration, Vol. 37:1, p. 111 – 145 (2014).

队伍建设。能力强的组织更有可能计划、实施以及持续开展能够实现预期目标的计划或项目,而能力有限的组织可能会遇到各种困难。就非营利组织而言,持续建设能力是至关重要的,组织必须在激励竞争以及资源减少的情况下不断发展,并始终秉承组织的使命。但是从辩证的角度看,非营利组织如果严格遵循使命陈述,就很可能错过重要的发展机会,但那些不断抛弃使命参数而提升能力的组织则面临"使命漂移"的巨大风险。尽管伙伴关系能够增加组织对资源的获取,但也有可能导致其自主权丧失,尤其是在一些关键利益关系中,这就涉及双方权益的平衡和协商。随着竞技体育职业化、商业化发展,体育社会组织面临的这种情况就更为突出。如果仅仅追求眼前利益,体育组织治理中的"权力失衡"就成为一种常态,这就会引发组织永久性的"使命漂移"。[1]

第四,人力资源对体育社会组织赋权治理创新发挥着决定性作用。非营利组织创新治理的成功在很大程度上取决于精细化的管理与实施。[2] 人力资源主要是指组织确立以及贯彻实施新理念和新观念所需要的专业人士。从治理的环节看,组织职员或专业人士能够参与各个层面的决策,但随着时间的推移,他们有可能形成不同的动机和诉求,这会影响组织新思想的贯彻实施。非营利组织创新治理的成功实施需要一系列系统管理支持,需要忠诚的员工,精简的架构,以及较小的员工规模,以实现良好的沟通和灵活性。[3] 此

---

[1] See P. H. Hawkins, *Diversity for Non-profits: Mission Drift or Mission Fulfillment?*, Journal of Diversity Management, Vol. 9:1, p. 41 – 50(2014).

[2] See A. Caza, *Context Receptivity: Innovation in an Amateur Sport Organization*, Journal of Sport Management, Vol. 14:3, p. 227 – 242(2000).

[3] See L. Hoeber & O. Hoeber, *Determinants of an Innovation Process: A Case Study of Technological Innovation in a Community Sport Organization*, Journal of Sport Management, Vol. 26:3, p. 213 – 223(2013).

外,创新治理也需要组织领导的承诺,无论何种组织,决策层的承诺都能够厘清方向,使员工或专业人士明确工作任务重点,有助于形成合力。从我国的现实情况看,无论何种体育组织,其所需要的人力资源大体都包括以下几种类型:一是专业管理人员。当前我国体育社会组织面临的突出共性问题就是缺乏专业的管理人员。很多知名的体育组织都根据业务布局,设立专业的管理机构,组建专门的管理团队。比如,英格兰足球总会由30多个专业委员会构成,这些机构"分工明确、职能清晰的组织架构奠定了英格兰足球协会的管理基础,逐步推动着'足球运动创造美好未来'目标的实现"。[1]我国体育协会的专业化建制存在比较突出的问题,尤其是省级体育组织,更加松散,在很多时候无法真正承担起治理的主体责任。从市域体育社会组织优化专业机构,吸纳专业管理人才是长期面临的艰巨任务。二是专业服务人员。专业服务人员是开展体育组织业务,保证各类活动有序开展的关键。根据不同的组织类型,其专业管理人员类型存在很大差异。以市域足球协会为例,其一般应有专职的服务人员,能够配置资源,开展系列活动;同时,其也需要与地方体育行政部门、教育行政部门、其他体育组织、体育院校等建立合作关系,组建包括教练、裁判、训练师、营养师等在内的专业队伍。从各类体育活动的开展情况看,当前市域体育社会组织急需规范教练员、裁判员和参赛运动员的管理,尤其是在县域开展的群众性体育活动。三是营销推广人员。体育社会组织通常需要开展各类宣传、推广及市场营销活动,以吸引赞助商及合作伙伴,而营销推广人员就是负责执行这些任务的专业人士。市域体育社会组织的这些专业人员需要具备较强的综合能力,既了解体育市场活动开展的知

---

[1] 宋亨国:《我国非政府体育组织自治的法学研究》,科学出版社2018年版,第76~77页。

识和规律,也深谙一般市场经营规律,能够通过协会掌握的各类信息,准确研判合作伙伴,评估市场空间,并能够据此形成实施方案。四是稳定的志愿者队伍。志愿者队伍对于体育组织运行而言至关重要。在很多时候,体育组织开展的活动都需要广大志愿者参与,尤其是在像马拉松这类赛事的举办中,更加依赖志愿者。除赛事活动外,在社区体育、乡镇体育、农村体育活动的开展中,也都需要体育志愿者的积极参与,这是建立广泛信任关系,提升基层体育社会资本存量的重要途径。

综上所述,建立、管理和维护伙伴关系对于体育社会组织赋权治理而言越来越重要,如果能够充分有效利用,伙伴关系不仅能够帮助组织获得资源,还能降低成本,提升多方面能力。但是我们也应该看到,目前还有很多体育组织在建立伙伴关系方面遇到很多困难,除缺乏沟通、信任、共同价值观外,组织能力和凝聚力欠缺也是重要因素。尤其是就小型的体育组织而言,凝聚力缺乏是导致其无法建立和拓展伙伴关系的直接原因。事实上,大多数体育组织的管理者没有足够的时间和资源系统审视运动项目的多元化运营,并积极寻找合作伙伴。鉴于此,需要行政部门引导建立体育治理的网络平台,将体育社会组织和关键利益相关者纳入其中,使它们能够有机会建立长远的合作关系。

第 四 章
市域体育社会组织的规范融通

第一节 当代中国的多元体育规范体系

体育规范一直是学界关注的热点,众多学者从不同的视角展开研究,涌现了一批有价值的成果。但是系统检视这些成果不难发现,体育法律、行政法规、体育政策、体育社会规范等混用的情况非常普遍,对每一类规范属性的界定也不够清晰。其中比较有代表性的观点有,体育法律是体育法规,而并非单纯的行政法,其具有强烈的社会法属性,也包含各类体育社会规范;[1]体育法律规范的运行具有自治性、司法介入有限性,与行政法规范的运行方式大相径庭;[2]我国现行的体育法规包括法律、行政法规、中央和国务院

---

[1] 参见姜世波、王睿康:《我国体育法规中鼓励性条款实施的审视与完善》,载《北京体育大学学报》2023年第5期。

[2] 参见肖永平、钱静:《体育法法律地位的重新审视》,载《学习与实践》2014年第3期。

文件、部门规章、规范性文件、地方性法规文件、总局制度性文件[①]等。上述这些观点有其合理性，但也极易导致一些基本理论问题的混淆。体育法律和体育法规的属性一致吗？体育法律可以涵盖当前体育领域的各类规范吗？体育规范性文件、体育制度性文件、体育法规文件之间是否有重叠？在体育高质量发展的今天，如果不能清晰厘定各类体育规范，不仅会造成人们认识的偏差，还会限制和影响各类规范治理效能的充分发挥。近年来，法学界对法律多元主义的困境，以及建构中国规范体系新理论范式进行了深入的研究，形成了一系列观点。本书在充分吸纳这些成果基本思路的基础上，立足我国体育法制建设，从法理思辨和范式突破视角对当代中国体育规范展开系统分析。

一、体育规范体系的法理思辨

第一，体育法律规范体系建构适用法律多元主义的困境。法律多元主义一直是法律和社会关系再概念化的核心主题，其深刻影响着法律体系所涵盖的规范秩序形态的研究。[②] 法律多元主义总体上包含三个方面的含义。其一，法律法规体系包含多种规范。"并非所有与法律有关或者类似法律的现象都来自政府"。[③] 也就是说，国家立法机关所制定的法律并不能覆盖社会所有领域，人们往往在日常生活中也遵守着非正式规范或者习惯性规范的约束。更深层

[①] 参见谭小勇：《新时代中国体育法治框架体系及发展论纲》，载《北京体育大学学报》2021年第2期。

[②] See S. E. Merry, *Legal Pluralism*, Law and Society Review, Vol. 22∶5, p. 869 (1988).

[③] P. S. Berman, *The New Legal Pluralism*, Annu. Rev. Law Soc., Vol. 5, p. 224–242(2009).

次地看,基于法律多元主义思想,能够不断确立社会中来源各异的、不同层次的权威与规范,这也是对法律和社会关系再概念化研究的动因所在。其二,各类规范均具有法律的属性。"法律多元主义其实是另外一种变相的法律中心主义的表达,它将不同性质的规范种类都定性为法律,或使之具有法律性。"①法律多元主义的核心理念是以"法律为中心",强调社会发展中多种法律形式的适用。换言之,就是将现实中存在的多种权威的规范都定性为"法律",或者都赋予其"法律的属性"。其三,强调多元法律形态的融合。法律多元主义强调,应当尊重和承认不同文化背景和社会现实环境中产生的各种规则,并试图从规则的来源,以及调节这些规则价值冲突入手来构建多元法律形态融合框架,以期能够真正实现社会的公平和公正。通过对大量成果的梳理看,法律多元主义以其现实性、包容性成为研究法律规范的主流思想之一,但是随着社会规范体系的不断深化,法律多元主义适用性研究也面临困境。一方面,法律多元主义极大地拓展了"法律"的范围,将其他社会规范和道德规范也包含其中,容易造成人们"法律认知"的偏差。这也正如有学者认为的,"用'法律'这个术语指称所有非国家法的秩序形态会极易使分析陷入混乱"。②从另外一个层面看,"法律也是一个以动态的授权关系构成的规范等级体系。法律规范的本质特征在于'应当',表示某个人应当以一定方式行为"。③ 这种"授权"和"应当"都依据

---

① 刘作翔:《当代中国的规范体系:理论与制度结构》,载《中国社会科学》2019年第7期。

② W. Twining, *General Jurisprudence: Understanding Law from a Global Perspective*, Cambridge University Press, 2009, p. 117.

③ 赵力:《法律体系何以存在?——一种法律实证主义的解读》,载《北方论丛》2023年第6期。

国家立法机关所制定的"法律",即"应当的授权"。在我国,法律只能由国家制定,且有着非常严格的立法程序。《体育法》是体育领域的基本法,其修订也有着非常严格的程序。2020年11月,《体育法》修改被列入《全国人大常委会2021年度立法工作计划》,随后全国人大社建委正式启动修改工作;2021年3月,全国人大社建委牵头成立《体育法》修改工作领导小组;2021年10月19日至2022年6月24日,全国人大常委会进行了三次审议,最终经第三十五次会议审议并表决通过。另一方面,法律多元主义并没有对法律与其他社会规范的界限进行清晰界定,也极易导致法律的概念过于宽泛。[①] 体育规范如果简单地适用法律多元主义,也会产生同样的混乱。体育领域既有国际体育法、国家体育法,同时也有行政规章、治理规范等,其中每一类规范都有着不同的属性和调整的对象,而且随着体育领域深化改革的深入,每一类规范也都在不断细化。虽然我们充分认可这些规范所发挥的突出作用,但并不能一概而论地认为,这些规范都是"法律",或者简单地认为其都具有"法律的属性"。

第二,体育规范体系基本理论范式的突破。法律多元主义不适于体育规范研究,迫切需要寻求新的理论研究范式。从现实情况看,体育领域的法律多元是很难存在的,更多的情况下是规范的多元,即通过国家行政机关或者体育权威机构所制定的各种规范。从法理上看,这些体育规范也都有自身所特有的法定形式,而且由于制定主体的不同,各类体育规范之间也存在很大差异。比如,体育行政法规、体育政策、体育治理规范的界限、效力不同,尤其是体育

---

① 参见赵英男:《法律多元主义的概念困境:涵义、成因与理论影响》,载《环球法律评论》2022年第4期。

治理规范具有突出的"自治"属性。因此,有必要在学理层面厘清不同体育规范的界限和内容。"构成性视角"从规范与社会相互构成入手,为研究多元规范体系提供了新思路。其一,从方法论层面看,要重点关注社会结构、制度、行为及其实践中被忽视的、一直未能彻底解决的,或是与预期不一致的问题,并试图找到解决这些问题的方法。① 这一方法克服了规范与事实的逻辑断裂,能够更加充分地揭示出法治实践中隐藏的根本性问题,并提出相应的改进建议。② 在这一视野下,体育规范体系的方法论基础也非常清晰,即立足我国体育深化改革实践,突破旧的思维模式,深耕当代中国的体育法治土壤,重点解决"政策无法全面覆盖""制度与行动脱节"等突出问题,进一步筑牢多元规范与治理实践的基础。其二,从内涵上看,规范与社会相互作用形成了多元规范体系,其构成了社会的基本制度,并通过对资源的调节和分配,促进人们对特定规范行为的反应、理解和遵循。③ 在社会关系中,人们总是试图引入、支持,或者挑战、质疑某种行为准则,只有行为准则被广泛认可并被大多数人接受时,其才能成为一种规范。也就是说,规范形成于社会群体共同接受并遵循的行为准则或价值观。④ 体育规范体系的生成总体上也遵循这一基本脉络。一方面,体育领域中的"他治"和"自治"

---

① See J. B. Gould & S. Barclay, *Mind the Gap: The Place of Gap Studies in Sociolegal Scholarship*, Annual Review of Law and Social Science, Vol. 8:1, p. 323 – 335 (2012).

② 参见陈景辉:《法律与社会科学研究的方法论批判》,载《政法论坛》2013 年第 1 期。

③ See Lawrence Lessig, *The Regulation of Social Meaning*, The University of Chicago Law Review, Vol. 62:943, p. 1008 – 1014(1995).

④ See D. Kübler, *On the Regulation of Social Norms*, Journal of Law, Economics and Organization, Vol. 17:2, p. 449 – 476(2001).

相互作用,不可分割,两类权力从不同角度生成体育规范,共同构成了基本的体育制度;另一方面,体育规范体系是体育共同体达成高度共识的产物,它将各种适用法律、法规、治理规范、习惯法、国际体育法等都纳入其中,并有效整合,共同建构起具有典型特色的"体育法制框架"。其三,从作用机制上看,构成性视角强调"规则之治",其通过多元规范体系实现社会结构与行动者的沟通,并使制度建构与行为互动有机衔接。[1] "多元规范"作用于具体的社会构成关系,其不拘泥于"法律与社会""规范与社会"的"二元分析架构",而是更加关注"规范性秩序之间的动态联系"。[2] 从体育法治实践看,体育领域也存在复杂的利益冲突,为了规避矛盾,形成稳定的秩序,就需要不断优化配置资源,提升多元主体的认知水平,并规范他们的行为,这就要求每一类规范的指向性要明确,并尽量细化、有效。

第三,中国特色体育规范体系的法理基础。习近平总书记指出,"法治体系是国家治理体系的骨干工程"。[3] 党的十九届五中全会通过的《中共中央关于制定国民经济和社会发展第十四个五年规划和二〇三五年远景目标的建议》进一步指出,"有效发挥法治固根本、稳预期、利长远的保障作用,推进法治中国建设"。上述指示是建设中国特色法治体系的根本遵循。从制度哲学视角看,一方面,法治是社会共识的经验总结、规律反映,而且能够随着国家和社会的发展变化与时俱进、完善发展。[4] 体育法治则是对不同体育领

---

[1] 参见彭小龙:《规范多元的法治协同:基于构成性视角的观察》,载《中国法学》2021 年第 5 期。

[2] M. Davies, *The Ethos of Pluralism*, Sydney Law Review, Vol. 27:1, p. 87 – 112 (2005).

[3] 习近平:《论坚持全面依法治国》,中央文献出版社 2020 年版,第 112 页。

[4] 参见沈春耀:《有效发挥法治固根本稳预期利长远的保障作用》,载澎湃网 2021 年 3 月 30 日, https://www.thepaper.cn/newsDetail_forward_11964569。

域以往治理经验总结所达成的共识性的规范,以及能够使这些规范有效运行的过程。当然,随着体育法治建设的深入,也会面临各种新问题和新矛盾,仍然需要不断进行制度优化。从结构看,我国体育制度还存在不少突出问题,尤其是多元主体的权力配置不合理、不清晰,长效性监管比较缺位。例如,中国足球改革不能实现既定目标的关键问题就是夹杂着各种利益诉求,以"官""商"为本位的权力秩序不断攫取资源,蚕食了发展的基础。对此,当前应着重依据《体育法》,加强配套立法,切实有效剥离行政权力的过度干预,全面优化体育治理权力秩序。另一方面,在国家治理体系中,制度建设是关键,其具有多元形态,而法律则是最高形态。[1] 多元体育规范制度建设的关键,需要分类予以明确。当今很多国家面临最大的挑战和机遇是社会中一些最有影响力和决定性的规则并非由政府或国家制定,而是由其他因素,即由法律认可的和不认可的权力制定。[2] 这一论断实质上表达了两层含义:一是规则制定与权力紧密联系,无论是立法权力、行政权力,抑或其他权力,都遵循这一逻辑;二是其他"权力主体"所制定的规则既给现有制度优化提供了空间,但同时也带来了极大挑战。多元体育规范的分类也遵循这一标准:一是由享有立法权的国家机关依据立法程序制定体育法律规范,主要包括体育法律和体育法规。这里需要注意的是,"现代国家治理,是围绕法律而展开的多元主体共同参与的、以自由秩序为目的的治理……强调并坚持国家治理及其创新,就必须坚持法律至上的法治原则和宗旨"。[3] 体育治理也必须坚持这一原则,国家体育

---

[1] 参见辛鸣:《制度论——关于制度哲学的理论建构》,人民出版社2005年版,第67页。
[2] See G. Swenson, *Legal Pluralism in Theory and Practice*, International Studies Review, Vol. 20:3, p. 438–462(2018).
[3] 谢晖:《法律至上与国家治理》,载《比较法研究》2020年第1期。

法律居于基石地位，不可动摇。二是中国共产党是我国经济社会的领导核心，其制定的有关体育发展的规范具有明确的"法属性"，主要包括领导人对体育的重要讲话、党制定的体育法规和政策。三是由公权力机关、组织和团体制定的体育政策，主要包括总体体育政策和具体体育政策。"政策是国家政权机关、政党组织和其他社会政治集团为了实现自己所代表的阶级、阶层的利益与意志，以权威形式标准化地规定在一定的历史时期内，应该达到的奋斗目标、遵循的行动原则、完成的明确任务、实行的工作方式、采取的一般步骤和具体措施。"[①]政策是体育领域"他治"的具体体现，主要以正式文件的形式呈现。四是基于体育自治形成的各类规范，主要包括体育道德规范和体育自治规范。体育道德规范一般是指对良好品质的要求，其虽然不以成文的形式呈现，却是体育精神内核的集中体现；体育自治规范则是享有自治权的主体决策权的体现。五是基于国际体育治理权（话语权）的国际体育规范，主要由各类国际体育组织制定。不论何种观点，比较共识性的看法是国际体育规范是体育"全球化"的产物，是国际体育组织话语权的具体体现，其作为独立的一类规范能够直接作用于我国的体育法治进程，产生"由外及内"和"由内及外"的双向影响。

综上分析，本书认为我国当前的体育规范体系主要包括五类：体育法律规范体系、党的体育规范体系、体育政策规范体系、体育治理规范体系、适用的国际体育规范体系。

[①] 马锋:《政策定义—法律知识》，载百度律临 2023 年 3 月 9 日，https://lvlin.baidu.com/question/2149032845270499668.html。

二、当代中国体育规范体系的类型和内容

(一)体育法律规范体系

"我国的立法是指由特定主体,依据一定职权和程序,运用一定技术,制定、认可和变动法这种特定社会规范的活动。我国现行立法体制是中央统一领导和一定程度分权的,多级并存、多类结合的立法权限划分体制。我国立法包括全国人大及其常委会立法、国务院及其部门立法、一般地方立法、民族自治地方立法、经济特区和特别行政区立法。"①我国的立法制度具有制定法传统,其强调国家立法和地方立法的协调统一。由于立法主体不同,我国的体育法律规范也包含多种类型。

第一,宪法和其他国家法律中有关发展体育的规定。比如《宪法》第 21 条第 2 款规定:"国家发展体育事业,开展群众性体育活动,增强人民体质。"这一规定充分体现了"保护人民健康"的宪法精神,既是我国开展体育工作所遵循的基本原则,也是根本方针和任务。《民法典》第 1199 条规定:"无民事行为能力人在幼儿园、学校或者其他教育机构学习、生活期间受到人身损害的,幼儿园、学校或者其他教育机构应当承担侵权责任;但是,能够证明尽到教育、管理职责的,不承担侵权责任。"第 1176 条第 1 款规定:"自愿参加具有一定风险的文体活动,因其他参加者的行为受到损害的,受害人不得请求其他参加者承担侵权责任;但是,其他参加者对损害的发生有故意或者重大过失的除外。"《民法典》中所规定的体育活动中

---

① 十届全国人大五次会议:《我国的立法体制》,载十届全国人大五次会议新闻中心 2007 年 2 月 25 日, http://www.npc.gov.cn/zgrdw/pc/XWZX_1/6/200702/t20070225_3182.htm。

的"免责"条款、"自甘风险"条款是研判和检视其他配套法律法规的重要依据。

第二,体育法律。我国现行的体育法律是2022年修订的《体育法》,这是新的历史时期诞生的一部体育基本法,具有里程碑意义,其为全面贯彻"以人民健康为中心"理念,深化全面建设健康中国、体育强国,以及中国特色社会主义体育法治体系奠定了基础,也为后续研制配套法规提供了法律依据。

第三,国务院制定的体育行政法规和国务院部门制定的体育规章。"行政法规是指国务院根据宪法和法律,按照法定程序制定的有关行使行政权力,履行行政职责的规范性文件的总称。"[1]《宪法》第89条第1项规定,国务院可以"根据宪法和法律,规定行政措施,制定行政法规,发布决定和命令"。《立法法》第72条第1款规定,国务院根据宪法和法律,制定行政法规。行政法规的效力仅次于法律,其制定也要经过严格的程序,且比较稳定。制定行政法规是宪法和法律赋予国务院的一项重要职权,在体育深化改革进程中,更加需要国务院给予优先支持,引导建立全面覆盖的体育事业保障制度体系。国务院制定的体育行政法规主要有《全民健身条例》《公共文化体育设施条例》《学校体育工作条例》等。国务院部门体育规章主要有《经营高危险性体育项目许可管理办法》《国家体育总局规章和规范性文件制定程序规定》《体育赛事活动管理办法》等。

第四,地方人大常委会制定的体育法规和地方政府制定的规章。除国家立法机关制定的法律规范外,地方立法机关和地方政府也通常制定各类地方性的体育法规、条例、规章等。例如,各省市人大常委会制定的体育发展条例、体育设施条例、高危体育经营活动

---

[1] 王禹编:《法律、法令与行政法规讨论文集》,濠江法律学社2012年版,第1页。

管理条例、体育市场管理条例等；地方政府制定的体育场地设施管理办法、体育竞赛管理办法、公共体育服务办法等。体育法律规范体系是依法治体的基石，是后续研制其他体育规范，开展有效执法，以及完善体育事业发展保障制度和监督管理制度的重要依据。

（二）党的体育规范体系

"当代中国法治的一道标志性特征和独特风景线，就是中国共产党构建起了一个比较完善的党规体系，形成了党规体系和国法体系二元并立的新法治格局。"[1]近年来，党中央日益高度重视体育事业的高质量发展，国家领导人做出了一系列重要论述，各类决议、报告也对体育发展进行了总体布局，指明了发展方向。党内法规和政策有关体育的主要包括以下几类。

第一，国家领导人对于体育事业发展的重要论述。"党的十八大以来，以习近平同志为核心的党中央站在中华民族伟大复兴的战略高度，对我国体育领域若干重大理论和实践问题发表重要论述，提出了一系列新思想新观点新论断，不断推进理论创新和实践创新，深刻阐明了新时代体育强国建设的发展方向、发展思路、措施保障，形成了完整、系统、科学的体育强国建设理论体系，是习近平新时代中国特色社会主义思想的重要组成部分，是指导新时代我国体育强国建设的根本遵循和行动指南。"[2]例如，2013年8月31日，习近平总书记会见全国体育先进单位和先进个人代表时指出，"体育是社会发展和人类进步的重要标志，是综合国力和社会文明程度

---

[1] 黄文艺、张旭：《论党规的"法"属性——基于新法律多元主义的考察》，载《比较法研究》2022年第4期。

[2] 安钰峰：《深入学习领会习近平总书记关于体育的重要论述，建设中国特色体育强国》，载中国教育新闻网2023年9月28日，https://baijiahao.baidu.com/s?id=1745209336549717714&wfr=spider&for=pc。

的重要体现。体育在提高人民身体素质和健康水平、促进人的全面发展,丰富人民精神文化生活、推动经济社会发展,激励全国各族人民弘扬追求卓越、突破自我的精神方面,都有着不可替代的重要作用"[1];2019年1月31日,习近平主席会见国际奥林匹克委员会主席巴赫时指出,"全民健身运动的普及和参与国际体育合作的程度,也是一个国家现代化程度的重要标志"[2];2019年9月30日,习近平总书记会见中国女排代表时指出,"实现体育强国目标,要大力弘扬新时代的女排精神,把体育健身同人民健康结合起来,把弘扬中华体育精神同坚定文化自信结合起来,坚持举国体制和市场机制相结合,不忘初心,持之以恒,努力开创新时代我国体育事业新局面"[3];等等。习近平总书记关于体育的重要讲话涉及充分发挥体育重要价值,以及发展青少年体育、全民健身、体育强国等多个方面,是全面深化体育改革,推动体育高质量发展的根本遵循。

第二,中央全会决议、决定中有关体育发展的表述。党中央对体育领域做出的若干决议,是全局定位新时代体育事业发展,全面决策部署体育事业重大任务的战略保障与核心动力。党的十八大报告指出,广泛开展全民健身运动,促进群众体育和竞技体育全面发展。这一指示明确了我国全民健身、群众体育和竞技体育全面均衡发展的战略任务,明确了由体育大国向体育强国迈进的总体思路。党的十九大报告指出,广泛开展全民健身活动,加快推进体育强国建设,筹办好北京冬奥会、冬残奥会。这一指示赋予了新时代

---

[1] 李忠杰:《中国规划》,人民出版社2021年版,第294页。
[2] 《中国共产党领导下的百年体育理论与实践》,人民出版社2024年版,第311页。
[3] 《大力弘扬新时代的女排精神》,载中国新闻网,https://www.chinanews.com.cn/gn/2021/09－05/9558550.shtml。

建设体育强国的新使命和新要求,吹响了迈向体育强国之路的进军号。① 党的二十大报告指出,广泛开展全民健身活动,加强青少年体育工作,促进群众体育和竞技体育全面发展,加快建设体育强国。这一指示进一步深化了党和国家对全民健身、青少年体育、群众体育、竞技体育全面发展的要求,并将加快建设体育强国作为核心目标,确立了接下来一个时期我国体育事业发展的总体定位和指导方针。

(三)体育政策规范体系

国家政策是我国社会治理中非常重要的一个规范体系,涉及经济社会发展的各个方面,发挥着不可替代的突出作用。"政策是由国家政权机关、政党组织及其他社会政治力量制定,旨在代表并实现其所服务的阶级、阶层的利益与意愿。这些政策以权威的方式,在特定的历史阶段内,标准化地确立了需达成的目标、应遵循的行为准则、需完成的明确职责、实施的工作模式、采取的一般流程以及具体的操作措施。"② 政策制定主要包含以下几层含义:一是政策一般由国家政权机构制定,主要包括国务院及其行政部门、地方政府和地方行政部门、各类社会政治团体(如全国总工会、共青团)等。二是政策相较于法律规范,没有严格的制定程序要求,且具有较强的灵活性。政策的制定需要考虑多方面的因素,包括社会需求、资源分配、利益关系等,往往是针对某个领域,或者是对需要解决的问题形成系统的解决办法和举措。三是政策约束力一般比较弱,更加倾向于指导和保障等方面的作用。体育政策的制定也是如此。从

---

① 参见郑法石:《勇立潮头逐浪高　奋楫扬帆向未来——党的十八大以来体育事业发展成就综述》,载《中国体育报》2022 年 10 月 14 日,第 1 版。

② 《"政策"词条》,载百度百科 2023 年 3 月 13 日,https://baike.baidu.com/item/%E6%94%BF%E7%AD%96/32783。

现实情况看,我国近年来日益高度重视体育的高质量发展,尤其是高度关注体育促进"人民身心健康"的重要作用,各层面出台了一系列政策。根据定位和内容不同,体育政策可以分为以下几种类型。

第一,国家制定的体育总体政策。"国家总体政策"是指国家在特定时期内制定的对全国范围内各个领域或方面的发展所确定的基本方针、原则和目标,它是国家治理体系中的重要组成部分,具有长远性、稳定性和指导性。① 体育政策是国家为发展体育做出的战略性设计和布局,在引导、支持和保障体育事业发展方面发挥着至关重要的作用。国家体育政策不仅能够依据国家经济社会发展准确定位体育各领域发展,统一思想认识,而且也能够为各级地方政府,以及其他多元主体提供清晰的指导,并从资源、条件等多方面大力支持,不断深化共治共享。代表性的国家体育总体政策有:2016年10月,中共中央、国务院印发的《"健康中国2030"规划纲要》,该规划纲要是推进健康中国建设的宏伟蓝图和行动纲领,其中从多个方面布局了体育在"共建共享、全民健康"战略行动中的重要作用。2019年8月10日,国务院办公厅印发《体育强国建设纲要》,该纲要是我国制定的一项重要战略性政策文件,核心目的是提升全民健康素质,系统加快体育强国建设。也基于此,体育强国建设成为国家战略。2021年10月8日,国家体育总局于《"十四五"体育发展规划》中对建设体育强国进行了具体安排,聚焦重点领域和关键环节,系统提出了28项重大体育工程,确定了未来5年体育高质量发展的方向。

---

① 参见刘作翔:《当代中国的规范体系:理论与制度结构》,载《中国社会科学》2019年第7期。

第二,国家制定的体育具体政策。其是指由国家和地方根据自身发展需要和目标,制定的有关体育事业发展的一系列文件、标准、方案等。这些政策在不同的领域发挥着突出作用。在全民健身领域——旨在促进全民健康,提高国民素质;青少年和学校体育领域——促进青少年学生全面发展,培养社会主义建设者和接班人;体育产业领域——繁荣体育产业,促进体育市场高质量发展;竞技体育领域——培养后备人才,提升整体竞技水平,展现国际形象等。比较典型的国家体育具体政策有:1995年6月20日,国务院颁布实施《全民健身计划纲要》,该纲要是国家发展社会体育事业的一项重大决策,是20世纪末和21世纪初我国发展全民健身事业的纲领性文件。[①] 2013年12月16日,在1982年《国家体育锻炼标准》(已废止)的基础上,国家体育总局、教育部、全国总工会印发了《国家体育锻炼标准施行办法》,标志着我国群众体育发展进入了新标准航道。基于纲要和标准的系统实施,全民健身也成为国家战略。2023年5月26日,国家体育总局办公厅、住房和城乡建设部等五部门印发《全民健身场地设施提升行动工作方案(2023—2025年)》,重点解决群众健身场所不足的难题,构建高水平的全民健身公共服务体系,促进群众体育工作高质量开展。[②] 青少年和学校体育始终是国家关注的重点领域。据不完全统计,近10年来,国家颁布了10多项"标准",以及各类指导性文件。2017年11月,国家体育总局、教育部、中央文明办、国家发展改革委、民政部、财政部、共青团中央

---

① 参见《"全民健身计划纲要"词条》,载360百科2018年12月28日,https://upimg.baike.so.com/doc/5381737-5618074.html。

② 参见国家体育总局:《开展"全民健身场地设施提升行动"——加快推动解决群众"健身去哪儿"难题》,载中国政府网2023年6月5日,https://www.sport.gov.cn/n20001280/n20001265/n20067708/c25665824/content.html。

七部门联合印发了《青少年体育活动促进计划》,从广泛开展青少年体育活动、加强青少年体育组织建设、统筹和完善青少年体育活动场地设施等七个方面提出了建设任务。① 该计划的颁布,标志着国家全面启动了青少年体育的协同治理。体育产业也是发展的重点领域。早在1995年,原国家体委就出台了《体育产业发展纲要(1995—2010)》,这是我国最早关于体育产业的政策文件。该纲要对于加快体育产业发展,增强体育事业发展活力、保证全民健身计划和奥运争光计划的实施和实现,具有重要意义。② 2019年9月4日,国务院办公厅发布了《关于促进全民健身和体育消费推动体育产业高质量发展的意见》(国办发〔2019〕43号),提出了强化体育产业要素保障,激发市场活力和消费热情,推动体育产业成为国民经济支柱性产业等的"一揽子"举措。竞技体育是发展的重中之重,随着改革的深入,已经建立起了针对统筹规划、后备人才培养、竞技水平提升、行为规范、诚信体系建设等各个方面的政策体系。此外,国家具体体育政策还有比较特殊的一类,即由中共中央和国务院联合下发的政策。"中共中央,国务院联合发文发布的政策,既是党的政策,也是国家政策,属于国家政策和党的政策合一的情况,视为国家政策的一种类型。"③例如,《关于进一步加强和改进新时期体育工作的意见》(中发〔2002〕8号)。该意见全面系统地阐述和部署了我国体育事业的发展战略,为进一步深化改革,创新发展奠定了基

---

① 参见《"青少年体育活动促进计划"词条》,载360百科2021年10月26日,https://baike.so.com/doc/27274298-28672332.html。

② 参见国家体育总局:《体育产业发展纲要(1995—2010年)》,载中国政府网2004年2月16日,http://www.sport.gov.cn/n315/n331/n403/n1957/c573999/content.html。

③ 刘作翔:《当代中国的规范体系:理论与制度结构》,载《中国社会科学》2019年第7期。

础。《关于加强青少年体育增强青少年体质的意见》(中发〔2007〕7号),突出强调了青少年的全面均衡发展,确立了优先发展青少年体育总体思路。《关于深化教育教学改革全面提高义务教育质量的意见》(2019),进一步强调"培养德智体美劳全面发展的社会主义建设者和接班人",这是新时期青少年教育和学校体育开展的重要指导性文件。

第三,地方制定的体育政策。《关于深化行政管理体制改革的意见》(2008)明确指出,"地方政府要确保中央方针政策和国家法律法规的有效实施,加强对本地区经济社会事务的统筹协调,强化执行和执法监管职责,做好面向基层和群众的服务与管理,维护市场秩序和社会安定,促进经济和社会事业发展"。地方政府当前的重要职责就是统筹本地区的经济社会事务——依法决策;强化执行——依法行政;强化执法——文明执法、严格执法;强化各类事务的有序运行——完善监管等。毫无疑问,地方政府需要因地制宜地制定政策,细化落实具体职责,这也是确保实现国家总体规划的基本要求。近年来,地方统筹优质资源,创新体育事业发展,制定了不少具有特色的体育政策。例如,《2023年北京促进体育消费工作方案》:发布"京彩体育贷"专属金融产品,丰富体育消费新业态;《天津市"运动之都"建设行动方案(2022—2030年)》:促进国际消费中心城市建设,实施体育消费升级行动;上海市体育局印发2023年《关于创新体育供给进一步促进和扩大消费的实施方案》,从10个方面系统提出了拓展上海市体育消费的举措;江苏省体育局印发《体育强省建设三年行动计划(2023—2025年)》,系统提出了全民健身、赛事活动、竞技体育、青少年体育、体育消费、体育服务和治理水平等11项重点任务;广西壮族自治区体育局发布《关于印发恢复和扩大体育消费的若干措施的通知》,创新性提出了深化"体育+"

产业融合发展、加大体育投资激发体育消费活力、发展体育赛事经济等政策措施。①

(四)体育治理规范体系

在体育治理体系中,治理规范非常重要,它是体育领域自治的重要载体。从法理上看,体育治理规范主要是指管理者针对不同领域的活动、业务等制定的一系列准则、标准、办法等的总称。体育治理规范广泛存在,是正常开展各类体育活动的基本依据,随着体育领域的广度和深度的不断拓展,其规范体系也在不断细化。随着我国《体育法》的颁布和更新,体育各领域也将迎来新一轮的制度建设。体育治理规范主要有以下几种类型。

第一,体育道德规范。马克思主义伦理学认为,道德是一种社会意识形态。"这种道德主张表现会主导社会实践结构,而非单纯表达态度或承诺,道德判断是对支配性的社会实践结构的表现,而非情感或态度的单纯表达。"②在这里可以看到,道德不同于实质性的规范论坛,更多地表现为一种表现主义的认知体系,其通过社会所达成的共识性的行为要求和习惯要求引导、约束个体。当然,道德并不是单纯的个体情感和态度表达,其本质上还是反映出具有支配性的社会实践的整体要求。体育道德的内涵大致如此,但更加具象化。一方面,体育道德是一种意识形态。体育道德不同于实质性的规范伦理,它是一种行业主导的、共识性的价值表达和行为要求,其主要外显为竞技精神和品质。比如,体育的精神特质体现为公平

---

① 参见中国国际体育用品博览会:《2023年各省市体育消费政策及措施》,载中国国际体育用品博览会网2023年11月16日,https://cn.sportshow.com.cn/mthz/zsxw/12716.html。

② 范志军:《马克思主义的道德观点——从元伦理学视角看》,载《中国社会科学评价》2021年第4期。

竞争、追求卓越,这已经形成了强有力的价值场域,并深刻影响着每一位参与者和利益相关者。另一方面,体育道德可以内化为一种业界治理的认知。体育道德也是一种权利主张,在对体育的不断解构和建构进程中,"体育共同体"日益形成,其对体育的认知也更具多元,主线更加清晰。尤其是在职业体育、体育产业领域,行业整体认知水平决定着发展水平。此外,这里需要进一步说明的是,体育道德虽然是主导价值观念和要求的体现,能够引导、约束参与者的行为,具有行为依据属性,但同时在体育实践中,道德也是个体态度和情感的一种表达。比如,竞技体育的核心价值是公平公正,追求卓越;体育比赛的基本要求就是尊重对手,奋力拼搏,超越极限;而在激烈的对抗性比赛中,在应激情况下,双方运动员也应注意保护动作,尽量使对方运动员不因人为因素而受伤等。当然,在体育治理进程中,体育道德并不是孤立存在的,其贯穿于各类正式的、书面的行为准则中,这也是道德引导和约束的表现形式。在当前的体育法治建设中,体育道德也被纳入国家法律,成为具体的法律条款,这也充分体现出体育德治与法治的协调统一。《体育法》第 42 条第 1 款规定,国家加强对运动员的培养和管理,对运动员进行爱国主义、集体主义和社会主义教育,以及道德、纪律和法治教育。第 51 条第 1、2 款规定,体育赛事实行公平竞争的原则。体育赛事活动组织者和运动员、教练员、裁判员应当遵守体育道德和体育赛事规则,不得弄虚作假、营私舞弊。这些条款对体育相关主体的体育道德进行了规定,接受道德教育、遵守体育道德也成为具体的法律义务,这为进一步充分发挥体育道德的作用提供了法律依据。

第二,体育自治规范。体育社会组织是体育自治的重要主体,在每个领域都存在各类不同类型的组织。《中国社会组织报告(2022)》显示,截至 2021 年,我国体育社会组织数量达到 60,176

个,占社会组织总数的 6.67%,在数量上仅次于文化组织。美国组织社会学家理查德·斯科特从规制、规范、文化与认知等视角对组织的合法性进行了分析。他提出,"组织合法性不是被处理或者被交换的商品,而是一种反映与相关规定、法律或规范价值相一致的状态,或者是能够体现与文化—认知视域下的某种契合"。[1] 理查德·斯科特认为,合法性是社会组织生存的基础,也是获得各类资源的前提条件。基于合法性,社会组织能够形成格式化的制度,并不断冲破既有认知水平和利益藩篱的束缚。在谈到这一束缚的根源时,理查德·斯科特认为,社会领域并不是平静的、固定的,而是冲突的舞台,所有参与者都有自身的利益诉求,并努力寻求利益的最大化。为了建立良好的利益秩序,一些行动者总会在一定的时期内,将制定的"游戏规则"强加给其他人,并不断强化他们对这些规则的理解。[2] 当然,为了更好地提升"规则"的适用性,场域就需要有表达的空间,并不断提升该场域内参与者的认可和支持程度。从现实情况看,这就是社会组织合法性的边界,即"情景合法性"——"一个已经享有总体合法性的社会组织在具体项目情境中被服务对象和社区权力精英接受和认可的程度。"[3]基于以上分析,体育自治规范体现为三层含义:一是体育社会组织基于合法性进行体育治理,其制定的治理规范充分体现出规制合法性、规范合法性和认知合法性。其中,规制合法性主要是指体育社会组织所制定的各类规

---

[1] W. Richard Scott, *Institutions and Organizations: Ideas, Interests, and Identities*, Los Angeles: Sage, 2014, p.72.

[2] See M. W. Jakobsen & W. Richard Scott, *Institutions and Organizations: Ideas, Interests, and Identities*, Lecture Notes in Computer Science, Vol. 3368: 2, p. 148 – 158 (2014).

[3] 邓燕华:《社会建设视角下社会组织的情境合法性》,载《中国社会科学》2019 年第 6 期。

范及其运行是否符合法律法规的规定;规范合法性主要是指基于体育价值观念和道德准则而形成的具体的、具有约束力的规范;认知合法性主要是指成员或者服务对象对体育社会组织的一致性认同和判断。这三个要素相互作用,交织在一起,共同形成相对独立的体育自治规范体系。二是体育自治规范有着清晰的界限,即在不同的体育领域中,形成了不同规则体系,产生了具体效力。因此,基于不同运动项目文化背景,需要采取针对性的决策,循证解决该领域面临的突出问题,这也是对体育领域精准化治理的基本要求。三是体育领域存在复杂多样的利益诉求,各种冲突也普遍存在,为了保持稳定的秩序,就需要不断调和冲突,形成发展向心力。在这一过程中,需要体育社会组织依据体育治理规律,不断完善治理制度体系,否则,就极易积累矛盾和问题,造成秩序失衡,产生消极影响,从而降低体育组织及体育的声誉。

为了提升体育社会组织治理的综合能力,国家近年来也颁布了一系列法律法规,细化提出了支持举措。《全国性体育社会团体管理暂行办法》指出:"为加强对全国性体育社团(以下简称社团)的业务指导与管理,保障社团依法行使行业管理职能……"[1]《全民健身条例》第3条规定:"国家推动基层文化体育组织建设,鼓励体育类社会团体、体育类民办非企业单位等群众性体育组织开展全民健身活动。"[2]《关于加快发展体育产业的指导意见》(国办发〔2010〕22号)提出:"鼓励社会力量捐资设立体育类基金会,鼓励境内外组织

---

[1] 国家体育总局:《全国性体育社会团体管理暂行办法》,载中国政府网2008年5月15日,https://www.sport.gov.cn/gdnps/content.jsp?id=572604。
[2] 曹康泰、刘鹏主编:《全民健身条例释义》,中国法制出版社2009年版,第13~21页。

与个人向基金会提供捐赠和资助。"①《体育强国建设纲要》(国办发〔2019〕40号)提出,"发挥全国性体育社会组织示范作用,推进各级体育总会建设,完善覆盖城乡、规范有序、富有活力的全民健身组织网络,带动各级各类单项、行业和人群体育组织开展全民健身活动"。② 国家鼓励、支持体育组织依据法律法规和章程开展体育活动,推动体育事业发展。同时,《体育法》也分别对体育总会、奥林匹克委员会、体育科学社会团体、单项体育协会、自治性体育组织等的权责进行了规定。上述这些体育社会组织是我国体育治理的重要主体,它们各自根据自身特点及职责制定了章程,以及各类治理规范和行为准则等,这些构成了体育治理规范的主体内容。

(五)适用的国际体育规范体系

国际体育法作为一个独立的体系,其渊源主要包括国际条约、国际惯例、体育组织规范、一般法律原则、司法判例等。③ 目前对于国际体育法属性的观点有多种,有的认为是独立的法律部门,④有的认为是国际法中的一门新兴的部门法,⑤也有的认为是具有自治性的国际成文法系。⑥ 无论何种观点,比较共识性的看法是国际体育法是一个独立的规范体系,该领域具有突出的"全球化"特征,国际体育组织是核心治理主体。基于前文的分析,本书认为"国际体育

---

① 国务院办公厅:《关于加快发展体育产业的指导意见》,载中国政府网2010年3月29日,https://www.sport.gov.cn/n315/n20001395/c20055000/content.html。
② 国务院办公厅:《关于印发体育强国建设纲要的通知》,载中国政府网2019年8月10日,https://www.gov.cn/gongbao/content/2019/content_5430499.htm。
③ 参见黄世席:《国际体育法若干基本问题研究》,载《天津体育学院学报》2007年第1期。
④ 参见高媛、董小龙:《国际体育法若干基本理论问题刍议》,载《华南理工大学学报(社会科学版)》2011年第6期。
⑤ 参见袁古洁:《国际体育法发展的特点及趋势》,载《体育学刊》2014年第4期。
⑥ 参见李智:《国际体育自治法治化路径研究》,高等教育出版社2019年版。

规范体系"比"国际体育法律体系"更加符合体育全球化治理和自治的特点,其主要包括各类国际体育组织制定的公约、条例、规则、准则等。百年来,随着体育全球化进程的深入,国际体育组织建构起了涵盖各个领域、各个项目的国际体育规范体系,尤其是在体育仲裁、反兴奋剂、操纵体育比赛治理等领域形成了非常成熟的制度。国际体育规范体系是建构世界体育秩序的基石,也是构筑和实现体育多元价值的基础。就我国而言,国际体育规范国内适用一直是学界关注的焦点。当前我国比较迫切与国际接轨的体育规范主要有以下几类。

第一,国际体育仲裁规范体系。国际体育仲裁院建构的规范体系已经在世界范围内得到认可,对于这一体系的重点领域、程序等我们要加快吸纳和对接。其中,重点是基于《国际体育仲裁法典》、国际体育仲裁院判例等,进一步细化和明确我国体育仲裁的范围、程序、与其他仲裁程序的有序衔接,以及"举证标准"的适用性等问题。

第二,国际反兴奋剂规范体系。《体育法》第 60 条规定:"国家根据缔结或者参加的有关国际条约,开展反兴奋剂国际合作,履行反兴奋剂国际义务。"我国是《反对在体育运动中使用兴奋剂国际公约》的签约国,在落实兴奋剂"零容忍""零出现"的进程中,更加需要积极与国际接轨。其中,重点是基于《世界反兴奋剂条例》全面优化我国体育各领域的反兴奋剂国家标准,进一步严格规范兴奋剂的采样和认定程序。

第三,国际操纵比赛治理规范体系。随着体育商业化发展进程的不断深入,体育腐败、操纵比赛等问题越发凸显,国际奥委会已经把操纵体育比赛与使用兴奋剂一同列为当代体育发展所面临的最大威胁。① 我国目前尚未有关于操纵体育比赛的系统规则。《体育法》第51条第1、2款规定:"体育赛事实行公平竞争的原则。体育赛事活动组织者和运动员、教练员、裁判员应当遵守体育道德和体育赛事规则,不得弄虚作假、营私舞弊。"当前应当依据这一规定,在充分借鉴《欧洲委员会反操纵体育比赛公约》以及适用《奥林匹克运动防止操纵体育比赛条例》的基础上,建设我国的操纵体育比赛治理规范体系。整体看,近年来我国在国际体育规则适用方面取得了比较大的进步,但是仍然存在很大差距,尤其是缺乏专业人才开展系统化的解读。而且在现实中,多方主体因自身利益诉求限制,对国际体育规则适用性机制的建构也缺乏积极性,脱节情况十分严重。

三、中国特色体育规范体系建设应当注意的几个问题

第一,守正固本,深化推进法治主导下的体育自治。当前我国体育治理仍然面临法治观念比较薄弱,法治氛围弱化的突出问题,守正固本发挥着"压舱石"的作用,即遵循体育发展规律,以法治为主导,稳固体育治理基础。多元体育规范体系所寻求的并不是其他规范与法律规范的并列,而是要进一步确立国家体育法律的权威地位,并以此主导当代中国体育治理的转向。"法治化不是法律化,法治化并不意味着所有的规范类型都变成法律……而是要求各种规范体系和秩序结构都要符合一系列法治原则、法治精神要求,发挥多元规范在社会治理中的作用。"②法治主导体育自治的核心诉求

---

① IOC INTERPOL, *Handbook on Protecting Sport from Competition Manipulation*, Olympic (May 2016), https://stillmed.olympic.org/media/Document% 20Library/OlympicOrg/IOC/What-We-Do/Protecting-Clean-Athletes/Betting/Education-Awareness-raising/Interpol-IOC-Handbook-on-Protecting-Sport-from-Competition-Manipulation.

② 刘作翔:《构建法治主导下的中国社会秩序结构:多元规范和多元秩序的共存共治》,载《学术月刊》2020年第5期。

是规避冲突和矛盾,实现体育"善治",其要求将多元体育规范和多元体育秩序统一起来,形成具有张力和结构性特征的治理体系。当前应当着力做好以下两个方面的工作。一方面,要确立以《体育法》为核心依据的体育法律权威。《体育法》是体育治理的最高规范形态,统摄其他体育规范,离开这一核心依据,体育法治就失去了应有之义。凝聚法治共识是推动我国体育高质量发展必须解决的问题,其除常规性的宣讲、培训等途径外,还需要植入体育蕴含的品质和精神特质,并将法治的基本要求有机融入其他体育规范体系中。只有这样,才能实现法治精神与自治理念的有机统一,也才能真正规避体育规范适用冲突的问题。另一方面,要深耕中国的体育法治土壤,实现体育治权的协调统一。体育法治土壤的本义是建构秩序,不断筑牢体育治理的基础。我国体育改革应根植这一土壤,聚焦权力的优化配置,基本的思路是注重法治环境营造,依法建立权力配置机制,切实剥离体育行政权和体育业务管理权的界限,同时立足不同的体育领域,赋权建构高水平的法治网络,这是不断注入体育治理活力和动力的关键所在。

第二,强化体育协会的治理主体地位,建立类型化的多元体育规范协调机制。社群是一种社会组织形态,其制定的社会规范一般通过决策程序和过程来决定组织体的注意力分配、利益分配,以及信息的加工和反馈。[①] 社会组织制定的治理规范实质上是其决策权的具体体现,从运行逻辑上看,社会组织的自主决策—治理规范—体育善治之间存在线性相关。也就是说,社会组织必须确立治理主体地位,并享有明确的决策权,才有可能推进体育领域的高效治理。

[①] 参见周雪光:《组织社会学十讲》,社会科学文献出版社2003年版,第171~172页。

体育协会是重要的治理主体，具有不可替代性。体育治理需要高水平的体育协会，其建构的决策制度直接影响运动项目发展的水平，同时深刻影响利益相关者诉求的实现。我国体育协会建设存在的问题十分突出，公信力亟待提升。《体育法》第六章对体育总会和单项体育协会的权责进行了规定，后续的核心工作应致力于强化其主体地位，提升决策水平，激发治理能动性，这也是建立多元体育规范类型化协调机制的关键。体育规范体系是一个动态建构的过程，不能人为设置藩篱，将某一规范及其运行僵化，而应将针对其管理的对象及能够有效解决的问题分类纳入体育法治体系，建立基于解决体育领域重大问题的内生性的协调互动机制。例如，将体育行政法规、党的体育政策、国际体育规范等独特的对象和适用领域，纳入中国体育法治体系，以体育协会为核心主体，紧密围绕急需解决的重大改革问题，建立分类协调机制，并在充分借鉴国内外经验的基础上形成系统的解决方案。

第三，拓宽国际视野，加强涉外体育法治建设。加强涉外体育法治建设是当前我国体育法治建设的核心任务之一。习近平总书记在谈到涉外法治建设时强调："法治同开放相伴而行，对外开放向前推进一步，涉外法治建设就要跟进一步。"[1]从操作层面看，涉外体育法治主要包括国内与国际体育规范体系的调适、我国体育规范域外的适用、我国体育规范体系与《对外关系法》的衔接等。其一，国内体育规范与国际体育规范的调适必须实现协调运行。由于两个体系在制定主体、调整对象、语系等方面存在差异，极易出现不适

---

[1] 新华社：《习近平在中共中央政治局第十次集体学习时强调：加强涉外法制建设 营造有利法治条件和外部环境》，载中国政府网 2023 年 11 月 28 日，https://www.gov.cn/yaowen/liebiao/202311/content_6917473.htm。

用,甚至是冲突、抵触的情况。针对这一问题,应当重点做好三个方面的工作:一是深入细致学习借鉴。梳理域外体育法治建设的成功经验和成功案例,并将其充分融入各类体育规范的制定中。比如,国际体育仲裁院所采用的"放心满意"举证标准已经比较成熟,广泛应用于司法实践中,我国体育仲裁制度应当充分吸纳。二是深度交流与合作。交流与合作是纾解认知差异,达成理念共识、实践共识、标准共识的关键。《体育法》第61条第2款规定:"国家鼓励体育组织积极参加国际体育交流合作,参与国际体育运动规则的制定。"该条款为体育总会、体育协会等深度参与国际体育治理,建立广泛的合作关系提供了依据。三是制定符合国际通行且适应的体育标准。体育标准是重要抓手,这也是当前体育不同领域亟待完成的核心任务。主要路径是以全国单项体育协会为主体,紧密围绕技术、技能、流程、处罚等开展运动项目标准建设。其二,我国体育规范域外适用必须消弭管辖权冲突。一方面,我国应在与国际体育规范有机衔接的基础上,围绕反兴奋剂、体育仲裁、操纵比赛、体育数据权益等重点领域研制域外适用的规则。另一方面,整合国内外资源,积极参与到国际体育规则的制定中,争取国际体育话语权,并着重从执法、司法、体育仲裁等方面建立中国法域外适用的实施机制。[1] 其三,我国体育涉外规范建设必须以《对外关系法》为指导和依据。"我国《对外关系法》既是国家开展对外关系和国际交往的行为准则,也是国内立法、行政与司法部门行使涉外权力、处理各类涉外争议的法律依据。"[2] 体育涉外规范体系建设应着力把握两个

---

[1] 参见张鹏:《体育法域外适用的国际挑战与中国应对》,载《体育科学》2021年第3期。

[2] 赵骏:《〈对外关系法〉与中国对外关系法治的新进展》,载《武大国际法评论》2023年第4期。

关键点:一是在充分考量国际和国内体育规范差异的基础上,强化与国际体育组织通过协定、条约等缔结的关系,细化对外体育活动权力的配置;二是明确国际体育规则在国内体育规范体系中的地位和效力,条约和协定是国际法的主要渊源,这些渊源需要国家通过国内法体系予以明确才能够被认可并得到实施。[1] 目前我国体育规范体系对国际体育规则认定的力度还远远不够,这极大地制约了涉外体育法治工作的推进,这是当前要花大力气开展的工作。

综上所述,多元体育规范体系构成了当代中国的基本体育制度,这为厘清法律多元主义适用的不足,确立新的研究范式提供了思路。一方面,多元规范研究范式能够加深对不同体育规范体系及其与体育不同领域治理互动的深入理解,在理论上系统回应体育"他治"和"自治"如何协调统一的重要命题。这种理解把体育治理置于国际视野中,以具体的体育领域为立足点,在认知、行为和资源配置这些方面开展体育制度的双向建构,进而将多元主体纳入共治框架内,形成稳定的治理秩序。另一方面,依据不同"权力主体"所划分的五类体育规范体系在治理实践中具有内在统一性,共同指向体育的"善治"。当代中国体育正在加快建设体育强国的征程中前行,遵循"有为"和"有效"的总体治理逻辑。这需要跳出被现实利益和短期利益束缚的窠臼,在法治主导下强化体育治理主体地位,同时建立类型化的多元体育规范互动协调机制,以此切实开展各项工作,这是确保既定目标任务得以实现的关键。

---

[1] See J. Crawford & I. Brownlie, *Brownlie's Principles of Public International Law*, Oxford University Press,2019,p.42 – 67.

第二节　市域体育社会组织治理多元规范的协调运行

从学理层面看,"规范和秩序之间会形成一种相互照应的关系,即有什么样的规范形态,便会有什么样的社会秩序状态"。"规范是秩序形成的必要要素,而秩序则是规范产生的结果,它们互为一体。这种规范或者是成文的,或者是不成文的。规范和秩序之间互为照应,由此形成一个色彩斑斓的规范和秩序的世界,主导着人们的生产和生活方式及其样态。"[①]市域体育规范和体育秩序之间也遵循这一逻辑。一方面,有什么样的体育规范就会有什么样的体育治理秩序。也就是说,零散的、不统一的规范形成的是杂乱的秩序,而系统的、贯通的规范所形成的是"线性"的秩序(事物或事件之间存在明确而连贯的关系,并且按照一定规则进行排列和发展的状态)。另一方面,融通的市域体育治理规范自然产生贯通的体育治理秩序,但需要对其中的关键要素进行梳理和整合。

一、多元体育规范体系共筑治理基础

"作为一系列具有中国特色的现代国家制度的集成,举国体制的构成要件主要包括党的全面领导、组织机构的职责调适、制度体系的功能协同、社会成员的广泛动员、治理资源的全面整合等,其运行结合了常态治理的规范性与非常态治理的高效力优势。"[②]整体看,新型举国体制的"新"主要聚焦于"有为政府和有效市场",其要

[①] 刘作翔:《构建法治主导下的中国社会秩序结构:多元规范和多元秩序的共存共治》,载《学术月刊》2020年第5期。

[②] 何显明:《中国现代国家制度的建构及其治理效能——基于国家意志聚合与实现的视角》,载《中国社会科学》2022年第9期。

求五个构成要件协调统一,不断优化资源配置和组织方式。体育新型举国体制的内涵也非常清晰——坚持国家治理逻辑,完善"一轴多元"治理体系。在"一轴多元"治理体系中,党的领导是主轴,政府(包括行政)是治理的最重要主体,社会组织和公众是多元治理结构的协同主体和参与主体。[①] 体育新型举国体制要着力解决体育领域中的突出问题,五类体育规范体系必须积极应对。《体育法》第2条规定:"体育工作坚持中国共产党的领导,坚持以人民为中心,以全民健身为基础,普及与提高相结合,推动体育事业均衡、充分发展,推进体育强国和健康中国建设。"这实质上是对体育事业发展和体育制度建设提出了总体要求。围绕这一要求,当前应重点做好以下几个方面的工作。

第一,将"坚持中国共产党的领导""坚持以人民为中心"贯穿体育制度建设的始终。党的领导是主轴,其贯穿于体育决策、资源统筹,以及体育共同体权利诉求和主张中,能够在整个国家治理逻辑中聚合形成一个高效运转的制度闭环。"坚持以人民为中心"则既是衡量这一制度的标准,也是目标。就市域体育社会组织而言,塑造"体育共同体的类意识"就是"坚持以人民为中心"的具体体现,其本质是将蕴含体育精神文化特质的"类意识"以法律形式固定下来,因而具有深远的社会影响力。博登海默认为,法制的主要目的是协调社会共同体中人与人之间的行为,从而使社会成员以最小的代价实现个体的生活规划、达成人生目标,以及满足社会的需求。[②] 在这里可以明确,法律制度的基本功能是满足需求和建构社

[①] 参见李友梅:《当代中国社会治理转型的经验逻辑》,载《中国社会科学》2018年第11期。

[②] [美]E.博登海默:《法理学:法律哲学与法律方法》,邓正来译,中国政法大学出版社2004年版,第115页。

会秩序。当然,博登海默所说的"需求"并不是恣意的、孤立存在的,它是指不同法律主体之间互惠维持的、共同向善的,呈现内在逻辑联系的诉求和权利主张。这也就是学者约翰·菲尼斯所认为的"共同体的共同善"。① 市域体育社会组织应将体育共同体的共识、需求及价值判断纳入制度框架中,其本质也是对"共同体的共同善"的确证,即在秩序观基础上进一步确立体育主导价值观,这是进行规范融通的起点。

第二,应细化多元治理主体的权责,实现体育治理权的协调一致。体育治理权的两点要尤为注意——赋权和自治权,两者共同指向体育的善治,需要加强设计,给予充分的土壤支持,这是不断注入体育治理活力和动力的关键所在。从我国经济社会改革的现实状况看,国家致力于推动"高位治理转型",这既有利于构建一个人人有责、人人尽责、人人享有的社会治理共同体,也有助于多元治理的有序开展以及资源的整合,进而激发社会力量推动我国治理创新。② 一方面,市域体育社会组织应进一步细化明确多元治理主体的权责,逐步实现体育治理权的协调一致。在体育法治建设中,多元主体义务的不断拓展,有助于建立更充分的、更系统的业务运行机制。各类群团组织、社区组织是开展体育活动的主要力量,它们既有开展各类体育活动和赛事的权利,也有履行相关活动和赛事的义务;体育不同领域治理的业务主体包括各级单项体育协会、各级体育总会、自治性体育组织、反兴奋剂机构等,它们分别享有对所辖业务的管理权、实施权、交流权;而体育仲裁委员会是专设的组织机构,享

---

① [美]约翰·菲尼斯:《自然法与自然权利》,董娇娇等译,中国政法大学出版社2005年版,第220页。
② 参见黄晓春:《党建引领下的当代中国社会治理创新》,载《中国社会科学》2021年第6期。

有独立的仲裁权。应该说,在他治赋权体系中,已经初步形成了"共治框架",后续的主要任务是推进落实。另一方面,市域体育社会组织应进一步优化治理结构,突出制度的统一和衔接。就现行制度而言,国家已经作出了针对全民健身、青少年和学校体育、竞技体育、反兴奋剂、体育仲裁等的安排,市域体育社会组织在遵循一般性组织结构的基础上,进一步突出专业主体和社会权威机构的治理主体地位。就制度本质而言,这些制度设计与安排所表征的是对政府(行政)权威机制、市场平等交换机制和社群自治机制的深度融合,从而为后续体育事业与体育产业的共治转向开辟制度通道。[①]

第三,立足体育重点领域,纾解关键矛盾和问题。体育事业的均衡发展依赖于五类规范体系的协同,今后一个时期,要重点依据《体育法》整体性推进配套立法,解决困扰体育高质量发展中的难题。《体育法》聚焦体育发展的现实问题,突出重点领域治理。随着我国经济社会的发展,体育出现了多种业态,对重点领域的立法呼之欲出。反兴奋剂工作、体育仲裁是此次修法的重头戏。2020年全国人大常委会通过《刑法修正案(十一)》,增设与兴奋剂有关的罪名,中国在反兴奋剂斗争中迈出意义深远的重要一步;[②]《体育法》增加"反兴奋剂"一章,其中对使用兴奋剂进行了严厉的规定,并建立了纳入 10 多个行政部门参与的反兴奋剂制度,这些都标志着我国反兴奋剂斗争进入新的历史阶段。体育仲裁是体育系统自治发展的基本制度,我国在这方面一直缺位,此次修法独立为一章,将国际体育仲裁的基本要求融合到我国的体育法治进程中。2023

---

① 参见杜辉:《面向共治格局的法治形态及其展开》,载《法学研究》2019 年第 4 期。

② 参见徐伟:《兴奋剂违法行为"入刑"》,载人民网,http://legal.people.com.cn/n1/2021/0130/c42510-32017500.html。

年1月,国家体育总局颁布实施了《体育仲裁规则》;2月,又成立了中国体育仲裁委员会,广泛选拔体育仲裁员,这标志着我国体育仲裁制度全面落地。此外,《体育法》在充分循证的基础上,突破性地单设"监督管理"一章,这是对依法治国方略要求的细化落实。《中共中央关于全面推进依法治国若干重大问题的决定》指出,在全面推进依法治国,构建中国特色社会主义法治体系、建设社会主义法治国家的进程中,高效的法治实施体系和严密的法治监督体系不可或缺。[1] 同样,"高效管理""严密监督"也是《体育法》增加"监督管理"专章的核心要义。《体育法》强化了对关系人民身心健康业务和事项的高效管理。高效管理最有效的手段是"制度",尤其是法律制度,在法治的框架下,权力既能得到有效控制,也能在积极层面有所作为。[2] 针对上述这些法律依据,市域体育社会组织应分领域开展配套制度设计,尤其是要细化出台各类业务标准和细则。

二、充分发挥不同规范的效力,强化市域体育多元秩序共治

厘清不同位阶的规范效力是法学研究的基本理论问题之一。从学理层面看,"'效力'除指规范性文件因内容合法性而取得的拘束作用外,还可以指规范性文件本身依其形式而具有的针对其调整对象以及法院的拘束作用"。[3] 这里所指的"效力"就是"规范效

---

[1] 参见中国共产党第十八届中央委员会:《中共中央关于全面推进依法治国若干重大问题的决定》,载《人民日报》2014年10月29日,第1版。
[2] 参见江必新、张雨:《习近平法治思想中的法治监督理论》,载《法学研究》2021年第2期。
[3] 俞祺:《正确性抑或权威性:论规范效力的不同维度》,载《中外法学》2014年第4期。

力",其包括三层含义:一是以"效力"涵盖不同位阶的规范;二是合法产生的约束力和影响力;三是纠纷中能够产生的依据作用。毫无疑问,各类体育规范的"效力"存在很大差异。体育法律居于统摄地位,具有最高的法律效力,其他各类体育规范在不同领域发挥效力,共同建构体育秩序。这里需要说明的是,体育领域具有比较突出的"自治性"特征,行政过度干预往往会造成治理的阻滞,在一般情况下,治理规范发挥着显著的作用,即所形成的是基于治理规范调整的治理关系,而当出现纠纷时,也是通过体育仲裁裁决。体育治理规范往往发挥着显著的实践"效力",这与位阶没有直接关系,而是由体育领域的特点所决定的。因此,在体育治理中,应在理顺各类规范效力的基础上,重点优化体育治理规范体系,精细化治理举措,实现多元秩序合力共治。毫无疑问,"效率中心"是秩序的本质要求,这就要求治理规范要紧抓能够影响效率的关键要素,即多元主体权力。权力背后蕴含的是资本、资源、利益,如果没有进行合理的权力配置,就极易出现权力过度集中,或者权力空缺的情况,这些都会造成权力秩序的失衡。总体来看,市域体育社会组织治理权主要包括决策权、业务管理权、跨部门合作权等。从更加细化的角度看,市域体育社会组织的治理权及其运行包括三层含义。

第一,体育社会组织决策权充分体现了"集体决策"。从领导力的角度看,体育组织的决策是一个"集体决议"的过程,而不是传统意义上的等级分层决策。[1] 这里的"集体"指的是一个整体,由多个成员组成,并且彼此之间存在相互依赖和合作的关系,其本质体

---

[1] See L. Ferkins, J. Skinner & S. Swanson, *Sport Leadership: A New Generation of Thinking*, Journal of Sport Management, Vol. 32:2, p. 77 – 81 (2018).

现的是基于体育内部各种关系的梳理,鼓励和动员成员和部门达成协同治理的合力。基于这个逻辑,体育组织在重大决策时,就需要与成员、关联机构、俱乐部等达成统一意见,并能够确保它们都朝着相同的目标行事。[1]

第二,市域体育组织的业务管理权的核心目的是建立"协同共治秩序"。"协同治理的出现激发了人们对领导者如何建设更便捷、更融合、更包容的环境的询问。"[2]随着事务的多样复杂,协同治理开始出现,人们对这一模式的期望更高,要求也更高。协同治理本身蕴含的是多方的合作与协商,达成共识,制订行动计划,其中管理者发挥着重要作用,他们需要落实组织决策,并通过创建积极的、开放的环境来鼓励和支持所有成员参与其中,同时也要确保各方都有机会和途径表达自身的意见和需求。国际奥委会将"合作、协调"作为开展奥林匹克运动的一项基本义务,同时认为这是体育治理框架内的一个基本要素。国际奥委会提出,"合作、协调和协商是确保体育组织自主权的最佳方式",考虑"政府、奥林匹克运动员、其他体育组织、利益相关者之间的使命互补,应共同努力实现既定目标"。[3] 市域体育社会组织主要的业务管理权包括完善业务流程;赋能自治性体育组织;搭建合作、沟通平台;整合体育活动资源

---

[1] See D. Shilbury, I. O'Boyle & L. Ferkins, *Examining Collective Board Leadership and Collaborative Sport Governance*, Managing Sport and Leisure, Vol. 25:4, p. 275 – 289 (2020).

[2] S. M. Ospina, *Collective Leadership and Context in Public Administration: Bridging Public Leadership Research and Leadership Studies*, Public Administration Review, Vol. 77:2, p. 275 – 287 (2016).

[3] IOC, *Basic Universal Principles of Good Governance of the Olympic and Sports Movement*, Olympic (Feb. 12, 2008), http://. olympic. org/Documents/Conferences_Forums_and_Events/2008_seminar_autonomy/Basic_Universal_Principles_of_Good_Governance.

等。很多地方政府对市域体育协会的业务管理权进行了细化规定。例如,天津市人民政府办公厅印发的《关于天津市足球改革发展实施方案》(津政办发〔2016〕109号)中规定了"健全协会管理体系",要求"区、行业参照天津市足球运动协会管理体系调整组建,按照天津市足球运动协会章程以会员名义加入天津市足球运动协会,接受天津市足球运动协会行业指导和管理。区、行业足球协会,承担本区、本行业的会员组织建设、竞赛、培训、各类足球活动开展、宣传等职责。努力形成覆盖全市、组织完备、管理高效、协作有力、适应现代足球管理运营需要的协会管理体系"。① 该条明确规定,市足球运动协会享有对区、行业足球协会的管理权,要求区、行业足球协会要按照市足球协会的管理体系调整组建。北京市人民政府印发的《关于加快冰雪运动发展的意见(2016—2022年)》(京政发〔2016〕12号)第5条规定,明确强调要"完善无形资产开发保护和创新驱动政策",要求"加强对冰雪运动组织、场馆、赛事活动的名称、标志等无形资产保护与开发,引导企业进行冰雪运动品牌建设,开发科技含量高、拥有自主知识产权的冰雪运动产品,提升市场竞争力。促进冰雪运动衍生品创意和设计开发,推进相关产业发展。将冰雪运动赛事举办权、商务开发权、场地经营权、无形资产开发等具备交易条件的冰雪体育产业资源纳入本市公共资源交易平台流转"。② 该条款要求,加强对冰雪运动组织、场馆、赛事活动的名称、标志等

---

① 天津市人民政府办公厅:《关于天津市足球改革发展实施方案》,载天津政务网 2016年12月23日,https://www.tj.gov.cn/zwgk/szfwj/tjsrmzfbgt/202005/t20200519_2370267.html。

② 北京市人民政府:《关于加快冰雪运动发展的意见(2016—2022年)》,载北京市人民政府 2016年3月9日,https://www.beijing.gov.cn/zhengce/zhengcefagui/201907/t20190701_100003.html。

无形资产的开发与保护,并将冰雪运动赛事举办权、商业开发权、场地经营权等具备交易条件的资源纳入市公共资源平台进行交易、流转,将冰雪运动赛事的无形资产赋予企业,共同治理冰雪运动赛事。由山西省人民政府印发的《关于加快发展体育产业促进体育消费的实施意见》(晋政发〔2015〕32号)第5条第6款强调"完善无形资产开发保护和创新驱动政策",要求"积极引导体育组织、体育场馆等市场主体申请注册商标、规范使用商标。帮助体育组织、体育场馆加强商标的运作、管理和保护工作。支持和鼓励体育组织、体育场馆通过冠名、合作、赞助、广告、特许经营等商标使用许可、商标权质押等形式开展品牌运作工作。加强体育组织、体育场馆、体育赛事和活动名称、标志等无形资产的开发,提升无形资产创造、运用、保护和管理水平。加强体育品牌建设,推动体育企业实施商标战略,开发科技含量高、拥有自主知识产权的体育产品,提高产品附加值,提升市场竞争力"。[①] 该条款明确规定,体育社会组织、体育场馆等市场主体要积极开展体育赛事活动名称、标志等无形资产的开发,将符合交易条件的资产进行交易流转,要求强化专利权意识,注重知识产权运用和保护,将体育社会组织、企业等共同纳入协同治理体系。

第三,市域体育社会组织跨部门合作权的核心目的是实现共治共享。跨部门合作涉及资源分配、利益划分等一系列权益,因此在实践中,既要建立充分的信任关系,同时也要形成基于契约精神的合作关系。在要求集体行动的场域中,治理主要是指依据共同制定

[①] 《山西省人民政府关于加快发展体育产业促进体育消费的实施意见》,载山西省人民政府2015年8月1日,https://www.shanxi.gov.cn/zfxxgk/zfxxgkzl/fdzdgknr/lzyj/szfwj/202205/t20220513_5976067.shtml。

或确定的规则,规范个人和群体的行为。① 更具体地讲,协作治理表现为"一组能够促进合作伙伴关系,或者能够使自身得以生存与发展的协调活动和监督活动"。②市域体育社会组织更加需要建立多样的合作关系,尤其是对于基层体育组织来说,这是确立身份,实现自身发展的重要举措。爱默生和纳巴奇等研究者提出的"协作治理结构模型"(the collaborative governance regime)值得借鉴。在这个模型中,合作动力和合作行动是关键,其中合作动力主要包括原则性参与(指有原则、符合特定价值观的方式参与和互动)、共同动机(指与合作伙伴分享相同或类似的动机以实现特定目标)、联合行动的能力。③

近年来,我国颁布了一系列重要文件,明确提出要实现体育治理的共治共享。国务院办公厅印发的《关于加快发展体育产业促进体育消费的若干意见》(国发〔2014〕46号)要求,"通过冠名、合作、赞助、广告、特许经营等形式,加强对体育组织、体育场馆、体育赛事和活动名称、标志等无形资产的开发,提升无形资产创造、运用、保护和管理水平。强化体育品牌构建,促进体育企业采纳商标战略规划,研发具有高科技含量及自主知识产权的体育产品,以增加产品价值,增强其在市场中的竞争力"。④ 该意见不仅要求通过冠名、合

---

① See E. Ostrom, *Governing the Commons: The Evolution of Institutions for Collective Action*, Cambridge: Cambridge Univ. Press, 1990, p.48.

② R. O'Leary, *Special Issue on Collaborative Public Management*, Public Administration Review, Vol.66, p.151 – 170(2006).

③ See K. Emerson, T. Nabatchi & S. Balogh, *An Integrative Framework for Collaborative Governance*, Journal of Public Administration Research & Theory, Vol.22:1, p.1 – 29(2012).

④ 国务院办公厅:《关于加快发展体育产业促进体育消费的若干意见》,载中国政府网,https://www.gov.cn/zhengce/content/2014 – 10/20/content_9152.htm。

作、广告的形式开发赛事无形资产,也指出推动体育企业开发拥有自主知识产权的体育产品,以促进体育市场的优化治理,实现共治共享。国务院办公厅印发的《关于促进全民健身和体育消费推动体育产业高质量发展的意见》(国办发〔2019〕43 号)突出强调了"深化全国性单项体育协会改革",要求"各协会主办的体育赛事活动资源、培训项目等,符合条件的都要通过公开方式交由市场主体承办。提倡利用产权交易平台对赛事活动的承办权及场馆运营权等实行公开交易"。该意见强调,各级体育协会需全面整理其所拥有的赛事资源,并将符合条件的体育企业、俱乐部及其他相关体育组织融入协同管理的框架内,尤其要着重加强赛事承办权与场馆运营权的公开透明管理,以增进治理的透明度。此外,该意见还要求"推动体育赛事转播权市场化运营。……支持各类体育协会采用冠名、赞助、特许经营等方式开发其无形资产"。[1] 上述规定要求充分发挥体育协会的积极作用,赋权相关专业主体,激活体育资源,有效开展协同治理,尤其是强调联合相关市场主体推动体育赛事活动的市场化运营。综上,市域体育社会组织的合作治理可以具体表现为:一是合作机制安排,既包括体育组织正式的合作治理机制,也包括非正式的合作治理机制。前者主要是指市域体育社会组织达成的正式合作协议,整合资源,开展各类体育活动;后者主要是指在社区、乡镇等基层体育活动中,自主性体育组织自发合作。二是沟通和交流平台,基于现有数字平台,达成合作共识,并形成框架性的合作协议。三是行动实施,针对具体的体育活动开展,采取有针对性

---

[1] 国务院办公厅:《关于促进全民健身和体育消费推动体育产业高质量发展的意见》,载中国政府网,https://www. gov. cn/zhengce/content/2019 - 09/17/content_5430555. htm。

的举措,达成既定目标。比如,在乡镇赛事活动的举办过程中,体育社会组织既要与村委会、乡镇组织、宗族等积极合作,同时也需要动员广泛存在的自主性组织,就联赛开展、民俗文化融入、赛事活动转播等形成合作协议,并依据协议采取具体措施,以获得最大化的社会效益和经济效益。

三、市域体育社会组织应当不断完善业务活动开展标准

第一,市域体育社会组织应立足市域资源,细化成员资格标准。成员资格标准是极易被忽视的一类规范,从现实情况看,体育组织往往因受制于各种因素而淡化对成员的要求,这会带来很多不利影响。由于缺乏系统要求,一方面,会造成筛选不统一,成员进来后的整体素质参差不齐;另一方面,会造成组织内部各个岗位缺乏明确的职责要求,在开展业务时,极易出现推诿情况,职责难以落实。国外一些成熟的体育组织在这方面形成了可以借鉴的经验。欧洲委员会强调体育协会作为专业组织的重要性——管理机构应该足够专业、民主和负责,能够对现代体育管理的需求做出积极有效反应。[1] 这一点也得到了国际奥林匹克委员会的认可,其在所制定的"奥林匹克和体育运动善治基本普遍原则(BUP)"中明确提出:"执行机构的成员应根据他们的技能、工作能力、素质、领导力、职业操守和经验来选定。"同时,也提出要加强民主治理的标准化建设。"体育组织应制定稳定的、适宜的标准来选举或任命理事机构的成员,以确保组织能够始终保持高水平的治理能力,实现善治。"体育

---

[1] PACE, *The Need to Preserve the European Sport Model*, PACE (Jan. 24, 2008), https://www. natlawreview. com/article/what-s-next-european-sports-governance-and-how-will-it-address-its-current.

组织管理机构不仅要对成员负责,其成员也必须具备相应的专业资格。国际奥委会规定,体育组织管理机构成员的资格标准应由其会员大会批准,内容要具体、现实可行、客观,能够契合与服务组织利益。[1] 从国际体育组织看,国际足联主席候选人在被提名之前,应在过去 5 年中的 2 年时间在足联发挥了积极作用,即本人为球员,或者作为董事会成员、委员会成员,担任主裁判和助理裁判、教练员、训练师,以及从事技术、医疗或行政事务的人员。[2] 国际篮联主席候选人应来自联合会成员方,并且在提名之前的 8 年内至少组织过一次国际篮联比赛或地区比赛;至少在国际篮联中央委员会任职一届完整任期,或者至少连续在地区理事会任职两届完整任期。[3] 从上述例子可以看到,所有成熟的体育组织都将会员资格和岗位职责作为重要的规范进行建设,尤其是对执行机构的人员有着更为严格的要求。

第二,市域体育社会组织应强化机构的专业化建制。专业化是体育社会组织实现持续发展的核心,应予以高度重视。近年来,很多国家的法律法规中也明确提出体育社会组织应当选举具备必要专业技能的管理机构履行其职责,而不是选举出一个具有代表性的董事会。例如,澳大利亚相关法律确立了治理的一个基本原则——体育组织的董事会应进行结构化改革,以充分适应组织所面临的复杂的运营环境。基于这一原则,相关法律进一步提出体育组织董事

---

[1] See IOC BUP, *Highest Level of Competence, Integrity and Ethical Standards*, Olympic (Feb. 12, 2008), https://wenku.baidu.com/view/e31fbde95322aaea998fcc22bcd126fff7055db5.html?_wkts_=1678242604757&bdQuery=Highest+level+of+competence%2Cintegrity+and+ethical+standards.

[2] See FIFA, *Electoral Regulation for the FIFA Presidency*, FIFA (Jun. 2019), https://digitalhub.fifa.com/m/784c701b2b848d2b/original/ggyamhxxv8jrdfbekrrm-pdf.

[3] See FIBA, *Internal Regulation*, Docin (Mar. 6, 2015), https://www.docin.com/p-1081545867.html.

会应具备能够有效履行其职责所必需的专业知识、技能。英国相关法律规定,每个体育组织都必须保持一个最新的矩阵,以详细说明其董事会所需要的专业技能、工作经验、独立性和专门知识。[1] 比利时相关法律规定,体育组织应努力实现董事会差异化的平衡,不断优化人员构成。为了保证体育组织董事会成员具备专业的能力和技能,澳大利亚在《体育治理原则》中提出成立一个提名委员会,主要负责检查社会代表在董事会和管理层的提名和任职情况,审查各个选举职位的资格,找出任职人员专业技能的不足,以及诊断董事会的专业性和成员差异化构成情况。同时提出,体育组织董事会应该是一个多元化的群体,他们共同提供不同的观点和经验,以促进更深思熟虑的决策。体育组织的文化和行为应以董事会所展示的价值观为基础,并嵌入其决策和行动中。[2] 体育组织的专业化建制是分层的,这一点体现出对不同权力的配置,最终目的是形成稳定的权力秩序。当然,体育社会组织的专业化建制也是分类的,要针对不同的业务领域和要求进行建设,这体现出组织的综合治理能力。

第三,市域体育社会组织应完善内部控制制度,提升共治共享的认同水平。内部控制制度需要通过组织成员和利益相关者对"民主程序"的掌控来实施,因此其被认作组织民主治理结构的基本要素。完善的制衡制度能够有效防止体育组织内部的权力过度集中,并能够确保决策的稳健、独立,以及确保不受不当利益的影响。[3] 这

---

[1] See UK Code, *Principle 1: Structure*, UK Sport (Dec. 20, 2023), https://www.uksport.gov.uk/resources/a-code-for-sports-governance/tier – 1? tab = Tier% 201% 20Requirements.

[2] See ASC, *AUS Sport Governance Principles*, Sport Australia (May 19, 2024), https://www.sportaus.gov.au/governance/principles.

[3] See A. D. Marco, *The Internal Governance of Sporting Organisations: International Convergences on an Idea of Democracy*, The International Sports Law Journal, Vol. 19, p. 171 – 183(2019).

种内部控制制度的核心是"权力分立"。从实践看,一些国家的相关法律法规已经对其进行了明确规定,并在一些重要的体育联合会中实施,这就引发了人们对组织内部控制制度本身有效性和独立性问题的关切。在体育社会组织的治理中,相当多的道德委员会没有能力开展外部的调查;董事会在任命和罢免独立委员会方面拥有过于广泛的自由裁量权,但没有一个透明和独立的程序最终确定合适的候选人等。[1] 内部控制的核心是优化程序,在权力配置的同时,强化对绩效的监管。从内在驱动看,内部有效控制对业界认同有重要的影响。亚里士多德提出,法律具有一种人所不能达到的公正性质,这种公正意味着它能够依靠国家强制力把等量的权益分配给人们,使每一位公民尽多少义务就获取多少权利。[2] 这就意味着法律系统以赋予权利(权力)并施加义务(责任)的双重方式参与社会整合的进程,并为社会生活与人际交往注入了公正的属性。[3] 市域体育治理作为相对独立的系统,将相关主体关系统摄到共治框架中,以动态的业务活动开展引导、规范彼此间的交往,同时推动各类资源的整合和运行,从而确保体育秩序的有序运行。这既是体育作为独立系统的标志,也是人们对体育共同体身份的认同。从更深层次看,在体育发展实践中,各类人群所形成的体育共同体会产生一致性的体育文化认同和身心体验认同,这种聚合多种要素的深层次认同会产生强烈的社会认同倾向,这为其融入社会,实现协同发展注入了新的活力。体育共同体中存在"类本性"——运动主体共同表

---

[1] PACE, *Report Good Football Governance*, FIFA (Dec. 4, 2017), https://www.fifa.com/legal/news/fifa-welcomes-council-of-europe-committee-report-on-football-governance.
[2] 参见[古希腊]亚里士多德:《政治学》,吴寿彭译,商务印书馆1965年版,第443页。
[3] 参见陈征楠:《法律价值的系统论格局》,载《中国法学》2022年第2期。

达和指向的意识形态和价值取向,①这种"类本性"使体育成为构建人类命运共同体的有力载体。社会心理学认为,"对所有人的心理健康造成最大影响的因素是不平等程度,而不是家庭、宗教、价值观、教育程度或其他因素"。② 群体心理是社会心理的集中反映,它能够将隐没的积极或者消极认知因素放大,并持续产生社会影响。正如有学者认为,"体育在我们的文化中占有非常特殊的地位,它能够充分反映社会的主导价值观。体育和社会价值观之间紧密联系。一方面,体育不断融合社会价值观,并通过比赛,以及规则、制度的建设来强化这些价值观。另一方面,体育还能够向整个社会输出其独特的价值,以及在自身治理中的经验教训"。③此外,公平感是有序连接社会群体和社会制度的桥梁,它们共同建构起有效的社会秩序。市域体育社会组织能够将成员个体诉求以及业界诉求(共同体)有机结合起来,既注重个体权利主张的保障,也注重群体利益的公平维护,还注重体育各领域的均衡发展,其中一系列的制度建构,以及有效控制将强化体育共同体的平等价值观,并深刻作用于社会其他领域。

---

① 参见宋亨国:《中国当代体育人文精神的内涵研究》,载《北京体育大学学报》2011年第2期。

② [英]理查德·威尔金森、凯特·皮克特:《不平等的痛苦:收入差距如何导致社会问题》,安鹏译,新华出版社2010年版,第5~6页。

③ M. J. Mitten, *Foreward to Sports Law as a Reflection of Society's Laws and Values*, S. tex. l. rev, Vol. 38, p. 999 – 1006(1997).

第五章
市域体育社会组织的资源融通

资源融通的核心要义是在不断拓展组织自身拥有资源的基础上,建立完善的配置制度,以期获得最大的治理效果。市域体育社会组织享有一定的资源自主权和配置权,这两类权力决定着组织的影响力和调控力。在数字赋能体育赛事发展的现实背景下,市域体育社会组织应切实开展有关数据开发工作,为实现市场拓展奠定基础。

第一节 市域体育社会组织的资源来源、配置和运行

市域体育社会组织享有资源自主权,这是自治的核心权力。从广义的角度看,体育组织资源自主权包括各类与体育有关的人、财、物、信息

等,同时,也包括基于广泛合作关系所形成的资源。为了实现高效治理,市域体育社会组织合理配置有限的资源,使其功效最大化,这对其治理能力和水平提出了更高的要求。国务院办公厅印发的《关于加快发展体育竞赛表演产业的指导意见》(国办发〔2018〕121号)强调"打造发展平台",要求"加快推动体育赛事相关权利市场化运营,推进体育赛事制播分离,体育赛事播放收益由赛事主办方或组委会与转播机构分享。大力支持体育新媒体平台发展。鼓励搭建体育产业公共服务平台。完善与体育赛事相关的法律法规,加强对体育赛事相关权利归属、流转及收益的保护。赛事相关权利归各级单项体育协会以及其他各类社会组织、企事业单位等合法办赛的赛事主办方所有。推进赛事举办权、赛事转播权、运动员转会权等具备交易条件的资源公平、公正、公开流转"。[1] 上述规定为整合体育社会组织的主要资源,发挥最大功效,保护多方主体权益提供了指导性思路。

一、体育组织资源自主权

组织资源自主权主要是指组织不受外部干扰,对其拥有的资源进行管理和分配时所享有的独立性和自由度,主要包括两个方面的内容:一是内部资源的相对可用性,二是管理者将这些可用资源转化为其他用途时所具有的能力和自由度。[2] 一方面,体育社会组织的核心战略特征与"广义上的营销策略"有关,即组织面向哪些群体,可以提供哪些服务,并以何种方式从外界环境中吸引资源,这是

---

[1] 国务院办公厅:《关于加快发展体育竞赛表演产业的指导意见》,载中国政府网, https://www.gov.cn/zhengce/zhengceku/2018-12/21/content_5350734.htm。

[2] See Y. Mishina, T. G. Pollock & J. F. Porac, *Are More Resources Always Better for Growth? Resource Stickiness in Market and Product Expansion*, Strategic Management Journal, Vol. 25:12, p. 1179-1197(2004).

实现持续发展的重要支撑;另一方面,体育社会组织在利用其拥有的资源时,既要考虑这些资源本身是否充足、有效,同时也要考虑管理者能否灵活地运用这些资源。也就是说,在复杂的环境中,体育社会组织必须立足自我,充分审视体育各领域发展,既要清醒地掌握组织所拥有的资源,同时也要根据实际情况,灵活运用资源,使其发挥最大功效,实现既定目标,并确立治理优势。

当资源自主权降低时,外界环境对组织战略选择的影响就会大幅度增加。[1] 具体来说,如果一个体育组织拥有较高的资源自主权,它就有比较广阔的配置和回转空间,可以更加灵活地制定和实施战略。但是,如果这种资源自主权被削弱了,或者是受到政府监管、治理规范或其他外部因素的限制,那么组织就需要更多地考虑环境因素,并在其基础上调整做出决策。当然,在某些情况下,政府(行政)或其他机构也可能会限制体育社会组织的资源自主权,尤其是在涉及安全、环境保护等问题时,这就要求社会组织遵守相关法律法规,及时调整行为方式或行动方案。因此,在实际运营过程中,体育社会组织需要平衡各种因素,并根据不同情况进行合理分配和调整。

当组织面临复杂的价值观念,始终保持更高水平的资源自主权时,其成员参与不一致的组织行动,并影响组织商业运营模式核心要素的可能性会增加。[2]

---

[1] See T. Wry, J. A. Cobb & H. E. Aldrich, *More than a Metaphor: Assessing the Historical Legacy of Resource Dependence and its Contemporary Promise as a Theory of Environmental Complexity*, The Academy of Management Annals, Vol. 7:1, p. 441 – 488 (2013).

[2] See T. Wry, J. A. Cobb & H. E. Aldrich, *More than a Metaphor: Assessing the Historical Legacy of Resource Dependence and its Contemporary Promise as a Theory of Environmental Complexity*, The Academy of Management Annals, Vol. 7:1, p. 441 – 488 (2013).

这里主要包含两层含义:一个是基于价值观念的复杂性,体育组织在处理涉及道德、伦理等问题时会遇到各种各样的困难;另一个是组织资源自主权,即组织成员对资源使用和决策有较大程度上的自由裁量权。这两个因素同时存在,就容易导致组织成员采取不一致或矛盾的行动,并可能对运营活动产生负面影响。例如,在现实中,体育组织往往会设定各种安全标准,并制订具体的计划和方案,但在实际活动的开展中,很多成员或者合作方无视这一标准,从而出现各种风险,甚至是极端事件,这就充分反映出组织面临基于安全价值观的复杂性,即如何平衡经济效益、环境责任和资源自主权使用之间的矛盾。

与高水平和低水平的资源自主权相比,中等水平的资源自主权可能更容易使成员对组织的主体业务表现出更大的忠诚。因为在这种资源相对均衡的环境中,中等水平的资源自主权可以最大限度地减少组织对外部资源提供者的依赖,同时也可以最大限度地减少组织获得其他可自由支配资金的机会,这两者都可能使组织偏离核心的业务运营轨道。适度的资源自主权能够适当刺激组织专注于节省运营成本,也就是说,当组织拥有一定程度的自主权决定如何使用资源时,它们会更加谨慎地管理和利用这些资源,并且会更加关注成本控制和效率提升。[1] 当体育社会组织拥有适量的,能够合理分配的资源时,其就会更容易保持主体性以及稳定的业务运营模式,同时也能够更好地应对市场可能带来的变化。从现实管理逻辑看,如果组织工作人员享有一定程度的经费预算和使用决策参与

---

[1] See T. A. Williams, D. A. Gruber et al., *Organizational Response to Adversity: Fusing Crisis Management and Resilience Research Streams*, The Academy of Management Annals, Vol. 11:2, p. 733 – 769(2017).

权,他们就会更加注意每个支出项目是否必要、合理,并会尽可能地减少浪费。这既是一种民主治理机制,也是一种提升凝聚力和向心力的重要途径,通过员工和成员的广泛参与,可以增强他们对组织财务状况的了解,提升责任感,同时也能够切实帮助组织降低成本,避免财务漏洞,提高资金的使用效率。例如,当举办基层群众体育赛事时,如果参赛队伍过多或者过少可能导致混乱或者无法举办,只有参赛队伍与举办赛事需求相匹配时,体育组织才能够更好地控制成本、提高效率,并保持赛事品牌和社会影响力。在此类赛事活动的举办过程中,专业人员与合作方的决策参与至关重要,他们会高度关注每个支出项目的用途和有效性,并提出细化的操作方案,确保赛事既能够顺利有序进行,同时也能够严格控制成本投入。从治理转向上来讲,这已经成为体育社会组织下沉体育治理的重要内容和手段。但是,适度的资源自主权也可能产生不利影响,会使组织将重心放置在次要问题上,从而采取不一致的或者错误的行动。例如,体育组织拥有比较丰富的赛事活动资源,但是在选择具体实施方案时,由于管理层过分注重节约成本,在没有充分考虑市场需求和竞争对手的情况下,盲目采取了减少人力、资金投入,缩减赛事规模等措施,这就可能使组织陷入"去业务中心"的风险。应该说,这种情况在体育社会组织治理中是普遍存在的。

综上所述,在复杂价值观念并存的现实环境中,体育社会组织资源自主权与其行动之间存在"U"形关系,即在资源自主权最低和最高水平时,社会组织更有可能采取影响其核心业务的不一致行动。其一,当资源自主权居于较低水平时,体育组织越来越依赖于外界环境,采取影响核心业务行动的不一致行为(行动)的可能性就越大。而从现实看,体育社会组织的资源总是被决策层掌握着,员工或成员没有太多参与的机会,当决策层改变既定计划而采取新的策略时,组织行动就会受到阻滞,持续性会急速下降,进而可能会陷入被动的境地。其二,当体育社会组织的各个部门都掌握着丰富的资源时,其在投资方面就不会严格自律,尤其是各个部门利益尾大不掉,相互之间缺乏有效沟通和协调而导致行动相互矛盾,甚至是相互排斥,这也会使组织无法有序运行。其三,体育社会组织的资源自主权居于中等水平时,其虽然不会过度依赖于外部环境来获取资源,但也没有足够的闲置资源,因此采取影响核心业务的不一致行为的可能性就降低了,但针对外围业务活动采取不一致行为的可能性大大增加了。

二、体育社会组织的资源依赖

体育社会组织的发展需要各类资源的支持。资源依赖理论(RDT)为深入研究非营利组织的合作提供了视角。传统的资源依赖理论强调,组织在运作过程中至少在某种程度上依赖外部资源,这意味着组织需要通过外部的战略合作,以获得所需要的外部资源,否则,就很难践行组织使命。[①] 在这里可以看到,任何组织的发展都需要拓展外部合作关系,尤其是要获得政府的支持,这是重要的资源来源途径。而随着经济社会的发展,社会环境日新月异,这使社会组织的资源依赖发生了重大变化,从不同维度建构起新的构成性合作关系,即资源被嵌入不断变化的环境中,组织获取资源表现为各类权力的动态运行。[②] 体育社会组织的构成性关系也总体遵

[①] See J. Pfeffer & G. R. Salancik, *The External Control of Organizations: A Resource Dependence Perspective*, New York: Harper & Row, 1978, p. 78 – 79.

[②] See D. Malatesta & C. R. Smith, *Lessons from Resource Dependence Theory for Contemporary Public and Nonprofit Management*, Public Administration Review, Vol. 74:1, p. 14 – 25(2014).

循这一脉络。

第一,外部体育资源日益被嵌入不断变化的环境之中,各类体育组织都渴望获得资源,这将会直接导致组织之间的竞争关系,并可能引发权力斗争。体育社会组织所需要的各种资源一般都嵌入外部环境中,如行政资源、公共资源、志愿者资源等。为了获得充分的资源,体育组织需要与其建立持久的关系,并不断优化合作机制。这一过程实际上就形成了资源依赖,如果由于某些原因失去了这些资源,体育组织的运作就会出现问题,严重时,甚至会出现运作阻断。因此,体育组织在运营中,应保护和管理好所拥有的重要资源。当然,在现实中,往往由于多种原因会出现不同组织争夺资源的情况,这就会引发组织间的竞争关系,严重时甚至会爆发权力冲突。在体育组织普遍"市场化"的发展中,"使命与盈利"之间存在尖锐的冲突,这造成体育组织处于相对不稳定的状态,它们往往会为了争夺更多的资源,而采取各种手段,这一点对于各类体育协会而言更为明显。从消极的角度看,这一冲突会影响组织之间的有效合作,在一定程度上造成体育组织的内耗;但从积极的角度看,对资源的争夺也会激发组织的竞争能力,挑战固化的权力秩序,推动体育的深化改革。

第二,体育社会组织的资源普遍不足,这加剧了其对外部力量的依赖。从现实情况看,我国体育社会组织的资源普遍比较匮乏,尤其是基层的体育组织,它们的发展往往需要借助外部力量。特别是近几年的改革,对体育社会组织发展提出了自我独立发展的要求,这进一步加剧了资源竞争和冲突情况的发生。资源依赖会在很大程度上阻碍体育社会组织的发展。

第三,体育社会组织需要突破资源获取方式,建立联合行动框架,突出"集体影响"。在竞争日益激烈的环境下,不能只关注体育社会组织收益,而忽视其所面临问题的复杂多样。"集体影响"是应对非营利组织社会挑战的一个有效途径,其意味着相关组织、机构和利益相关方需要协同努力,共同制订并实施解决方案。这一方式强调跨界合作及协同行动的重要性,在解决复杂社会问题时能够积聚力量,以形成更大的影响力解决这些问题。[1] 我国市域体育社会组织面临诸多限制和挑战,为了解决这些问题,需要管理部门搭建平台,引导各类体育组织交流,建立整合性的合作机制,并针对具体的业务活动和资源,采取有针对性的衔接举措。市域体育社会组织的集体影响一方面表现为联合同类型组织,凝心聚力,争取最大的政府资源支持;另一方面要求组织集中优质资源,开展一系列拓展性活动,尤其是充分利用现有的商业运行平台、数字赋能平台等,突出组织收益的规模效应。如果不能形成"集体影响",体育社会组织仍将面临独木难支的局面,当前的深化改革也就难以取得显著成效,这是要尤为注意的。

三、体育社会组织的跨组织的合作与运行

鉴于体育组织经常面临重大资源短缺的压力,学界提出了跨组织关系(IORs)的理论范式,以期寻找到突破路径。跨组织关系主要是指建立由广泛的合作关系和连接机制构成的网络,通过该网络能够帮助组织获得所需要的各类资源。[2] 这一网络对组织能力有比较高的要求,要求其积极适应并融入不断变化的社会、经济、政治和

---

[1] See A. Willem & S. Lucidarme, *Pitfalls and Challenges for Trust and Effectiveness in Collaborative Networks*, Public Management Review, Vol. 16:5, p. 733 – 760(2014).

[2] See M. Marlier, S. Luciadarme & G. Cardon, *Capacity Building Through Crosssector Partnerships: A Multiple Case Study of a Sport Program in Disadvantaged Communities in Belgium*, BMC Public Health, Vol. 15:1, p. 1 – 10(2015).

文化环境中；该网络不主张寻求某一特定资源的来源，而是采取多样的来源途径，在降低组织对某类资源过度依赖的同时，以推动组织更好地应对环境带来的挑战。体育社会组织的使命是超越"以商品为主导"的运行逻辑，以创造协作的社会价值和共同价值，而不仅仅是更为有效地服务生产者。[1] 这就要求体育组织致力于强化专业化运作，建立广泛的合作机制，共享资源，协同解决发展中面临的各种问题。从进程上看，体育社会组织的跨组织合作由三个阶段构成，每个阶段相互衔接，但均体现出不同的特征和功能。

第一个阶段是慈善合作，其特点是参与程度比较低，互动不频繁，主要表现为捐赠者—受捐赠者关系。[2] 就市域体育社会组织而言，捐赠也是其获得资源的重要途径。这一阶段的捐赠者一般会充分考虑受赠方的合法性及信任程度，从社会声誉、行业贡献、业务范围和精细化程度等几个方面进行选择。且捐赠者的目标也非常明确，在一定程度上从体育社会组织倡导的社会价值实现中获益。这里需要注意的是，这些组织是相对独立的，尽管可以进行资源贡献、专业知识和技术等方面的合作，但由于缺乏明确的共同目标或者指导原则，往往只能以"资金"这一形式捐赠，即只注重一次性效应，这种做法很难真正产生有意义的、持久性的社会价值。例如，市域体育协会在开展城市、乡镇、农村体育赛事活动时，往往会寻求赞助商的支持，双方达成合作协议后，可以在多方面互惠互利，尤其是在提升赞助商的公益形象方面。但是如果双方没有明确共同目标，而

---

[1] See A. Gerke, K. Babiak & G. Dickson, *Developmental Processes and Motivations for Linkages in Cross-sectoral Sport Clusters*, Sport Management Review, Vol. 21, p. 133 – 146(2018).

[2] See J. E. Austin, *From Organization to Organization: On Creating Value*, Journal of Business Ethics, Vol. 94: Suppl 1, p. 13 – 15(2010).

且仅仅通过资金给予支持,那么,很有可能最终无法创造出更广泛群众参与的,具有深远影响力的社会价值。这一点也提醒我们,体育社会组织应将市场主体纳入自身的治理体系中,确立共治目标,并通过长期合作,实现利益最大化。

第二个阶段是交易性合作,主要是指双方积极互动,开展各种交易,最终形成相互依赖关系。[1] 参与者通过共享资源、信息、技能或服务,并通过购买、销售、交换或分享等方式交易,最终实现既定目标。从诉求上看,合作伙伴之间存在资源互补性,需要通过交易实现利益最大化,因此会形成比较紧密的相互依赖性和相互促进效应。一般而言,体育社会组织可以提供场地设施、专业指导和培训服务等,合作方则可以通过专业化的市场运营来承接或支付体育组织的相关费用,或者以自身所拥有的资源换取。不管怎样,当体育社会组织与其他实体组织、俱乐部或者企业存在资源互补时,在合作过程中就能够共享各自优势,以实现共同发展。但是这个过程也需要注意,因为双方的交易性合作往往是更多地出于自身需求,而非实现社会效益,所以极易出现因私利而废公利的情况,这就需要加强对双方交易的监管,引入第三方评估和监管往往是不错的选择。

第三个阶段是整合性合作,主要是指合作双方共同努力、相互配合,共同致力于资源、知识和技能的整合,以实现既定目标。在这个阶段,合作伙伴之间的关系发生了根本性变化,双方致力于实现共同价值创造,组织适配成为合作成功的关键因素。[2] 具体来说,合

---

[1] See J. E. Austin & M. M. Seitanidi, *Collaborative Value Creation: A Review of Partnering between Non-profits and Businesses: Value Creation Spectrum and Collaboration Stages*, Nonprofit and Voluntary Sector Quarterly, Vol. 41:5, p. 726 – 758 (2012).

[2] See J. E. Austin, *From Organization to Organization: On Creating Value*, Journal of Business Ethics, Vol. 94: Suppl 1, p. 13 – 15 (2010).

作双方的诉求趋于一致,更加注重彼此之间的使命一致,它们会共同努力创建一个既协调一致又互相补充的合作实施模式,并通过组织和团队之间的整体协同实现利益最大化。这实质上体现出的是组织适配,要求合作双方在决策、管理和实施方面达到比较高的一致性。体育社会组织的整合性协作更加体现出持续沟通和共同创造利益的过程。也就是说,体育社会组织的整合性协作一般依托具体的项目,以实现各部门频繁的信息交流,并基于此协商实施。比如,体育社会组织在开展马拉松赛事活动时,在初期阶段,可能仅仅需要一般性的合作,但随着赛事规模的扩大,社会影响力日益广泛,就必然会进入整合性合作阶段。体育组织将寻求深度合作的组织、机构,强化组织之间的适配性,并寻求建立共同愿景、核心价值观,以及长期合作目标。在这种情况下,双方只有达成高度默契的合作,才能实现共同价值的最大化,并形成丰厚的经济效益。当然,整合性合作的要求比较高。在现实合作中,如果体育组织不具备强大的协调能力,或者不能选择适配性强的合作伙伴,那么这种资源整合也会带来很大的问题。

当然,组织内部资源和具备的能力决定着上述三个阶段任务目标的实现。从资源基础视角(resource-based view)看,可持续竞争优势和卓越表现、优势资源、管理层战略选择构成了组织资源运行的基础。[1] 其中,就体育社会组织而言,可持续竞争优势和卓越表现主要是指组织要始终保持竞争方面的优势,其专业化的表现,以及持续的公信力是获得资源的重要保障。优势资源主要表现为组织

---

[1] See R. C. Rose, H. Abdullah & A. I. Ismad, *A Review on the Relationship between Organizational Resources*, *Competitive Advantage and Performance*, Journal of International Social Research, Vol. 3:11, p. 489 – 498(2010).

必须拥有一些独特的、难以复制和模仿的,且具有长期价值的体育资源(如赛事资源、专业服务资源等),并能够建立一套行之有效的运行机制。管理层战略选择主要体现为组织管理层能够根据自身现有资源和外部环境,及时做出战略决策,以最大限度地发挥内部资源的作用,从而获得竞争优势。体育组织的资源基础紧密联系,共同构成了一个闭环,其内在逻辑是组织内部达成共识,通过完善的机制和多样的途径拓展资源,夯实治理基础。人力资源决定体育组织的效率和行为,需要采取系统措施提升人力资源水平。战略人力资源是非营利组织最为关键的要素。组织行为一般是指成员所具有的积极的、有价值的行为和态度,成员的幸福感、满意度和创造力对组织的成功至关重要。[1] 在组织行为学理论中,通过组织资源打造人力资本优势是核心内容。良好的人力资源储备和管理对组织的盈利能力、业务范围和影响力都有积极的作用,其一般通过应聘者筛选、业务拓展评估、奖励、培训等途径实现。[2] 从现实情况看,人力资源缺乏是影响体育社会组织发展的关键因素之一。针对这一窘境,应多方面考量,不断拓大人力资源基础。一方面,体育社会组织应根据自身的业务情况,形成系统的人力资源规划,尤其是务实选择岗位匹配度比较高的合适人选;另一方面,为了提升人力资源水平,以适应环境变化需要,应建立完善的培训和激励机制,在确保员工掌握必备技能的基础上,激发他们共治的积极性和创造力,

---

[1] See F. Luthans, *Positive Organizational Behavior（POB）: Implications for Leadership and HR Development and Motivation*, Motivation and Leadership at Work, 2003, p. 178 – 195.

[2] See K. Anwar, *Analyzing the Conceptual Model of Service Quality and its Relationship with Guests' Satisfaction: A Study of Hotels in Erbil*, The International Journal of Accounting and Business Society, Vol. 25:2, p. 1 – 16(2017).

以实现组织目标。

第二节　体育赛事活动数据权利确定及其制度保障

数字信息时代,体育赛事活动数据已经成为体育高质量发展的引擎,日益在我国经济社会发展中发挥出重要作用。体育赛事活动数据资源具有特殊性,既包括赛事举办过程中获得的信息数据,还包括各种无形资产数据。从法理学看,体育赛事活动数据权利属于民事权益范畴,具有私权利和公权利双重属性。基于独特的体育赛事活动数据资源,能够生产不同的产品,并衍生出了多样的权利形态。近年来,随着体育赛事数据侵权纠纷的日益增多,越来越多的国家高度重视体育赛事活动数据的保护,将其纳入国家法治体系,不断加强法治保障。体育赛事活动数据权利呈现出"权利束",涉及的利益诉求多样,需要从权利归属、边界、内容和运行维度进行确权,这也是规范赛事活动数据市场,保障各类主体权益的基础。当前,针对体育赛事活动数据的迅猛发展,急需在充分解读国家有关法律法规的基础上,完善相关权利保护制度,明确数据权属关系,保障多方主体权益。

一、体育赛事活动数据的价值及其权利内涵

数字信息时代,数据已经成为驱动我国经济社会发展的新引擎。2022年12月,中共中央、国务院颁发了《关于构建数据基础制度更好发挥数据要素作用的意见》(以下简称《数据二十条》),其中明确指出:"数据作为新型生产要素,是数字化、网络化、智能化的基础,它已快速融入生产、分配、流通、消费和社会服务管理等各环节,深刻改变着生产方式、生活方式和社会治理方式。"体育赛事活动数

据作为新型市场要素,在推动体育事业高质量发展方面发挥着突出的作用。国家体育总局、国家统计局联合发布的《2021年全国体育产业总规模与增加值数据公告》显示:体育竞赛表演活动总产出343亿元,增加值129亿元,增加值增速26.1%,其中数字技术的广泛应用是重要因素之一。[1] 体育赛事活动与数字技术深度融合,形成了独具特色的数据资源,广泛服务于全民健身、体育强国等国家战略。同时,体育赛事活动数据资源也生产出多样的产品,形成巨大的市场。近年来,国家陆续出台了《民法典》《网络安全法》《体育法》《企业数据资源相关会计处理暂行规定》等一系列重要法律法规,这为保障体育赛事活动数据权利提供了法理依据。然而,我们也应当注意到,因专门法律法规的缺失,近年来体育赛事活动数据侵权纠纷日渐增多,权利保护的压力持续加大,这已经对我国体育数据要素市场的持续发展产生了影响。

(一)体育赛事活动数据的价值

数字赋能体育赛事已经成为趋势,日益在培育体育数据要素、驱动赛事高质量发展,以及拓展体育财产权益方面发挥着突出的作用。

首先,加快培育体育数据要素市场。数据要素已经成为数字经济时代信息流的新载体。[2] 通过对体育赛事活动数据进行采集、加工、共享,形成独特的数据资源,广泛应用于全民健身、公共服务、商业等多个领域,日益在我国社会、经济、文化、城市建设创新发展中

---

[1] 国家统计局、国家体育总局:《2021年全国体育产业总规模与增加值数据公告》,载中国政府网,https://www.gov.cn/xinwen/2022-12/30/content_5734284.htm。

[2] 参见陈峰、杨艳艳、张萍:《基于空间杜宾模型(SDM)的中国低碳发展溢出和调节效应实证研究》,载《中国管理科学》2023年10月10日知网平台在线公开。

发挥重要作用。① 通过体育赛事载体,能够获得大量的数据资源,这会深化推动办赛技术和方式的变革,进而形成广阔的利益空间,而这种利益空间会催生各类市场要素重新进行优化组合,实现提质增效的目标。从现实情况看,数字技术日益与各类大型体育赛事深度融合,形成了集参与群体、赛事规模、市场影响、城市贡献率等为一体的数据资源和产品,拓展了体育数据要素市场的开发。② 近年来,我国也陆续颁发了一系列文件,提出数字赋能体育赛事活动,大力发展体育赛事数据产业。《"十四五"体育发展规划》明确提出,通过各类赛事活动拉动节假日消费和夜间经济,积极培育定制、体验、智能、时尚消费等新模式新业态,促进体育服务消费提质扩容。《体育赛事活动管理办法》进一步提出,要强化赛事数据要素多元融合应用的自身优势和促进效应。综合来看,随着数字深度赋能体育赛事,与赛事数据相关的产品不断涌现,催生出了"赛事+"的多元新业态,极大地推动了体育数据要素的市场培育和流通。

其次,驱动体育赛事高质量发展。《国务院办公厅关于加快发展体育竞赛表演产业的指导意见》明确提出了提升体育赛事智能化水平的总体举措——鼓励以互联网、大数据、云计算技术为支撑,提升赛事报名、赛事转播、媒体报道、交流互动、赛事参与等综合服务水平。《全民健身计划(2021—2025年)》进一步细化提出,推动线上和智能体育赛事活动开展,支持开展智能健身、云赛事、虚拟运动等新兴运动。体育赛事活动利用数字技术,充分发挥了数据枢纽的重要作用,不仅创新了办赛模式,拓展了赛事传播途径,增强了赛事

---

① 参见蒋亚斌、张恩利、任波:《我国体育产业数字化转型的法治困境及其应对——以体育数据要素为视角的分析》,载《体育科学》2022年第6期。
② 参见刘庆群、徐伟康:《我国体育数据要素市场的培育:机遇、挑战与对策》,载《体育科学》2022年第5期。

服务体验，还全面实现了赛事的统一协调管理。① 近年来，数字技术广泛应用到办赛的组织管理、赛事转播、赛事服务、域外宣传等各个领域，已经成为赛事高质量发展的重要抓手和驱动力。比如，2023年的杭州亚运会，实现了智能技术与赛事举办的交相辉映，以及数字经济和区域发展的有机融合，并持续放大"亚运效应"和赋能未来数字生活的效应。②

最后，拓展主体的体育财产权益。体育赛事资源财产化一直是世界各国关注的重要问题，很多国家的法律都明确规定"开发体育赛事的商业利益是专属于体育联盟和体育赛事组织者的财产"。③早在2018年，国务院办公厅就印发了《关于加快发展体育竞赛表演产业的指导意见》，提出到2025年，体育竞赛表演产业总规模达到2万亿元，推出100项具有较大知名度的体育精品赛事，打造100个具有自主知识产权的体育竞赛表演品牌。国家体育总局颁布的《"十四五"体育发展规划》将"数据"作为体育发展的重要引擎，《体育赛事活动管理办法》及各地方颁布的"体育发展条例"也都将打造赛事品牌、促进赛事高质量发展、广泛拓展赛事影响力作为重要的目标任务。2023年后，随着各类体育赛事活动的举办，积累了大量的数据资源，形成了多样的数据产品和服务，其财产化的趋势已然形成。根据《数据二十条》的相关规定，社会公众、企业、个人均可以作为体育数据财产性权益的主体，并能够形成具体的财产权。④

---

① 参见钟秉枢、张建会、李海滨：《新时代我国大学生体育竞赛体系的改革与创新》，载《北京体育大学学报》2022年第7期。

② 参见王晶、肖暖暖：《数字化，不仅助力了亚运，更将发力未来》，载中国网，http://zjnews.china.com.cn/yuanchuan/2023-11-03/397069.html。

③ 张惠彬、刘诗蕾：《体育赛事财产化的反思——寻求体育赛事传播商业利益与公共利益的平衡》，载《上海体育学院学报》2023年第3期。

④ 参见董明非：《体育数据权益的主体与客体》，载《智慧法治》集刊2023年第1卷。

毕马威有限咨询公司发布的《2023体育行业高质量发展白皮书》进一步认为,数字经济赋能中国体育产业,催生出了新的办赛模式和体育需求,其将深化赋能体育赛事,为组织者和相关主体带来更大程度的增量价值。[①] 体育社会组织应抓住这一趋势,建立数据资源平台,构筑自身的数据资产。

(二)体育赛事活动数据权利的内涵

1. 体育赛事活动数据权利的生成逻辑

基于赛事活动的开展,以及其数据资源的特殊性,本书提出了具体的生成模型(详见图5-1),基本逻辑如下。

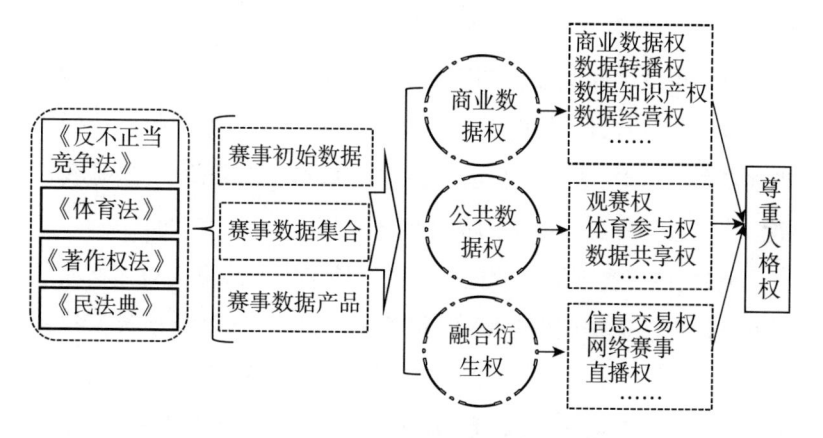

图5-1 体育赛事活动数据权利的生成逻辑

首先,在体育赛事活动举办过程中,依据《反不正当竞争法》《体育法》《著作权法》《民法典》等的相关规定,通过对各类初始数据的整合,形成数据集合,并在此基础上形成不同的数据产品。

其次,基于体育赛事活动数据和数据产品,对应形成公共数

[①] 参见《2023体育行业高质量发展白皮书》,载三个皮匠报告网2023年9月23日,https://www.sgpjbg.com/baogao/141157.html。

权利、商业数据权利和融合衍生数据权利。"数据产权结构性分置"是分析数据权利类型的重要依据。"数据产权结构性分置是'数据作为新型生产要素'参与市场化配置的必然选择,其法律实现首先需对数据进行分类,在此基础上再进行数据产权的结构化分置,具体表现为产权内容的结构性分置与产权客体的类型化实现。"[①]基于产权内容和客体的不同,体育赛事活动数据权利大致有:体育赛事活动商业数据权,包括商业数据权、数据转播权、数据知识产权、数据经营权等;[②]体育赛事活动的公共数据权,包括观赛权、体育参与权、数据共享权等;体育赛事活动融合衍生权,包括信息交易权、网络赛事直播权等。这里要尤为注意的是,虽然在法理上体育赛事活动商业数据和衍生数据通过加工、经营、交易等能够形成直接的收益,但是在实践中,体育赛事活动数据的财产化面临非常复杂的情形,法律关系运行的整体基础还十分薄弱,这是我国体育法治进程中急需解决的重要问题之一。

最后,体育赛事活动数据权利的行使必须始终贯彻对人格权的尊重与保护。依据《民法典》的相关规定,体育赛事活动数据权利的运行要始终贯彻对主体生命权、身体权、健康权、姓名权、名称权、肖像权、名誉权、荣誉权、隐私权等人格权利的尊重与保护,这是必须遵循的基本原则。

2.体育赛事活动数据权利的含义和构成

近年来,我国出台了一系列法律法规,对"数据"及"数据权益"进行了界定,确证了其法律属性和内涵,这为确立体育赛事活动数

---

① 张素华:《数据产权结构性分置的法律实现》,载《东方法学》2023年第2期。
② 参见徐伟康、林朝晖:《人工智能体育应用的风险与法律规制——兼论我国〈体育法〉修改相关条款的补足》,载《体育学研究》2021年第4期。

据权利构成的"三个维度"内涵提供了重要的依据。

第一,民事权利维度。《网络安全法》第 76 条第 4 项规定,网络数据,是指通过网络收集、存储、传输、处理和产生的各种电子数据。其中电子数据主要包括各类信息数据和网络数据。《民法典》第 127 条规定,法律对数据、网络虚拟财产的保护有规定的,依照其规定。《民法典》首次明确了数据权益的民事权利属性,为制定专门法规提供了依据。[1] 故体育赛事活动数据,是指在赛事举办过程中,通过网络平台或载体收集、存储、传输、处理和产生的各类数据资源。其中,既包括赛事举办过程中组织者采集或管理的数据,[2]也包括由赛事自身和外部环境产生的各类信息数据、电子数据、无形资产数据等。[3] 从法理上看,"数据权是指权利人依法对特定数据自主决定、控制、处理、收益、利益损害受偿的权利"。[4] 基于上述依据,可以明确,体育赛事活动数据权利主要是指权利人依法对赛事活动数据自主决定、控制、处理、利益损害受偿的权利。这里需要注意的是,在具体的法律关系中,体育赛事活动数据权利人可以包括公众、赛事活动组织者、相关企业,以及运动员个人,权利客体主要是指基于体育赛事及其相关活动形成的各类数据和数据产品。作为一类特殊的权利,体育赛事活动数据权利既具有私权利属性,也具有公权利属性,属性比较复杂,当前急需研制专门法规,清晰界定

---

[1] 参见王利明、丁晓东:《数字时代民法的发展与完善》,载《华东政法大学学报》2023 年第 2 期。

[2] 参见徐伟康:《数字体育时代赛事组织者数据权益的保护》,载《体育科学》2021 年第 7 期。

[3] 参见袁钢、李珊:《体育赛事组织者转播权的数据财产属性——基于〈民法典〉和新〈体育法〉的法教义学分析》,载《上海体育学院学报》2022 年第 10 期。

[4] 深圳市司法局:《深圳经济特区数据条例(征求意见稿)》,载深圳市司法局 2020 年 7 月 15 日,http://sf.sz.gov.cn/hdjlpt/yjzj/answer/5748。

各类私权利,尤其是要明确可以用于交易的商业数据权利。

第二,权利束维度。数据权利具体表现为"以数据为客体的法律权利束,包括数据人格权、数据财产权等"。① 这一界定首次明确提出数据权利是一类"法律权利束",其包含着多种既相互独立,又密切关联的具体权利,这为深入分析体育赛事活动数据权利拓展了思路。从国家颁布的相关文件看,也都对数据权利及其权能进行了规定。财政部 2023 年 8 月颁布的《企业数据资源相关会计处理暂行规定》对数据资产进行了界定,是指按照企业会计准则相关规定确认为无形资产或存货等资产类别的数据资源,以及企业合法拥有或控制的、预期会给企业带来经济利益的资产。该文件首次明确了数据资产的来源,突出了数据资产权益的主体属性和商业属性。中国资产评估协会 2023 年 9 月颁布的《数据资产评估指导意见》从评价的视角对数据资产进行了界定,是指特定主体合法拥有或者控制的、能进行货币计量的、且能带来直接或者间接经济利益的数据资源。该文件拓宽了数据的多元主体属性,以及市场流通和交易的属性。《数据安全法》第 7 条明确规定:"国家保护个人、组织与数据有关的权益,鼓励数据依法合理有效利用,保障数据依法有序自由流动,促进以数据为关键要素的数字经济发展。"该条明确了数据权益保护的基本原则,鼓励数据流动共享,规范数据的合理利用。基于对这些文件的充分解读,体育赛事活动数据权利在遵循一般原则性要求的基础上,进一步体现出具体权能和诉求直接的对应联系。体育赛事活动数据权利既包括组织者拥有或占有的可支配的数据利益主张,也包括通过赛事活动所形成的公共数据利益诉求,同时

---

① 术语中国:《每日科技名词:数据权利》,载百度百科 2020 年 10 月 12 日,https://baijiahao.baidu.com/s? id = 1680329423114267960&wfr = spider&for = pc。

还包括经过加工后所形成的商业数据利益诉求。一方面,体育赛事活动能够产生大量公开的、可以共享的信息和数据,其能够被充分应用到全民健身、体育公共服务、运动训练、青少年运动员培养等领域中。简言之,赛事活动公共数据的权利人就是社会公众,所形成的也是具有公共性质的权益。另一方面,随着体育赛事活动的商业开发,也能够产生大量的进行市场流通和交易的信息和数据。从数据产权视角看,数据所有权与物权相似,其价值也能够得到充分的商业开发,成为所有者的重要资产。① 体育赛事活动数据通过加工、应用和交易,可以建立多重利益关系,同时数据交易的价值也可以按照《企业数据资源相关会计处理暂行规定》中规定的方式进行货币计量和会计核算。体育赛事活动数据商业权利是各类主体关注的焦点,因其存在复杂多样的利益关系,当前需要在传统赛事活动商业权益的基础上,循证拓展可以量化,并可以进行货币计量的商业数据权益,这一点要尤为注意。此外,由于体育赛事活动的特殊性,还包括介于公共数据和商业数据之间的一类利益诉求。体育赛事活动融合衍生数据比较复杂,面临权益保障的困境,尤其是此类数据更新速度快,空间跨度大,难以交易计量,很容易出现纠纷,需要通过多部门联动予以规制。

第三,尊重人格权维度。体育赛事活动数据权利常与个人的隐私、荣誉、肖像、信息等密切关联,如果权利不清晰,就会产生严重的负面影响。比如,2023 年杭州马拉松报名网站泄露了大量报名者的个人信息,对参赛运动员的隐私安全造成了严重的威胁,带来了

---

① 参见张新宝:《论作为新型财产权的数据财产权》,载《中国社会科学》2023 年第 4 期。

巨大的侵权纠纷风险。①《民法典》《个人信息保护法》《数据安全法》等法律都对人格权的基本权利地位进行了规定。2022年国家标准管理委员会发布的《信息安全技术——个人信息安全规范》(GB/T 35273—2020)也细化规定了个人信息收集、存储、使用、共享、转让等行为的七大原则和安全要求，在个人信息数据权益保护实践标准层面提出细化的规则补充。综合来看，体育赛事活动数据权利"尊重人格权维度"主要体现为三层含义：一是体育赛事活动数据权利的价值导向必须明确，不得侵犯基本权利；二是任何赛事活动行为都必须建立在尊重人格权的基础之上，这对各类主体提出了更高的要求；三是这一指向不仅贯穿于权利运行中，同时也贯穿于公权力运行中，尤其是在相关数据的采集、存储、处理和应用过程中，要不断加强技术和制度的监管。

二、体育赛事活动数据权利侵权纠纷及法治保障

体育赛事活动开展过程中已经形成了纷繁复杂的利益诉求，各种侵权纠纷也层出不穷。从现实情况看，国际体育组织和很多国家针对体育赛事活动数据发展中出现的新情况，不断加大法治保障力度，其中很多做法值得借鉴。

（一）体育赛事活动数据权利的侵权纠纷

近年来，国内外体育赛事活动数据权利纠纷比较有代表性的案例有以下几种类型。一是赛事活动数据控制权纠纷。2012年，英国足球数据公司Football Dataco Ltd.等诉体育博彩数据供应商

---

① 参见胡耕硕：《杭州马拉松报名网站泄露个人信息，律师：警惕赛事方过度收集》，载《南方都市报》2023年8月30日，https://baijiahao.baidu.com/s?id=1775650217188761764&wfr=spider&for=pc。

Sport Radar 案,称其滥用旗下"Football Live"的赛事用户数据库,并不当牟利。① 法院依据英国《数据库指令》中"原告投资成本及是否具有完全控制权"的相关规定,最终判原告 Football Dataco Ltd. 等胜诉。该案件首次明确了数据控制权,并将其和投资者所有权紧密结合起来,对进一步明确数据权益具有积极的意义。二是赛事活动数据许可权纠纷。2013 年,印度广播公司 Star India 诉电信公司 Akuate Digital 案,原告辩称其已经获得 BCCI(印度板球超级联赛)的独家转播权,被告利用短信传播赛事实时信息会影响转播数据的货币化流通。② 印度德里高院虽然认可了原告的赛事转播权,但同时也提出,《著作权法》中并未明确规定赛事转播数据货币化的专有权,最终判定被告不存在侵权行为。该案件的裁定引起了学界的巨大争议,主要焦点是赛事数据是否包含在独家转播权内,其是否可以进行商业化运营。基于该案件的巨大争议,印度最高法院批准了一项关于"赛事数据许可授权"的临时命令,推动了对体育赛事数据权益的保护。三是赛事活动数据商业秘密纠纷。2019 年,国际体育数据公司 Genius Sports 指控供应商 Sport Radar 收集的赛事数据是商业秘密,违反了保密协议,构成非法竞争,并从中非法获利。③ 法院认为 Genius 公司获得了 FDC(英国足球数据公司)的独家授权,享有排他性权利,最终双方经调解后和解。在该案件中,法

---

① Judgment of the Court, *The Court of Appeal of England and Wales*, Europa(Oct. 18, 2012), https://eur-lex.europa.eu/legal-content/EN/TXT/? uri=CELEX%3A62011CJ0173.

② M. R. HON'BLE, *In the High Court of Delhi at New Delhi*, Indian Kanoon(Aug. 30,2013), https://indiankanoon.org/doc/66104323/.

③ Andrew Cox et al., *Sports Data Rights*: *Genius v. Sportradar Settles-what does This Mean for Sports Data Rights Holders and the Industries They Supply?*, Media Writes(Oct. 20, 2022), https://mediawrites.law/sports-data-rights-genius-v-sportradar-settles-what-does-this-mean-for-sports-data-rights-holders-and-the-industries-they-supply/.

院支持了赛事数据属于商业秘密的主张,并明确提出保障数据所有者的排他性权利,对深化赛事数据市场的公平竞争具有突出意义。四是赛事活动数据是否主观获益纠纷。2020 年,Information Images 公司控告 PGA Tour(美国职业高尔夫巡回赛),称其侵犯了自身体育赛事数据转播系统的专利技术,并非法营利。① 联邦巡回法院依据《美国专利法》中是否存在"主观故意"侵权以及"获益意图"的相关规定,最终认定 PGA Tour 所进行的转播并未用于营利,驳回了原告的诉讼请求。该案件也存在比较大的争议,主要原因是法院既支持了原告独家拥有赛事数据转播技术的专利权,但同时又支持了被告"非主观获益"的询证,这一判罚很容易引起类似案件的混乱。五是赛事活动数据不正当竞争纠纷。2021 年,CBA 官方数据服务提供商贝泰科技公司状告纳纳公司和炫体公司利用网络爬虫技术复制 CBA 联赛数据,并通过雷速体育 App 向观众提供赛事实时数据,从中获取不当商业利益。② 法院依据《反不正当竞争法》第 2 条、《民法典》第 179 条等关于"不正当竞争行为"的相关规定,认为原告投入大量财力、物力拥有数据的收益权,被告"照抄、照搬"采集的数据具有明显"搭便车"行为,构成不正当竞争行为,判定原告胜诉。该案件中,法院首次将赛事数据权益纳入知识产权保护范畴,明确了数据权的基本权利属性,这对后续相关案件的审理提供了重要的借鉴。

通过对上述案例的梳理,法院对体育赛事数据侵权纠纷审理和

---

① Smarter Legal Research,*Info. Images v. PGA Tour*,*Inc*,Casetext(Aug. 2,2023), https://casetext.com/case/info-images-v-pga-tour-inc.

② 上海知识产权研究所:《"2021 年中国新文娱十大影响力案例"评选结果揭晓》,载微信公众号"知识产权那点事"2023 年 4 月 24 日,https://mp.weixin.qq.com/s/grrshZKqeLtx90bnGnLXzQ。

认定的侧重点不同,其中有些做法能够给我们带来一定的启示。首先,法院均认可体育赛事活动数据权利的归属。法院分别从"知识产权""商业秘密""专利权"等不同基本权利的角度支持了体育赛事数据权利的归属。我们在推动体育赛事高质量发展过程中,应将体育赛事活动数据权利纳入现有的权利体系。其次,法院对体育赛事活动数据权利独立性的认定比较慎重。法院对赛事活动数据权的认定仍然是在"传统权利"基础上的考量,其中所支持的控制权、转播权、商业权等都是如此。在体育法治实践中,我国应在确保赛事活动商业秩序的前提下,适度适量鼓励有资质的、比较成熟的商业数据开放交易。最后,充分反映出"协议"的重要性。"协议"是确保体育赛事活动数据法律关系良性运行,保障当事方权益最为重要的法律文件。在我国的体育赛事活动开展过程中,应高度重视"协议"的规范性、科学性,尤其是当事方要对各类数据权益的归属、支配、使用和收益进行清晰的约定。

(二)体育赛事活动数据权利的法治保障

针对日益增多的体育赛事活动数据权利纠纷,国际体育组织以及很多国家加大了保障力度,初步建立了涵盖多领域的基本制度。

国际体育组织日益重视体育赛事数据权益的保护,针对性制定了一系列规范。2023年,国际奥委会(IOC)修订的《奥林匹克宪章》第7条第2款规定,奥运会是国际奥委会的专有财产,国际奥委会拥有与之相关的所有权利;第3款规定,国际奥委会应确定有关奥运会以及奥运会竞赛和体育表演数据的获取条件和任何使用条件。[1] 该宪章明确了国际奥委会享有奥运会各类数据的所有权,并

---

[1] International Olympic Committee, *Olympic Charter*, Olympics (Oct. 15, 2023), https://olympics.com/ioc/olympic-charter.

负有制定使用此类权益具体细则的义务。《国际足联章程》第72条规定,国际足联、其会员协会以及各洲际足联有权对其各自管辖范围内的足球比赛和赛事的图像、声音和其他数据传输方式的发行进行独家授权,且不受内容、时间、地点、技术和法律方面的限制。[1] 该章程进一步细化了各类主体所享有足球赛事数据的独家权利,并强化了这一权利的绝对排他性。《美国体育联盟保护措施指南》则针对各大体育赛事联盟的网络数据安全从计划、技术、存储、传输、监管等方面提出了10条保护举措,应对可能发生的数据安全风险,以保障赛事安全有序地开展。[2]

国外很多国家日益重视对赛事数据权益的保护,将其纳入法治框架,不断细化相关主体的权利义务。《法国体育法典》第L333-2条规定,体育赛事联合会和职业联盟拥有赛事视听开发权和所有权、图像自由使用权、数据合法经营权。[3] 该法律确立了赛事数据商业运作的权利归属、转播权、使用权,并从组织管理、处置、运作、安全和监督等方面提出了具体的保护措施。2009年澳大利亚颁布的《重大体育赛事法》第40条规定,活动主办单位可以授权任何人以获利或收益为目的对赛事进行任何声音、影像、广播或电子数据等进行采集或交易。[4] 该法律明确了赛事组织者的数据所有权,拥有

---

[1] FIFA, *Fifa Statutes September 2020 edition*, FIFA (Sept. 2020), https://digitalhub.fifa.com/m/4b2bac74655c7c13/original/viz2gmyb5x0pd24qrhrx-pdf.

[2] U. S. SPORTS LEAGUES, *Protective Measures Guide for U. S. Sports Leagues*, CISA (2008), https://files.ifea.com/pdf/DHSProtectiveMeasuresGuideforSportsLeagues.

[3] République Française, *Code du sport*, Legifrance (Mar. 2, 2023), https://www.legifrance.gouv.fr/codes/texte_lc/LEGITEXT000006071318/.

[4] VICTORIAN LEGISLATION, *Major Sporting Events Act 2009*, Victorian Legislation (Jun. 23, 2009), https://content.legislation.vic.gov.au/sites/default/files/c9ce2661-5288-3516-aca1-0a9e439f3fb8_09-30a.

赛事数据的控制权和使用权。《澳大利亚体育诚信法案》第八章规定了体育赛事活动有关个人信息的保密措施及相关处罚，以及允许信息披露的五种情景。该法案注重运动员、志愿者、观众的个人隐私保护，为构建赛事诚信环境提供了法律保障。2021年5月19日，欧洲议会通过了《体育赛事组织者在数字环境中面临的挑战》的决议，承认体育赛事组织者的数据和直播的知识产权，明确其授权使用的权利，这些权利是赛事收入的重要来源，其次是赞助、广告和商品销售。[①] 该决议旨在打击体育赛事中的网络数据侵权、盗版直播等侵权行为，从权利保护的法律依据、必要性、执行和保障措施方面提出具有针对性的建议，切实保护赛事组织者的数据权益。

近年来，我国针对体育赛事数字化发展趋势，也加大了法治保障力度。《体育法》第52条第2款规定，未经体育赛事活动组织者等相关权利人许可，不得以营利为目的采集或者传播体育赛事活动现场图片、音视频等信息。2022年修订的《体育法》虽然没有明确规定数据权益，但是依据其立法意图，赛事活动组织者是赛事数据的权利人，享有绝对权利。《国务院办公厅关于加快发展体育竞赛表演产业的指导意见》明确提出，完善与体育赛事相关的法律法规，加强对体育赛事相关权利归属、流转及收益的保护。该意见突出强调了加强赛事配套法律法规的迫切性，为后续制定有关赛事活动数据权益细则提供了依据。《体育赛事活动管理办法》第28条第2款进一步细化提出，体育赛事活动主办方或承办方因办赛需要使用自然人、法人和非法人组织相关信息的，应当保障信息安全，建立信息

---

① The European Parliament, *European Parliament Resolution of 19 May 2021 with Recommendations to the Commission on Challenges of Sports Events Organisers in the Digital Environment*[2020/2073(INL)], Europarl(May 19,2021), https://www.europarl.europa.eu/doceo/document/TA-9-2021-0236_EN.

安全管理制度,不得违法使用或泄露。该办法首次提出建立赛事信息安全制度,这对赛事活动组织者办赛提出了更高要求,有助于保障相关主体的隐私权。

通过对上述法律法规的分析,可以了解,国外已经初步建立了体育赛事活动数据权利保障制度,为进一步市场运营提供了依据。近年来,我国虽然颁布了一系列关于数据和数据权益的相关文件,但是针对体育赛事活动数据权利的法律法规不足,这不利于体育赛事的持续发展。当前,急需切实找到体育赛事活动数据权利的确定依据,明确各类权益的范围、边界和内容。

三、体育赛事活动数据权利的确定

数据作为一种新型生产要素,已经被广泛应用于体育赛事活动之中,日益形成了巨大的市场规模和收益,成为各类主体趋之若鹜的对象。[1] 体育赛事活动数据确权既是保障各类主体权利的重要内容,也是实现体育高质量发展的驱动力。从学理上看,数据确权必须遵循合法、合理、公平和保护隐私的原则,明确相关权利的归属、边界、内容和使用。[2]《数据二十条》也提出,"根据数据来源和数据生成特征,分别界定数据生产、流通、使用过程中各参与方享有的合法权利,建立数据资源持有权、数据加工使用权、数据产品经营权等分置的产权运行机制,推进非公共数据按市场化方式'共同使用、共享收益'的新模式,为激活数据要素价值创造和价值实现提供基础性制度保障"。厘清归属、边界、内容和运行也是确定体育赛事活动

---

[1] 参见冯祎晗、丛湖平:《试论新媒体背景下体育赛事转播权的价值创造及其实现方式》,载《体育科学》2020年第8期。

[2] 参见王利明:《数据何以确权》,载《法学研究》2023年第4期。

数据权利的基本内容,但是也要充分考虑其特殊性。体育赛事活动数据的来源途径多样,很多时候难以明确权利归属,尤其是在与个人信息交织,以及赛事直播的具体情景中,各种数据混杂,增加了识别难度,这就需要跳出一般性权利认定的窠臼,依法从具体的利益关系入手进行确权。

(一)体育赛事活动数据权利的归属

明确权利归属是进行确权的前提条件。从法理上看,"原始数据持有者是数据要素化的起始端,数据产品持有者是具有直接生产要素价值的末端,这个过程中任何对数据结构和内容改良的增值行为,都应当被赋予实现其价值的权利,促进数据流通利用,最终生产出数据产品"。[1] 基于这一逻辑,体育赛事活动数据权利肇始于剥离了个人隐私的原始数据持有者,其在整个数据运行过程中因投入或者加工,能够形成不同的所有权形态。

首先,个人隐私权的剥离。探讨体育赛事活动数据权利的归属要首先剥离个人隐私权。《民法典》第 1032 条规定,自然人享有隐私权。隐私是自然人的私人生活安宁和不愿为他人知晓的私密空间、私密活动、私密信息。运动员、观众享有赛事举办过程中的个人隐私信息访问、携带、删除、更正和处理的权利,该类权利归个人所有。[2] 根据《个人信息保护法》第 2 条规定:"自然人的个人信息受法律保护,任何组织、个人不得侵害自然人的个人信息权益。"《体育赛事活动管理办法》第 47 条也突出强调,"体育行政部门及其工作人员应当对履行职责中知悉的商业秘密和个人隐私严格保密,不

---

[1] 高富平:《数据持有者的权利配置——数据产权结构性分置的法律实现》,载《比较法研究》2023 年第 3 期。

[2] 参见李智、黄琳芳:《国际体育赛事中运动员数据采集的法律规制》,载《体育科学》2020 年第 9 期。

得泄露或者非法向他人提供"。毫无疑问,保护个人隐私是数据确权必须遵循的基本原则。但是需要注意的是,个人隐私,尤其是个人信息在经过匿名化处理之后,也可以依法用于其他用途。《个人信息保护法》第4条第1款明确规定:"个人信息是以电子或者其他方式记录的与已识别或者可识别的自然人有关的各种信息,不包括匿名化处理后的信息。"同时,该法在第二章又专门针对个人信息的处理方法、标准和范围进行了详细规定。《数据二十条》也进一步提出,"创新技术手段,推动个人信息匿名化处理,保障使用个人信息数据时的信息安全和个人隐私"。这些条款为依法使用体育赛事活动的"个人信息"提供了依据,即体育赛事活动中的相关"个人信息"在匿名化处理后,因其产生的数据及相关权益归赛事举办方所有。这一点非常重要,其可以规避所谓直接"权利所有"的局限,使这些数据依法具有"数据资产"的属性。

其次,体育赛事活动实时数据的所有权。体育赛事活动实时数据包括赛事转播数据、图片、音视频和竞赛实时数据等。体育赛事活动组织者享有体育赛事活动实时数据的初始控制权和处分权,未经其许可,任何人不得使用。当然,这是针对原生体育赛事资源而言的,当赛事活动的实时数据被用于商业运营时,其所有权就很有可能随着市场流通、交易而发生改变,这种情况在体育赛事活动开展中是经常发生的,需要给予高度关注。《"十四五"数字经济发展规划》充分考虑到数据所有权的变更情况,提出可以通过授权或特许的方式提高数据的流通与应用,激发数据的商业价值。据此而言,体育赛事活动实时数据经过赛事活动组织者授权或特许后,数据归受许可方所有,包括转播媒体、数据公司、赞助商等。

最后,体育赛事活动衍生数据的所有权。体育赛事活动衍生数据是投入金钱、劳动等成本对原始数据经过加工处理生成的有价值、可使用的新数据。《数据二十条》规定,依法依规规范数据处理者许可他人使用数据或数据衍生产品的权利,促进数据要素流通复用。同时提出,建立数据要素市场评价机制,根据数据参与方的投入产出收益,按照贡献建立公平的报酬奖励机制,保护数据参与者的合法权益。依据这些规定,可以清晰地确定赛事活动商业衍生数据的所有权归属。一方面,体育赛事活动数据加工处理者享有衍生数据的所有权,以及许可使用权;另一方面,根据赛事活动组织者的投入(包括固定资产、技术、劳动力、资金和营运资产)情况,确权相关数据的所有权。当然,为了进一步明确数据所有权者的收益,还需要细化计量和分配的方式。《企业数据资源相关会计处理暂行规定》对数据产品或服务的运营管理、作价出资、流通交易、收益披露、财务计量方式等均进行了细化规定。这为进一步深化体育赛事活动衍生数据的商业运营研究提供了依据。

(二) 体育赛事活动数据权利的边界

体育赛事活动数据表现为一类"权利束",其边界可以通过对权利的限制进行确认。对体育赛事活动数据权利的限制是确认其边界的基本要求。德国学者齐美尔曾经指出:"在两个要素对同一客体之内有一条界线把它们各自的范围分开——不管界限作为权利的争端的结束,还是作为权利的争端的开始。"[1]在这里可以看到,就体育赛事活动数据这一客体而言,需要有一条清晰的界限把不同的权利分开来,这条界限就是对每一类权利自由的限制,也就是通常所说的,对"行为自由"的限制。体育赛事活动数据的权利边界既是开展应然权利研究的基本要求,也是建构相关权利保障制

---

[1] [德]齐美尔:《社会是如何可能的:齐美尔社会学文选》,林荣远编译,广西师范大学出版社2002年版,第316页。

度,促进权利实体化进程的基石。只有明晰了体育赛事活动数据权利的边界,才能有效区分赛事组织者所享有的权利,也才能促进数据的流通和流转,实现最大化的收益。

当然,"权利边界明晰意味着权利主体只能在自己权利范围内行事,不能不当逾越界限,侵入他人权利范围,否则就可能构成侵权等不法行为,要承担法律责任"①。《数据安全法》第 8 条规定,开展数据处理活动,应当遵守法律、法规,尊重社会公德和伦理,遵守商业道德和职业道德,诚实守信,履行数据安全保护义务,承担社会责任,不得危害国家安全、公共利益,不得损害个人、组织的合法权益。第 32 条第 1 款进一步规定,任何组织、个人收集数据,应当采取合法、正当的方式,不得窃取或者以其他非法方式获取数据。同样,这也是对体育赛事活动数据权利限制的基本要求。除此之外,体育赛事主体在开展各类数据活动时,还必须履行弘扬中华体育精神,培育中华体育文化的法律义务,这是新的历史时期,国家法律对体育发展提出的最新要求。

(三)体育赛事活动数据权利的内容和运行

依据《数据二十条》的规定,体育赛事活动数据权利主要包括数据持有权、数据加工使用权、数据产品经营权三类,但它们在具体的运行中体现出不同于一般权利的显著特征。具体分析如下。

第一,体育赛事活动数据持有权。数据持有权是数据所有人对其持有数据所享有的在事实上进行管控和使用并排除他人擅自使用的权利。② 体育赛事活动数据持有权强调所有权人对数据资源的

---

① 王利明:《论相邻关系中的容忍义务》,载《社会科学研究》2020 年第 4 期。
② 参见冯晓青:《数字经济时代数据产权结构及其制度构建》,载《比较法研究》2023 年第 6 期。

控制,强调"真实"的所有,具有绝对的排他性。《数据二十条》明确提出,合理保护数据处理者对依法依规持有的数据进行自主管控的权益。依据该条,体育赛事活动数据持有者享有对数据自主管理的权益。但是需要注意的是,体育赛事主体在获取各类数据时,除依法依规之外,还要注意留存能够证明"自身所有"的相关资料,尤其是那些具有高度"识别性"的,以及具有"数据资产属性"的印记,这也是后续商业化运作需要的重要支撑材料。《企业数据资源相关会计处理暂行规定》针对这一点,非常明确地规定,"企业在持有确认为无形资产的数据资源期间……将无形资产的摊销金额计入当期损益或相关资产成本"。依据该条,体育赛事活动数据持有者负有"确认"权益的一般性义务,只有在此基础上,其才能将数据转化为无形资产,并将其摊销费用计入会计处理与成本核算中。体育赛事活动数据持有权运行的首要任务是要明确持有者,尤其是那些实质承担了具体义务的主办方、承办方和协办方,这是确保权利运行的基础。同时,依据《体育赛事活动管理办法》的规定,不同主体持有的数据包括但不限于比赛数据、观众信息、参赛者数据、技术统计、转播数据、观赛行为数据等,要分层分类确定其归属主体。也就是说,要优先考虑赛事活动的组织者,以及体育协会、俱乐部、企业等直接主体的数据持有权益,这是确保赛事活动持续运行的基本要求和重要内容。

第二,体育赛事活动数据加工使用权。数据加工使用权是市场主体进行采集、使用、分析或加工等行为的权利。[①] 体育赛事活动数据的加工使用权强调权利的运行过程,突出权利主体的行为能力。

[①] 参见罗玫、李金璞、汤珂:《企业数据资产化:会计确认与价值评估》,载《清华大学学报(哲学社会科学版)》2023年第5期。

体育赛事数据加工是创新数据要素资源供给、推动数据流动和实现数据商业价值的重要手段。《数据安全法》第 8 条规定,开展数据处理活动,应当遵守法律、法规,尊重社会公德和伦理,遵守商业道德和职业道德,诚实守信,履行数据安全保护义务。这也是体育赛事活动数据加工处理遵循的基本原则和法律义务。《企业数据资源相关会计处理暂行规定》也提出了数据加工处理的操作规范,为建立体育赛事活动数据处理登记管理制度提供借鉴。体育赛事活动数据加工也遵循一定的流程,即通过对各类信息的整合形成数据集合——基于数据集合加工形成数据产品——融合传统产品进行商业化运作。此外,对体育赛事活动数据加工的监督也是重中之重。《数据二十条》提出,建立监督市场主体进行数据采集、加工、使用的机制,要监督数据加工处理的过程,保障市场主体数据权益安全。在考量体育赛事活动的数据加工使用权时,要尤为重视两个方面的问题。一是对赛事活动举办期间的数据加工使用,必须得到赛事活动组织者的认可和授权,在目前法律、法规还不健全的情况下,要最大限度地保障赛事活动组织者的权益。二是在多样的赛事活动关系中,极易出现私人利益和公共利益、商业利益和公共利益混杂的情况,这就需要在赛事活动举办前期,清晰设定可以用于加工使用的数据,以及可能出现的数据配置情形,这是规范赛事活动数据使用的重要手段。

  第三,体育赛事活动数据产品经营权。数据产品经营权是数据持有权人或授权的市场主体,对加工数据形成的数据产品享有的自主经营权和收益权。[①] 体育赛事活动数据产品经营权强调"自主市场交易",并确保权利主体基于投入获得相应的收益。《数据二十

[①] 参见孙莹:《企业数据确权与授权机制研究》,载《比较法研究》2023 年第 3 期。

条》提出,保护经加工、分析等形成数据或衍生产品的经营权。从权利运行上看,体育赛事活动数据产品经营权主要包括市场交易和依法获得收益。一方面,体育赛事活动商业数据流通交易是顺应体育数字经济发展趋势、优化赛事数据要素供给、推动赛事数据合理使用和实现数据价值的关键环节。[1] 体育赛事活动数据产品交易实质上是对数据产品或者衍生产品所开展的一系列营利性活动,主要包括三个方面的内容:一是交易行为的合法性。《数据二十条》规定,支持数据处理者依法依规在场内和场外采取开放、共享、交换、交易等方式流通数据。《企业数据资源相关会计处理暂行规定》也对数据产品的成本、内容、销售、收益等进行了细化规定。依据这些法规,体育赛事活动数据产品交易也必须依法依规,遵守市场的一般性要求。需要说明的是,体育赛事数据产品类型比较复杂,尤其是与公共产品,以及转播、版权、冠名等夹杂在一起时,就很容易造成混乱。针对这一现实问题,需要尽快研制专门的管理办法,切实对各类主体的权责及交易行为进行细化规定。二是交易行为的灵活性和多样性。体育赛事活动关系多样,因此其数据产品交易也呈现出很强的灵活性和多样性,尤其是在直播、运动视频、微媒体转播等平台上,更容易出现这种情况。《数据二十条》规定,承认和保护依照法律规定或合同约定获取的数据加工使用权。合同、约定等充分反映了契约精神,在体育赛事活动数据产品交易中应当广泛应用,这也是加快数据要素流动,确保交易合法性,提升办赛积极性的重要举措。三是建立稳定的交易秩序。建立有效的体育赛事活动数据产品交易秩序是深化拓展体育要素市场的基本要求。《数据二十

---

[1] 参见潘磊、方春妮:《我国马拉松赛事供给侧结构性改革的时代背景、重点任务与现实进路》,载《北京体育大学学报》2020 年第 6 期。

条》提出，在国家数据分类分级保护制度下，推进数据分类分级确权授权使用和市场化流通交易。推进非公共数据按市场化方式"共同使用、共享收益"的新模式，为激活数据要素价值创造和价值实现提供基础性制度保障。建立数据可信流通体系，增强数据的可用、可信、可流通、可追溯水平，实现数据流通全过程动态管理。基于体育赛事活动数据产品的特殊性，当前应针对不同类型的赛事分层分级进行制度保障，尤其是要明确商业权利的界限、内容及侵权责任。同时，要搭建发布平台，及时跟踪数据产品走向，实施动态监管。

另一方面，赛事商业数据的经营收益有助于加快数据商业开发应用，建立赛事品牌效应，拉动赛事市场经济发展的核心内容。[①]《体育赛事活动管理办法》提出，主办方和承办方可以进行市场开发依法依规获取相关收益，任何组织和个人不得侵犯。依据这一规定，赛事组织者享有不可侵犯的数据经营权和收益权。这主要体现在以下三个方面：一是体育赛事活动数据经营收益是一项基本权利。《数据二十条》明确提出，市场主体享有依法依规持有、使用、获取收益的权益。收益是体育赛事活动数据持有者的基本权益，必须坚持这一底线，这是规范体育数据市场的前提条件。二是体育赛事活动数据经营收益遵循"谁投入，谁贡献，谁受益"原则。《数据二十条》提出，健全数据要素由市场评价贡献、按贡献决定报酬机制。《企业数据资源相关会计处理暂行规定》进一步提出，企业利用数据资源为客户提供服务的，应当按照收入准则等规定确认相关收入，符合有关条件的应当确认合同履约成本。"投入—受益"是体育赛事活动数据市场必须遵循的基本原则，同时也必须严格执行

[①] 参见王成、茹晓阳：《中国体育城市创建的时代诉求与行动方略——以成都世界赛事名城建设为例》，载《体育与科学》2023年第2期。

确认"收入"的量化标准,并谨慎确认可能产生的成本。三是需要建立体育赛事数据经营收益分配机制。为了确保体育赛事数据经营活动的有序开展,需要建立公平的收益分配机制,尤其是要科学设计能够以货币计量的收益分配方法。《数据二十条》提出,通过分红、提成等多种收益共享方式,平衡兼顾数据内容采集、加工、流通、应用等不同环节相关主体之间的利益分配。《企业数据资源相关会计处理暂行规定》规定,企业出售确认为存货的数据资源,应当按照存货准则将其成本结转为当期损益。体育赛事活动数据处理者在进行数据资源交易时,可以按照会计核算方法将其成本计入当期和与最终利润直接相关的收益和支出中,这有助于降低数据处理者的成本压力,拓展资金来源途径。当然,体育赛事活动通常涉及多个阶段和比赛场次,其产生数据资源的费用可以在每个阶段的比赛结束后,从组织者的资产账户(存货)转移到损益账户(当期损益),以便更加精准地研判赛事活动成本支出和收益情况。

四、建立健全体育赛事活动数据权益保护制度应当注意的问题

综上所述,建立健全体育赛事活动数据权益保护制度势在必行,重点应放在权利确定、保障,以及公权力规制和促进三个方面。市域体育社会组织则应把握契机,拓展数据来源,并努力实现数据资产化。

第一,研制专门办法,确定体育赛事活动数据权益。进一步推动体育赛事高质量发展的首要任务就是清晰厘定各种数据权益。国家颁布的一系列有关数据权益的法律法规为体育赛事活动数据确权提供了依据。当前紧要的工作是应将体育赛事活动数据权利纳入赛事举办权、体育财产权、体育知识产权、体育转播权保障体系,在明确其归属的基础上,分层分类设定具体的内容,尤其是要优先考量赛事组织者的数据权益。市域体育社会组织应积极把握这一契机,搭建合作平台,合法拓展体育活动数据来源,并分类确证其属性。尤其是针对赛事活动数据,应形成细则,组建专门团队,积极开展市场化运作。

第二,完善授权机制,保障体育赛事活动多方主体数据权益。从国外的典型做法看,其大多强调"授权"的重要性。近年来,我国颁布的法律法规也都突出强调要"完善数据要素市场授权机制"。体育赛事数据中的赋权主要包括使用赋权、加工赋权、经营赋权,其都指向行为的合法性和规范性,都聚焦主体的收益。体育行政部门应主导开展体育赛事活动授权机制的完善,积极对接、融入地方政府比较成熟的数据治理制度,切实形成机制保障。上文已述,体育社会组织自治赋权是实现善治的关键。在治理中,体育社会组织应强化对数据资源的赋权,并积极融入已经形成一定规模的数据市场体系,深化赋权细则,交由专业主体开展市场化运作。

第三,拓宽监管路径,强化体育公权力的规制与促进。《体育法》"监督管理"专章的规定,为进一步细化体育赛事活动数据治理中不同主体的权责提供了依据。体育赛事活动数据权益是一种新的权利类型。在实践中,要高度重视各类公权力的规制,尤其是要通过多种监管途径和手段,规避公权力侵犯赛事组织者或者俱乐部数据权益的行为。同时,体育赛事活动数据还处在生长阶段,仍然需要公共部门给予倾斜性扶持,这就需要推动公权力采取针对性举措给予引导和支持,不断筑牢其运行的基础。

体育赛事活动数据权利作为一类新的权益类型,从现实情况看,国内外有关体育赛事活动数据的侵权纠纷日益增多,主要集中在权利边界不清、数据许可争议、市场交易法律适用不足、侵犯收益权等方面。针对这些突出问题,国际体育组织和很多国家日益加大保障力度,形成了基本的制度体系。我国体育赛事数据迅猛发展,已经形成庞大的市场规模,后续应重点做好两个方面的工作。一方面,依据现有的法律法规,从权利归属、边界、内容和运行等方面入手,深入开展体育赛事活动数据权利确权工作;另一方面,针对体育赛事活动举办中的突出问题,加强数据及其权利保障的制度建设,筑牢赛事高质量发展的基础。

第六章
市域体育社会组织的地缘融合治理

在国家治理转向进程中,市域体育社会组织应依托地缘位势,扎根城乡,一体开展城乡体育的地缘融合治理,这是深化市域经济社会治理改革的内在要求。"地缘融合治理"强调的是以地缘关系为纽带,整合各类资源要素,共筑市域社会的基础和秩序。市域体育社会组织地缘融合治理一脉相承,主要是指以满足群众的健康需求和体育需求为中心,依托地缘位势,充分整合乡土文化资源,不断拓展治理途径。从现实情况看,当前市域体育社会组织的地缘融合治理还面临乡土体育活动弱化、多种资源整合不足、治理途径单一等突出问题。在进一步的深化改革中,应切实结合市域社会治理的实际情况,从制度完善、活动开展、资源融合、路径拓展方面提出系统的举措。

第一节　市域体育社会组织地缘融合治理的价值、困境及纾解路径

县域是国家治理转向的重点领域,也是实现市域善治的根基。2023年中央一号文件《中共中央 国务院关于做好2023年全面推进乡镇振兴重点工作的意见》中"县域"一词出现了13次,分别从多个角度对城乡融合发展进行了布局。社会组织是深化推进基层民主治理的重要抓手。党的二十大报告提出,"健全基层党组织领导的基层群众自治机制,加强基层组织建设,完善基层直接民主制度体系和工作体系,增强城乡社区群众自我管理、自我服务、自我教育、自我监督的实效"。县域社会组织作为基层载体,有着能够充分汲取营养的乡镇土壤,以及地缘融合的联结纽带,这为筑牢市域治理根基奠定了基础。毫无疑问,这也是全面建设市域体育社会组织的根本遵循。从现实情况看,当前县域体育社会组织治理还存在不少突出问题,主要表现为内生动力不足、资源支持缺位、地缘融入不够、民俗生态耦合不够等。针对这些突出问题,我们要提出有针对性的推进策略,以推动城乡体育活动融合开展,助力乡村振兴战略。

一、市域体育社会组织地缘融合治理的重要价值

市域的核心是"县域",本书以我国几千年传承的"乡土情结"为切入点,重点阐述县域体育治理的重要价值。

首先,传承乡土情结,筑牢城乡共同体纽带。传承民俗文化、厚植乡土情怀是我国精神文明建设的重要内容。中国是以农立国的文明古国,以农为生的民族与土地有着生于斯、长于斯、老于

斯的联系,①代际相传中逐渐形成了安土重迁、天人合一的乡土观念。改革开放以来,传统农业社会逐渐瓦解,大量村民流向城市,对土地的依赖逐渐减弱。但安土重迁的乡土情结已融入历代中华儿女的血脉之中,并成为滋养现代乡镇建设的重要养分。费孝通先生指出,能够成功从"熟人社会"转向"陌生人社会",是一个国家进入现代化的标志,但后者少了"礼俗相交""患难相恤"的邻里温情。民俗体育植根于传统乡土社会,蕴含着深厚的乡土价值观,是人们安放乡愁的重要载体。县域体育社会组织通过开展乡土民俗体育活动,传承乡土情结,满足城乡居民的精神文化需求,筑牢城乡共同体纽带。近年来,各地体育组织通过举办"忆乡愁,促振兴"等民俗体育活动,吸引了大量游子回乡参与,对传承优秀民俗文化、厚植乡土情怀发挥了重要作用。

其次,凝练区域特色,拓展乡镇地域多元功能。乡镇特色资源是乡镇振兴的基础。《乡村振兴战略规划(2018—2022年)》指出,"以各地资源禀赋和独特的历史文化为基础,有序开发优势特色资源,做大做强优势特色产业……打造一乡一业、一村一品的发展格局"。不同乡镇的地理空间格局、自然资源禀赋、社会发展、民俗文化特色等方面具有高度的多样性和异质性,如冰雪、山地、湖泊、草原等自然资源,传统舞龙舞狮、中华武术、摔跤、划龙舟、风筝等。县域体育社会组织地缘融合治理是贯彻乡村振兴因地制宜理念,依托地缘自然生态和特色民俗文化等资源禀赋,以县域体育资源整合优势,聚力打造具有区域特色的体育产业。拓展乡镇地域多元价值,大力发展"体育+旅游""体育+文化"等关联产业,助力乡镇产业

---

① 参见田欣、赵建坤:《安土重迁观念的产生及其变化》,载《河北师范大学学报(哲学社会科学版)》2005年第3期。

兴旺。近年来,各地在探索"乡镇特色体育产业"中取得了显著成效,有效带动了乡镇旅游、文化、酒店等产业协同发展。如吉林通过冰雪体育与旅游产业融合,带动了地方旅游及相关产业的发展。数据显示,2016~2018年,吉林旅游总收入每年平均以19.3%的速度递增。

最后,促进城乡体育活动一体化,提升乡镇公共体育服务水平。2021年10月,国家体育总局印发的《"十四五"体育发展规划》,在体育助力乡村振兴工程中指出,"支持有条件的乡村因地制宜举办群众喜闻乐见、丰富多彩的体育赛事活动,鼓励跨区域联合举办,打造50项'最美乡村体育赛事'"。随着乡村脱贫攻坚取得阶段性胜利,乡村居民的生活水平得到显著提升,对体育健身与休闲等精神文化层面的需求也更加旺盛。受我国城乡二元体制和市场导向的影响,全民健身公共体育服务建设长期偏向城市,尽管近年来国家推动系列乡镇公共体育服务补短板工程,但农村体育基础设施短缺、体育活动和体育赛事开展不足等问题仍然突出。县域体育社会组织地缘融合治理有助于推动城市体育组织、人才、资本等资源向乡镇下沉,通过一体谋划、一体举办城乡群众性体育活动,打造具有地域特色的民间体育赛事活动,对于拓展城乡居民的运动空间,提升乡镇公共体育服务水平,满足城乡居民多元化的体育需求等具有重要意义。

二、市域体育社会组织地缘融合治理的现实困境

(一)系统开展乡土体育活动不足

乡土体育是人民在日常生产生活、狩猎、节日庆典、祭祀礼仪等活动中形成的具有区域特色的体育文化,蕴含着深厚的乡土价值观和伦理观,是地域文化认同和价值认同的重要载体。系统开展乡土体育活动或赛事对于促进居民交流、增强社区的凝聚力、向心力等具有重要作用。① 当前,县域体育社会组织治理存在"重现代体育,轻乡土体育""重形式、轻内容"等现象,群众体育活动和赛事供给脱离乡土群众根基。

一方面,乡土体育主体地位弱化,乡土体育活动开展不足。受现代竞技体育思潮的冲击,我国传统体育被视为"土""俗""草根"等乡镇落后的代表,传统乡土体育的主体文化价值被取代,其生存空间和时间日益萎缩。当前,县域体育活动和体育赛事开展多以现代体育项目为主,对本土传统体育项目的挖掘与传承不足,特别是乡镇体育活动供给缺乏群众基础,扎根乡土不够,造成区域体育文化的凝聚力、向心力不强。据调研,县乡学校体育课程的内容设置90%以上是现代竞技体育,鲜有开设本土民间传统体育项目。在农村或社区全民健身体育活动和场地供给中也以广场舞、暴走、篮球、足球等为主,本土传统体育项目开展较少,多数村落或部落的民俗体育项目面临没落或濒临失传的困境。例如,彝族的跳牛、满族的跳马、黎族的堆沙、新疆的赛骆驼等都已经失传。村落舞狮、跳铜鼓、土家族的摆手舞、布朗族的刀舞、独龙族的溜索、蒙古族的射箭等处于濒危边缘。② 2021年阿坝州第二届全民健身运动会项目设置为集体项目(三人篮球、拔河、健身操、桥牌)和个人项目(飞镖、跳绳、象棋)。本土骑射、赛马、歌舞等优势民俗体育项目均未纳入全民健身比赛项目,本土体育项目发展日渐式微。

另一方面,对乡土体育的传承缺乏落实,本土基础需要拓展。

---

① 参见郭修金、刘建国、郑伟:《民间体育赛事促进乡镇、街道社区和谐发展的实证研究》,载《上海体育学院学报》2010年第6期。

② 参见陈建峰、殷怀刚:《中华民族传统体育文化的传承困境、陷落归因与发展策略》,载《广州体育学院学报》2021年第2期。

乡土体育作为在特定的社会空间与社会系统中创造出来的复杂综合体,在保护过程中需要从特定的地理人文环境出发。① 随着乡土社会的变迁,传统孕育乡土体育的空间环境、社会结构、生产方式等均发生改变。因此,对乡土民俗体育的传承需要与时俱进,既包括对民俗体育内容、形式、价值的挖掘和改良,也包括对传承人的培养、文化的宣传、群众的普及等。近年来,在国家传统文化复兴的推动下,各地掀起举办乡土体育活动的浪潮,使部分民俗体育得到发扬。但也存在"重形式,轻内容",重视民俗体育的申报和开发,缺乏对民俗体育的传承与落实等问题。部分地区对乡土体育的开发仅作为旅游景点展示,而面向基础群众的乡土体育开展与普及不足。此外,跟风社会潮流风向明显,导致各地区乡土体育活动开展同质化现象。例如,贵州"村 BA"火爆后,各地区争相效仿,举办不同区域的"村 BA"篮球比赛,忽视对本土体育文化的传承,效果不能令人满意。

(二)多重资源整合与融入不够

多重资源整合是县域体育社会组织地缘融合治理的基础。习近平总书记在多个场合强调了"资源整合"的重要性。2016 年 7 月 28 日,习近平总书记在河北省唐山市考察时强调"社区是党和政府联系、服务居民群众的'最后一公里',要健全社区管理和服务体制,整合各种资源,增强社区公共服务能力"。② 当前,县域体育社会组织资源获取与整合能力欠缺,资源来源较为单一,在体育治理中呈现碎片化、孤立化现状。

---

① 参见台文泽:《身体竞技与乡土秩序:"斩马路"仪式的体育人类学研究》,载《青海民族研究》2023 年第 1 期。
② 新华社:《习近平在河北唐山市考察》,载新华网,http://www.xinhuanet.com/politics/2016－07/28/c_1119299678.htm。

一方面,组织自身社会资本急需拓展。根据资源依赖理论,组织的发展取决于对外部资源的获取和整合能力。体育社会组织作为非营利性公益组织,只有获得政府、市场组织、社会组织、个人等多方力量的支持,才能更好地实现其社会治理的使命。① 当前,县域体育社会组织的内生动力不足,组织发展与区域经济社会、特色文化、生态环境融入不够,对本土各类基础性体育资源和关联性资源的利用与整合能力欠缺,社会资本参与度较低。② 尤其是大量草根型体育社会组织因资源短缺问题而处于"僵尸"状态,制约了基层体育治理能力的提升,急需拓展社会资源渠道,增强组织的内生活力。相关研究显示,多数县域体育社会组织的经费源于政府或会员会费,且经费数量偏少。③ 而社会捐助、服务收费、项目协议等资源渠道急需拓展。2021年5月,《县域社会组织的数据化能力调研报告》显示,只有36.68%的县域社会组织日常资金来自互联网筹款,1/3以上从未尝试过互联网筹款。美国非营利组织的资金来源较为多元,其中,社会捐赠和项目服务收费占比达60%。④ 此外,县域体育社会组织信息服务平台建设滞后,资源获取渠道闭塞。各地为推动体育信息共享和资源融合,构建了公共体育服务信息交流平台,有效提升了省市级体育社会组织资源获取与整合能力。但县域体育社会组织对平台的使用率较低,乡镇体育社会组织更是对平台

---

① 参见王凯:《体育社会组织参与体育治理的主体困境与建构路径》,载《体育学刊》2020年第6期。
② 参见张晓东、赵文姜、张亚慧:《乡村振兴背景下我国农村公共体育服务供给优化研究》,载《体育文化导刊》2023年第3期。
③ 参见刘军:《中部地区县域社会组织参与乡村振兴路径研究》,载《商业经济》2022年第12期。
④ 参见吴伟:《非营利组织的资金来源:国外的经验与启示》,载《中州学刊》2007年第4期。

知之甚少。例如,江苏省搭建的"江苏公共体育服务频道",超过80%的县级体育社会组织没有通过该平台与其他组织形成沟通与合作,几乎所有的乡镇体育组织都不知道该平台。

另一方面,地方政府的引导以及倾斜性支持不够。地方政府是区域优势资源整合与利用的规划者和协调者。政府要加强社会事务治理的顶层设计,发挥目标凝聚能力、资源整合能力以及责任控制能力,做社会事务治理的参与者、组织者以及推动者。近年来,部分地方政府根据区位资源优势制订特色体育小镇、特色产业等整体发展规划,鼓励和支持区域内各类资源整合,有效地提升了区域治理水平。例如,佛山制定了《佛山文化广电旅游体育发展"十四五"规划》明确了"文化为魂,旅游为体,广电体育为双翼"的发展思路,推动了陶瓷文化、功夫文化、龙狮文化、美食文化、工匠文化等协同发展。但调研发现,仍有部分地区政府对区域优势资源整合未制定明确的规划和政策导向,导致各行业部门、社会主体、市场主体等资源整合缺乏政府的引导和支持,各主体资源整合的积极性不高。相关研究表明,有48.1%的政府体育部门未将民俗体育文化发展纳入整体发展规划。① 此外,地方政府出台的倾斜性支持政策不够,导致基层体育社会组织难以获取政府的资源支持。2019年,江苏省体育局、体育总会将1000万元用于政府向社会组织购买体育公共服务,然而,这些经费主要流向了省属体育社团,原本发展薄弱的基层体育社会组织得不到政府资源的支持。② 总体来看,当前缺乏有力支持是影响各类体育组织发展的关键原因之一。

---

① 参见冯宏伟:《新时代农村地区民俗体育的发展:形式、局限与路径》,载《北京体育大学学报》2018年第10期。
② 参见高奎亭、陈家起、李乐虎:《我国体育社会组织复杂适应性治理研究》,载《体育学研究》2020年第6期。

(三)导向性的多元治理途径急需拓展

县域体育社会组织地缘融合治理的关键在于治理主体和治理路径的多元化。目前,基层体育治理中以群众体育需求为导向的多元治理途径仍然需要拓展。

首先,以"人民健康为中心"发展理念的基础还需要进一步筑牢。2019年,《国务院办公厅关于印发〈体育强国建设纲要〉的通知》指出,坚持以人民健康为中心,因时因地因需开展全民健身活动。2022年,习近平总书记在党的二十大报告中再次强调,"把保障人民健康放在优先发展的战略位置"。现实中,地方政府落实"以人民健康为中心",广泛开展各类群众体育活动的政策支持和财政投入不够。部分乡镇未将群众体育健身纳入乡村振兴综合治理体系,对基层群众体育需求的关注度和支持力度不够,乡镇体育公共服务建设偏向"形式"、远离"内容",重"物"的建设、忽视"人"的参与。有学者研究指出,部分县域政府财政支出中的体育经费占比不到0.4%,[1]其中用于公共体育服务的经费更是少之又少。而中西部普遍没有开展政府购买公共体育服务,[2]使基层体育社会组织无法获得政府行政力量的支持,政社协同治理不足,群众真实体育需求无法得到满足。

其次,县域体育社会组织治理能力有待提升。县域体育社会组织具有扎根基层、贴近群众、服务社会的天然优势,是基层体育治理的重要力量。由于地理区位因素,县域体育社会组织数量不足、规模偏小,组织管理人才和专业服务人才短缺,治理能力有待提升。

---

[1] 参见沈克印:《政府与体育社会组织协同治理的地方实践与推进策略——以常州市政府购买公共体育服务为例》,载《武汉体育学院学报》2017年第1期。

[2] 参见季彦霞、吕万刚、沈克印:《元治理视角下体育社会组织参与治理的现实困境与改革路径》,载《体育学研究》2021年第4期。

其一,体育社会组织治理缺乏有效协同。县域"自下而上"和大量"自下而上"形成的体育社会组织尚未形成合力,各组织在分散的治理结点上"各自为战",未能连接成一条连贯的治理链,[①]县域体育社会组织整体治理能力偏弱。其二,自上而下形成的内生型体育社会组织对政府资源依附性强,缺乏独立性、灵活性,体育服务供给带有很强的政府行政导向,偏重大型体育赛事和竞技成绩,忽视基层群众的体育需求,公益性有余、公益性不足。其三,草根型体育社会组织自治能力不足,专业人才短缺,缺乏公信力。相关研究显示,县域体育社会指导员以二、三级社会指导员为主,且90%的农村未配置社会体育指导员,[②]农村健身指导员队伍专业能力需要提升。

最后,多元主体开展乡土体育活动的举措亟须拓展。党的十九大报告提出,要"打造共建共治共享的社会治理格局"。政府、社会组织、体育企业、市场组织、公众等是基层体育治理的共治主体。《体育法》第9条规定:"开展和参加体育活动,应当遵循依法合规、诚实守信、尊重科学、因地制宜、勤俭节约、保障安全的原则。"第22条规定:"居民委员会、村民委员会以及其他社区组织应当结合实际,组织开展全民健身活动。"居民委员会、村委会及各类社会组织、企业等应依法依规举办各类群众喜闻乐见的体育活动,激发群众体育参与热情,教育民众形成健康的生活方式。现实中,县域群众体育活动的开展仍以体育部门和体育协会为主,社区组织、社会力量、市场主体等较少举办各类体育活动。体育组织与政府、市场主体之间尚未形成常态化的合作机制,在基层体育活动供给中市场主体参

[①] 参见黄家亮、刘伟俊:《社会组织参与基层社会治理:理论视角与实践反思》,载《杭州师范大学学报(社会科学版)》2022年第4期。

[②] 参见蒋晖、陈德旭:《新时代中国农村体育发展的战略定位及转型向度》,载《体育学研究》2021年第6期。

与度不够,"以人民为中心"的大社会观、大治理观及大体育观的协同共治路径仍然需要拓展。

三、市域体育社会组织地缘融合治理的推进策略

第一,完善县域城乡融合的制度体系。城乡融合发展的制度是县域体育社会组织地缘融合治理的根本遵循。党的十九大报告提出,"要坚持农业农村优先发展……建立健全城乡融合发展体制机制和政策体系"。2019年5月,中共中央、国务院印发的《关于建立健全城乡融合发展机制体制和政策体系的意见》进一步提出,"地方党委和政府要增强主体责任意识……结合本地实际制定细化可操作的城乡融合发展体制机制政策措施,整合力量、扭住关键、精准发力,以钉钉子精神抓好落实"。县域是城乡融合发展的实施场域。县级党委和政府应根据国家城乡融合发展的顶层设计,结合本地实际,尽快制定详细的、可操作的县域城乡融合发展的配套制度。要建立健全有利于城乡要素合理配置的体制机制,破除影响城乡融合发展的体制机制和政策障碍,加强基层政府部门"条块"融合,以县域城乡制度融合、政治融合带动城乡社会、生态、体育、文化等领域的融合。为县域各领域、各主体地缘融合治理营造良好的政治和制度环境。将体育社会组织治理纳入城乡融合发展的整体制度体系之中,明确体育社会组织在城乡体育融合中的主体地位,发挥社会组织在多元力量整合中的连接作用,构建以体育社会组织为媒介的多元主体广泛参与的城乡体育融合治理体系。一方面,要求地方政府转变治理理念,加快"放管服"改革,向村社组织、体育社会组织等扩权赋能,发挥党和政府的主导作用,调动和整合社会多方力量,夯实基层治理基础;另一方面,落实城乡体育融合的主体责任和分工,厘清政府和社会组织的职责边界,给予县域体育社会组织相应

的政策支持,提升其在地缘治理中的话语权和公信力。同时,加大政府财政支持,积极培育和扶持社会力量,尤其是农村体育社会组织,给予其相应的资金、资源和优惠等倾斜性政策支持,激发其社会治理的积极性和主动性。

第二,不断完善城乡体育治理网络。一方面,不断提高对城乡体育的认知水平,系统开展城乡体育活动。通过电视、网络、自媒体、报纸等媒体加强对城乡体育文化的宣传和教育,提高地方政府、社会组织和民众对体育价值的认知水平,广泛开展和参与各类城乡体育活动,激发广大群众的体育热情。一是开展节庆日乡土民俗体育活动。传统民俗节庆日是传承乡土体育的重要载体。二是相互融合、相互依存,共同构成了我国优秀的节庆民俗文化。[①] 利用民俗节日开展各类乡土体育活动,打造具有区域特色的民俗体育文化节。如贵州的"村 BA"、傣族的泼水节、藏族的赛马会、侗族的花炮节等,吸引城乡居民、游客等广泛参与,不仅可以增加节日氛围,提升人们对民俗体育文化的认知,还可以带动区域经济发展。三是将乡土体育活动作为全民健身的重要内容进行普及和推广。乡土体育只有在服务于社会的过程中,寻求自身的价值,才能保持旺盛的生命力。首先,将乡土体育融入社区和乡镇全民健身当中,开展具有深厚群众基础的乡土体育活动,引领居民形成健康的生活方式和积极的体育习惯。如重庆市土家族将摆手舞项目列入地区全民健身计划项目。[②] 其次,因地制宜地开展乡土体育赛事。根据不同乡土体育项目的特点,科学制定比赛规则、裁判方法、赛事安排等,打

[①] 参见何平香、郑国华、吴国华:《我国民俗体育文化遗产的现代性生存——以江西中村和广西平村为例》,载《武汉体育学院学报》2017 年第 12 期。

[②] 参见万义:《"原生态体育"悖论:体育非物质文化遗产保护模式的解构与重塑》,载《中国体育科技》2016 年第 1 期。

造具有地方特色的乡土体育赛事品牌,提升乡土体育的竞技性、观赏性和国际化水平,让乡土体育逐渐与现代竞技体育接轨。

另一方面,系统开展乡土体育活动。乡土体育活动形式多样、内容丰富,群众基础深厚,是人们获得精神食粮的重要途径。县域体育社会组织地缘融合治理要以传统乡土体育治理为重点,为群众开展丰富多彩的乡土体育活动。一是重构乡土体育的价值结构,深化乡土体育的现代化传承方式。随着我国新型城镇化的发展,传统乡土民俗体育失去了发展的土壤,逐渐走向没落。《体育法》第8条规定:"国家鼓励、支持优秀民族、民间、民俗传统体育项目的发掘、整理、保护、推广和创新……"传承与发展优秀民族、民间、民俗体育文化是县域体育社会组织地缘融合治理的重要内容。二是对具有深厚文化价值的民俗体育项目,加强对其内容、形式和价值的挖掘与研究,积极申报国家非物质文化遗产保护,并制订详细的传承和发展方案。如利用民俗节庆日开展民俗体育仪式展演,增强民众对区域传统文化的认同感和自豪感。三是根据新时期社会群体价值观和居民健身需求对传统民俗体育推陈出新,在结构、内容、形式、方法上改进创新,重构其价值结构,契合文化主体的新需要,为推动乡镇文明建设提供滋养动力。四是加强对乡土民俗体育传承人的培养。人才是民俗、民间体育传承与发展的基础。针对当前民俗体育后继乏人的现实,各地应重视乡土体育人才的培养,一方面,开展各类传统体育项目公益培训,培养民俗、民间体育项目社会指导员、体育精英、体育师资等人才;另一方面,将乡土体育列入学校体育课程和赛事体系当中,为乡土体育发展培养充足的后备力量。

第三,整合地缘多重体育资源。一方面,提升体育组织社会资源的获取能力。构建县域体育社会组织网格化资源整合机制。横向上,以体育协会为枢纽,整合政府、企业、公益组织、个人等不同主体的体育资源。体育协会是协调各方利益,激发各方潜力,维护治理格局的枢纽型公益组织。[1] 在县域体育社会组织地缘融合治理中要发挥县级体育协会的枢纽作用,协调好各主体的利益分配,与地方政府、体育企业、社会组织、体育志愿者等建立长效合作机制,整合各主体优势资源,合力助力乡村振兴。纵向上,以乡镇体育指导站为中轴,整合县域体育资源。发挥乡镇体育指导站在城、村体育社会组织融合中的衔接作用,打通城乡体育组织沟通壁垒,推动体育资源向乡镇下沉,解决乡镇体育组织、人才、资金等资源匮乏问题,提升乡镇公共体育服务水平。此外,农村公共体育服务也是当前国家关心和社会关注的重点,更贴近弱势群体的民生。运用互联网、短视频等媒体加强乡镇体育组织战略宣传,提升社会公众对乡镇体育组织的认知和价值认同,吸引社会企业和个人积极参与公益捐助。增强县域体育社会组织对不同资源类型、不同主体资源的吸纳和整合能力。

另一方面,加大地方政府对资源整合的支持力度。地方政府关于区域优势资源的整体规划对各主体资源整合具有重要的引领作用。因此,地方政府应根据区域自然生态资源、乡土体育资源、民俗文化资源等优势,科学规划并制订详细的区域特色产业发展规划和资源整合方案,发挥政策目标的凝聚能力。支持和鼓励不同主体积极参与区域特色产业发展,加强体育、旅游、文化等政府部门的沟通与合作,给予社会组织等资源融合的倾斜性政策支持,充分发挥区域资源禀赋作用,打造具有区域特色的"体育+旅游""体育+文化"产业,助力乡镇实现产业兴旺。例如,河南温县政府以陈式太极

---

[1] 参见吴宝升、易剑东:《从分散治理到协同治理:我国民间体育赛事治理走向分析》,载《体育与科学》2020年第3期。

拳非遗文化为核心制定了《特色小镇总体规划》《传统村落保护规划》《村庄规划设计》等一系列规划,地方政府、旅游部门、县武术协会及乡镇各太极协会、乡贤、市场主体等多主体资源协同,共同打造集教育培训、休闲旅游、健康养生等产学研旅康养于一体的特色乡镇。2020年,这座仅有3000多人的村子已拥有4所太极拳职业学校和70多个家庭武馆,每年吸引80多万人次前来陈家沟旅游,带动了餐饮、住宿、商超等相关产业的发展,①率先实现了乡村振兴战略。

第四,拓展多元治理途径。首先,完善法治,发挥正式治理制度的主导作用。正式治理制度是一个组织或国家内部约定的、成文的规则,如法律、法规、政策、规章、契约等,②是地方政府和其他社会主体对基层社会公共事务实施治理的根本遵循。正式治理制度具有一定的强制性,通常代表党和政府的治理愿景,在多元协同治理中具有全面综合协调、整合各类资源和调动多方力量的公共行政权力。③鉴于此,地方政府应坚持"以人民健康需求"为中心的理念,完善法规制度,发挥正式治理制度在城乡体育融合治理中的理念导向、资源调配、力量整合等主导作用。强化政社协同,依托法治和政府行政力量加强乡镇体育治理。一方面,将乡镇体育治理纳入县域乡村振兴的整体制度之中,建立健全乡镇体育行政管理体系,推动体育正式力量向乡镇下沉,关注基层群众的健身和健康需求,完善乡镇体育基础设施,开展各类群众性乡土体育活动;另一方面,发挥

---

① 参见党琳燕:《新时期体育职业教育助力乡村振兴的现实状况和推进路径》,载《河北体育学院学报》2023年第6期。

② 参见杨嵘均:《论正式制度与非正式制度在乡村治理中的互动关系》,载《江海学刊》2014年第1期。

③ 参见黄静晗、郑庆昌:《正式制度与非正式制度的关系结构与形成逻辑——基于对我国农村集体产权制度改革的观察》,载《福建师范大学学报(哲学社会科学版)》2023年第6期。

政府"有形之手"的作用,优化城乡公共体育资源配置。发挥政府对乡镇体育治理的导向作用,引导和鼓励各组织、人才等资源要素向乡镇回流,促进城乡体育要素的双向流动,一体推进城乡体育融合治理。

其次,强化自治,增强县域体育社会组织的治理力量。构建县域体育社会组织协同治理网络,提升自治水平。《关于推进体育助力乡村振兴工作的指导意见》提出,"健全全民健身组织网络……支持各类体育组织向乡村发展,构建以体育总会为枢纽、体育协会为纽带、健身队伍和健身骨干为支撑的乡村健身组织网络"。鉴于此,县域体育社会组织应以体育总会为统筹,尽快形成上下贯通、全行业互通的体育社会组织协同体系,打破单个组织在各自节点上"单独作战"的局限和资源困境。通过社会组织协同,整合地域内体育社会组织的专业资源和社会资源,形成强大的治理凝聚力,统一规划和开展各类体育赛事和体育活动,提升县域体育社会组织的竞争力。同时,将助力乡村振兴作为县域体育社会组织的使命和担当,通过组织下沉或资源下沉等激发乡镇草根组织和民俗组织的内生动力,提升其专业能力和服务水平。在乡镇多元协同治理中,以县域体育社会组织协同主体参与乡镇体育治理,为乡村振兴提供有绝对竞争优势的高质量的专业化体育服务,提升体育社会组织在地缘融合治理中的影响力和凝聚力。此外,高度重视礼治,拓展社会多方力量参与基层体育治理。在传统乡土社会,"德业相劝""礼俗相交"的"德礼"制度在乡镇社会稳定中发挥了重要作用。正如费孝通先生曾指出的那样,乡土社会是"熟人"社会,乡镇社会秩序的维持是通过"礼治"来完成的。虽然现代乡镇社会治理结构发生了重大变革,政府行政力量不断向乡镇下沉,法治力量不断增强,但传统乡规民约、宗法礼俗等礼制在乡镇社会治理中仍然发挥作用,影响着乡镇社会各行为主体的路径选择。县域体育社会组织地缘融合治理要发挥民俗体育的"德礼"教化功能,通过民俗体育的天人合一性、乡土规约性和情感亲近性等,强化村民与乡镇体育治理共同体的内在联结。引导村社组织、宗族、乡贤、市场主体、村民等多方社会力量积极参与乡镇体育活动治理,调动村庄既有的社会关系,增强村庄的"整合度"和"集体力"。以乡镇内在的聚合力,吸引并整合乡镇外部力量参与乡镇民俗体育活动治理,打破乡镇体育治理由政府"自上而下"单一中心的治理模式,构建由党委领导、政府主导、市场主体、社会组织和公众广泛参与的、上下贯通的乡镇治理体系,提升乡镇体育治理水平。

综上所述,我国正处于社会变革和治理转型的关键时期,市域体育社会组织地缘融合治理是基层体育治理改革的内在要求,也是提升区域体育治理能力、助力乡村振兴战略的重要举措。在以县域为场域推动城乡融合发展的背景下,市域体育社会组织需要转变治理理念,发挥社会组织的地缘连接作用,积极协同政府部门、社会组织、市场主体和广大乡民共同参与基层体育公共事务治理。通过整合地缘内各类优势资源,提升市域体育社会组织的内生动力和治理能力。以多元治理路径为手段,一体实施城乡体育融合治理,为县域居民提供丰富多彩的体育赛事活动,提升乡镇公共体育服务水平,满足城乡居民美好生活需求。

第二节 数字赋能体育社会组织乡镇赛事治理的运行机理及多元路径

乡镇体育赛事高质量发展是有力支持乡村振兴战略、健康中国战略、体育强国战略实施的重要途径,也是筑牢基层社会治理基础的重要载体。近年来,随着县域经济社会的发展,各具特色的"乡镇体育赛事"蓬勃发展,群众基础广泛,社会影响力深远。县域体育社会组织立足乡镇土壤,日益在乡镇赛事举办中发挥突出的作用,但是也应该看到,目前仍然存在多元主体赋能不足、资源整合能力薄弱、举办路径急需拓展等问题,急需开展一体化建设。随着数字体育建设及乡村振兴战略的深化实施,以大数据、人工智能等为代表的数字技术也成为乡镇赛事发展的重要驱动力。本节在梳理乡镇体育赛事活动开展价值及存在问题的基础上,明确了数字赋能体育社会组织乡镇赛事治理的运行机理,提出了多元治理路径,旨在为提升体育社会组织治理效能、规范乡镇体育赛事举办、满足居民多样的体育需求提供一定的理论参考。

一、举办乡镇体育赛事活动的多元价值

数字技术已经成为体育高质量发展的重要助推力。党的二十大报告提出,"健全共建共治共享的社会治理制度,提升社会治理效能",这为县域体育社会组织深化改革指明了方向——聚焦共治共享制度建设。从当前的发展趋势看,数字赋能能够为体育社会组织优化乡镇赛事治理提供有力的平台和广阔的空间。2021年,国家体育总局颁布的《"十四五"体育发展规划》中明确提出"数字体育建设工程"。[①] 近年来,乡镇体育赛事迅猛发展,有力促进了乡村振兴战略的实施,尤其是在融合特色文化资源、激发乡镇活力、满足居民多元体育需求等方面发挥着重要作用,形成了独特的价值。

---

① 国家体育总局:《关于印发〈"十四五"体育发展规划〉的通知》,载中国政府网 2021 年 10 月 8 日, https://www.gov.cn/zhengce/zhengceku/2021 - 10/26/content_5644891.htm。

第一,融合特色文化资源,形成广泛影响力。我国地域辽阔,乡镇具有丰富的特色文化资源,能深度融入传统的体育赛事活动,以赛为媒传承乡镇特色文化,形成体育赛事广泛的影响力。具体而言:一是以乡镇赛事为载体融入特色文化资源,弘扬当地文化底蕴。与民族传统节庆、特色民俗文化及民俗服饰等文化元素融合,加强体育赛事的特色及传播,吸引社会大众的关注。二是融入乡镇民俗体育文化资源,传播乡镇文化。如各地举办赛龙舟、舞龙舞狮、骑马等群众基础浓厚的民俗体育比赛,将竞技与娱乐趣味性融为一体,不仅能吸引更多人参与,更能吸引体育明星及媒体的关注,扩大乡镇赛事的影响力。三是盘活乡镇地域特色资源,融入"村味",培育特色赛事品牌。以"体育赛事+"乡镇历史文化资源,因地制宜创办体育赛事。如贵州"村超"融合非遗市集、"村BA"融入"吃新节"等地域特色节日,提升了乡镇体育活动的识别度。[①] 挖掘乡镇特色地域文化,提高当地特色文化资源的利用率,通过比赛和表演的方式,为进一步扩大乡镇赛事活动的影响力奠定基础。

第二,凝聚群众广泛参与,激发乡镇发展活力。乡镇体育赛事活动具有独特的优势,体育社会组织能够通过赛事平台将居民凝聚在一起,并通过广泛的切身参与,潜移默化地提升他们的体育认知,规范他们的参与行为,这是激发乡镇活力的重要途径。从现实看,主要体现在三个方面的促进:一是通过体育组织对各类体育活动的有序组织,增强村民间的情感交流。乡镇体育根植乡土,以赛为媒引导村民共同办赛、参赛和观赛,将体育融入村民内心。通过村民共商共参体育赛事,拉近村民间的情感交流,改善村

---

① 参见蒲毕文、邓星华:《我国乡村体育赛事发展经验及启示——以贵州"村BA"为例》,载《体育文化导刊》2023年第2期。

民的精神面貌。[①] 二是赛事活动的参与,能够促进村民的行为规范。体育赛事活动具备竞技性、观赏性,能够弘扬乡镇民族精神与体育精神。村民自觉制定行为准则,形成赛事活动及村民的行为规范。以台盘为例,村民制定村规民约以实现"多一场球赛,少一桌麻将",营造乡镇和谐发展的社会氛围,激发乡镇发展的新活力。三是通过体育社会组织的赋权,乡镇体育赛事活动开展广泛自治,筑牢了发展基础。乡镇赛事由乡镇组织自发举办并扩大办赛范围,不仅强身健体,同时借助赛事影响力吸引周边村镇及县市居民参与观赛,增进跨村、跨地域间交流,连通乡镇关系,进一步带动乡镇间产业合作,激发乡镇活力。

第三,立足各类运动项目的普及,满足居民多元的体育需求。乡镇体育赛事具有聚合人气的优势,围绕村民喜爱的特色体育运动项目,丰富了多样化赛事活动的内容与形式,为满足居民日益增长的体育需求和对健康生活的期盼奠定基础。一是提高居民的参与度。乡镇体育赛事是村民家门口的赛事,能优先满足村民参与体育活动的需求;乡镇邀请各地高水平参赛队开展交流赛,进一步满足居民参与体育运动、观看体育赛事的需求。二是丰富乡镇体育活动的内容类型。乡镇体育赛事的成功举办能激发村民参与体育锻炼的热情,"村味"赛事是村民喜爱的体育运动项目,乡镇赛事在举办规模、时间、地点及参与人群方面灵活性高,能够为满足居民各类体育需求提供平台与氛围。[②] 从小范围体育活动到社区活动,再到乡镇体育赛事,提供不同形式和内容的比赛,提高村民的参与度能

[①] 参见陈旭东、沈克印:《乡村体育赛事助力乡镇振兴的内在机制、经验启示与培育路径——以贵州"村 BA"为例》,载《沈阳体育学院学报》2023 年第 6 期。

[②] 参见冯加付:《我国群众性体育赛事协同治理机制研究——基于两个赛事案例的比较》,载《中国体育科技》2022 年第 9 期。

满足不同居民需求。三是提高乡镇公共体育服务水平。体育公共基础设施是乡镇体育赛事发展的基础,乡镇为举办赛事加快场地改造升级、扩建体育场地、装配电子记分牌等,加强乡镇公共体育设施的建设,体育硬件和软件设施逐渐完善,为村民参与体育活动提供了基础条件,满足了居民多元化体育与文化需求。市域体育社会组织面临治理转向,应扎根乡镇,深入居民,尤其是村民的现实生活中,以需求为导向,广泛融合其他文化组织,共建基层体育体系。

二、体育社会组织乡镇赛事治理存在的主要问题

体育社会组织主要是指正式成立的体育组织,具有民间性和非营利性的特点。体育社会组织作为主要的治理主体,当前仍然面临数字技术支持不足、治理平台急需拓展的问题,主要体现在以下几个方面。

第一,多元主体赋能不足,办赛规模小。乡镇体育赛事治理的过程复杂,离不开多元主体的共同参与。由于政社角色定位不清晰,大多数体育社会组织无法充分发挥作用。从现有赛事治理主体看,当前乡镇赛事治理存在"强政府、弱社会"的治理结构。[1] 长期以来,乡镇体育赛事治理以政府为主体,社会组织及企业的多元治理主体通常处于缺位状态,体育社会组织难以发挥其优势。在乡镇赛事治理中存在职能重叠等现象,主体间的协作性不足。各主体的利益诉求不同,在参与赛事治理时缺乏制度引领,多元主体的共治共享制度不完善,其积极性呈现差异,导致治理主体各自行动,治理

---

[1] 参见杨光、南尚杰、李松洋:《我国群众体育赛事治理困境与优化策略》,载《体育文化导刊》2019年第8期。

效能低。此外,由于乡镇办赛条件匮乏,其交通、住宿及比赛场地等空间承载力不够,大多数乡镇体育场地因空间小、设施老旧,办赛场地不足,场地容纳观赛人数少,难以满足大规模赛事的开展。因乡镇整体发展较为缓慢,乡镇赛事活动的安保等后勤保障的配套设施与服务不足,出现赛事安全风险、后勤医疗保障滞后及赛事监管不力等问题,这些正是赛事多元主体协同不力导致的,又进一步影响乡镇赛事办赛规模。市域体育社会组织应正视这些问题,将其纳入区域赛事的一体化举办中,厘清现有资源关系,切实找到解决的办法。

第二,赛事活动资源整合能力薄弱,办赛成本高。获取和整合资源的能力是衡量体育社会组织治理能力的重要标准。乡镇赛事治理中体育社会组织整合资源能力相对薄弱,存在资源获取途径单一、整合资源效率较低等问题。作为非营利性社会组织,体育组织本身的资源相对有限,依赖外部社会资源,通过自身运作及小规模合作无法满足乡镇赛事对各类资源的需求。由于对赛事资源整合能力薄弱,资金大多来自政府拨款或群众捐款等,很难撬动社会、企业等的资金赞助与扶持。尤其是欠发达乡镇的体育社会组织更是存在资金、政府财政拨款不足等问题。除此之外,办赛技术壁垒与办赛流程的复杂性导致乡镇办赛的成本较高,包括赛事运营、场地维护、安保及媒体宣传的费用。又因乡镇赛事社会影响力不大,体育社会组织通过外界获取赛事的经费往往具有较大的不确定性。为了保证乡镇赛事的顺利开展,部分乡镇采取村民自筹、政府财政补贴以及市场社会捐赠等方式筹集办赛资金。但仍存在部分乡镇村民不愿募捐、社会捐赠较少等现象;体育社会组织缺乏强有力的资金获取和资金管理制度,赛事资源整合不足及办赛成本高影响了体育组织的办赛质量。

第三,综合办赛能力不够,办赛环节烦琐。长期以来受传统治理的影响,体育社会组织内部自治能力较弱,参与乡镇赛事治理的能力欠佳、组织自身建设存在不规范、治理经验缺乏等问题,直接影响乡镇赛事治理效能。现阶段的乡镇体育社会组织仍发展不够成熟,社会工作能力和专业能力都亟待提升。[①] 乡镇赛事的成功举办依赖于专业人员的组织与服务,组织内部管理较为松散,仍不具备乡镇赛事运作与执行的专业能力,办赛能力欠佳,很难在乡镇赛事治理中发挥相应的职能,对办赛过程中出现的风险预测不准确,易造成赛事安全风险。如在榕江"村超"、洛阳某地篮球比赛中球员冲突情况屡屡出现,现场出现人员簇拥现象,体现出体育社会组织对在比赛现场出现的突发棘手问题的处理能力欠佳,对赛事现场的风险监管不力。乡镇赛事运营流程涉及比赛选手报名、赛事执行各项工作内容推进等方面,较为复杂,体育社会组织很难对赛事的实时进度进行完全掌控,人工参与治理的效率较低,这对组织人员的专业能力要求较高,如参赛选手答疑、赛程问题等信息同步不到位,会导致治理过程中出现漏洞,因此体育社会组织举办赛事的路径急需拓展。

三、数字赋能体育社会组织乡镇赛事治理的运行机理

21世纪数字经济快速发展,大数据、物联网等技术被广泛应用到各个领域,推动治理转型升级。我国出台一系列政策文件以不断推进数字中国、乡村振兴及体育赛事的发展。"十四五"发展规划和2035年远景目标明确了数字中国的发展战略,对体育赛事及乡

[①] 参见黄晓勇主编:《中国社会组织报告(2022)》,社会科学文献出版社2022年版。

镇发展均提出新要求。《数字乡村发展战略纲要》提出,要加快乡村数字信息技术的应用,完善乡村数字治理体系;《关于推进体育助力乡村振兴工作的指导意见》明确,引导支持全国性体育社会组织走进乡镇体育举办体育赛事活动;《体育强国建设纲要》强调,加快推动大数据、云计算、人工智能等数字技术在体育领域的创新应用;2023年中央一号文件提出"完善网格化管理、精细化服务、信息化支撑的基层治理平台",为推进乡镇治理数字化的进路明确了方向。党的二十大报告高度重视信息化数字化发展,对实现体育强国及乡村振兴战略提出数字化要求。数字技术已被广泛应用于各类体育赛事治理并呈现出多种实践样态。"数字赋能"并不是体育社会组织简单地将数字信息技术应用于乡镇赛事的过程,而是不断适配调整,最大限度提升治理能力。数字赋能体育社会组织乡镇赛事治理围绕"平台—数据—技术"的基本手段,实现拓展办赛规模、降低办赛成本、优化办赛环节的效果。具体而言,将数字平台、数据要素和技术嵌入治理过程,数字平台作为支撑为数据整合与技术运用提供聚合中枢;发挥数据要素的价值,通过数据的共享与开放提升体育组织的能力;以智能技术的应用赋能组织创新办赛环节。[1] 从内在逻辑看,数字平台、数据驱动、技术支持是赋能体育社会组织乡镇赛事治理的三个维度,即通过数字平台赋能多元主体,拓展办赛规模;通过数据驱动整合各类资源,降低办赛成本;通过技术支持优化办赛环节,实现提质增效(详见图6-1)。

---

[1] 参见李军、赵亮、段娟娟:《数字驱动全民健身公共服务平台化治理的理论逻辑与实践走向》,载《体育学刊》2023年第6期。

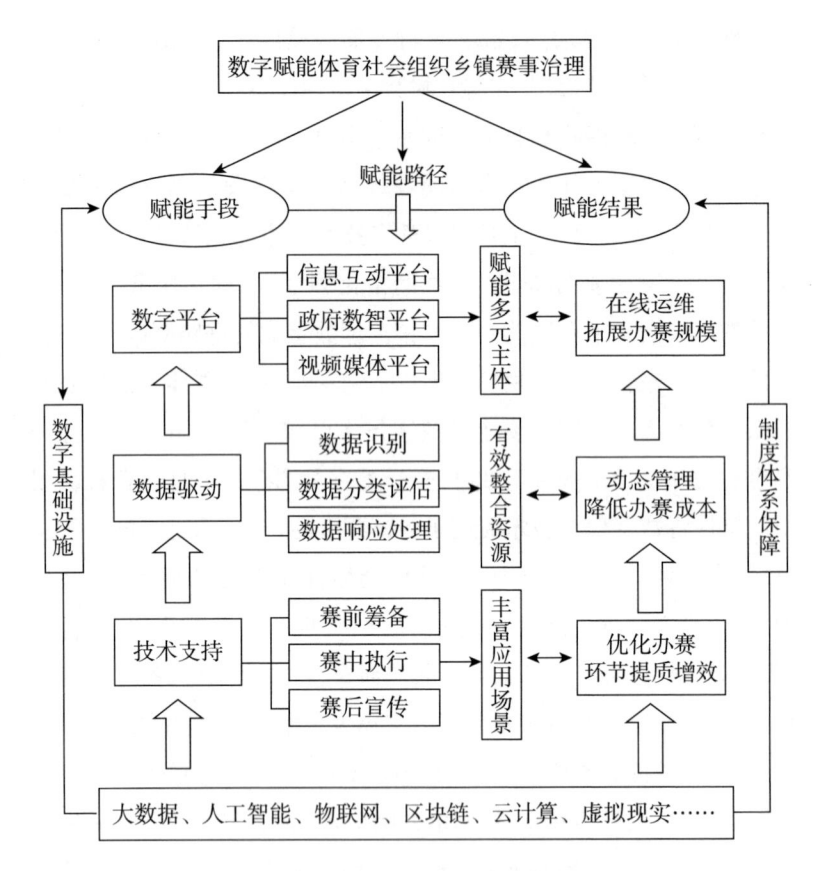

图 6-1　数字赋能体育社会组织乡镇赛事治理的运行机理

夯实数字基础设施建设对提升体育社会组织治理能力极为重要。近年来,随着乡镇的快速发展,基础设施的不断完善,政府加快乡镇新基建,快速布局 5G、物联网、人工智能等新型基础设施。《中国数字乡镇发展报告(2022 年)》明确,乡镇网络宽带全覆盖实现"县县通 5G""村村通宽带",截至 2022 年 6 月农村地区互联网普及率达 58.8%。① 乡镇"新五通"建设持续推进,高速通道、场地扩建以及联通 5G 网络等新基建不断完善,为赛事治理提供信息网络安全保障。数字基础设施能实现乡镇社会互联互通,将乡镇赛事的相关部门(包括政府、体育社会组织、村民、市场部门等)串联,为数字赋能体育社会组织乡镇赛事治理奠定基础。

(一)数字平台赋能多元主体,拓展办赛规模

数字平台的本质是由多元主体交互形成复杂的网络系统,包括信息互动平台、政府数智平台及视频媒体平台,通过发挥平台作用赋能多元主体间实现跨层级、跨部门及跨地域的合作,构建线下"以点带面"网络治理、线上乡镇赛事联动平台的治理方式。

第一,数字平台能提升乡镇赛事治理多元主体间的协同关系,为多元主体搭建线上协同治理,实现治理主体间的大联动和协同。"数字一张网""赛事数智"等为办赛主体提供了一体化服务平台,塑造了乡镇赛事治理共同体。② 体育组织搭建面向群众的信息互动平台赋能村民主动参与、在线参与和监督,增强群众参与赛事治理的便捷性,包括微信群、网络社群;政府官方搭建数智平台服务体育赛事,能畅通体育组织办赛渠道、服务多元主体快捷沟通,包括云健身、小程序等。如杭州亚运会官方"亚运钉"通过对赛事的全程服务,实现赛事各阶段跨部门、跨领域在线沟通、筹办与协同;山东"东营体育"智慧平台、武汉"汉运动"赛事活动平台,打造乡镇赛事数字大脑,依靠数字化平台赋能体育赛事多元主体间的沟通,包括交通、通信、安全保障等方面,同时,覆盖赛事动员报名、赛事信息查询

---

① 参见农业农村部信息中心:《中国数字乡镇发展报告(2022 年)》,载中国政府网,https://www.gov.cn/xinwen/2023-03/01/content_5743969.htm。

② 参见张磊、雍明、刘爱霞:《新一轮科技革命背景下我国体育赛事高质量发展趋向、问题与对策》,载《天津体育学院学报》2023 年第 1 期。

等赛程服务内容,激发社区村民参与到体育赛事活动中,智能化服务赛事治理过程。数字平台凭借其开放的网络空间,以及无边界的资源禀赋,能够为政府、市场之间的合作,充分实现跨部门、跨领域的协同奠定基础,这也是未来我国经济社会治理的趋势。如杭州亚运会与中国移动公司合作搭建的异频和同频网络平台,能同时满足8万余名观众的通信需求。

第二,数字平台不受时空等条件的限制,减少因交通、信息不畅而制约办赛规模的影响。体育组织借助平台的强大网络信息系统能突破传统在场治理的限制,丰富其数字场域空间,拓展办赛规模。充分利用数字视频媒体等互联网平台为赛事观众提供便利,以数字平台搭建网络空间,实现观众数量呈几何增长,形成广泛的社会效应,实现乡镇体育赛事规模的持续扩大。比如,广东梅州横陂足球赛借助数字大数据平台吸引了全镇20支村民队伍300余名运动员,实现了办赛规模的扩大。政府数智平台能提升体育赛事的市场化和商业化,扩大影响力。如福建"龙享动"智慧体育平台举办的社区体育联赛,实现了线上直播乡镇赛事,吸引了万余人观赛,扩大了体育组织办赛的规模。立足当下热门视频媒体平台,村民自发运用视频自媒体平台推广和宣传乡镇赛事,包括抖音、微视频、快手等数字平台,为各类乡镇体育赛事提供云转播与云观赛服务,助力体育社会组织实现跨域举办赛事,拓展体育社会组织的办赛规模。如贵州"村BA""村超"等赛事利用数字平台实现高达数千人甚至数万人在场观看的比赛,这是传统治理手段很难实现的。数字平台为打造规模更大、频次更多的乡镇体育赛事提供了基础。

(二)数据驱动有效整合资源,降低办赛成本

数据是体育社会组织决策、执行、监管和沟通的稀缺要素资源,

数据驱动乡镇赛事治理需要重点关注赛事数据的运用,包括数据识别、数据分类评估及数据响应处理。① 数据驱动体育社会组织克服时空限制,运用数据实时共享资源,从而实现跨域流动。

第一,运用数据驱动体育社会组织发挥连接和整合资源的作用。传统治理模式下要实现跨地域、跨组织、跨层级之间的赛事资源及市场资源整合面临周期长、整合成本较高的问题,通过开放透明的乡镇赛事数据分析,能实现人力、物力及财力等办赛资源的有效整合。在实践中,充分运用数据深度挖掘群众的赛事需求,更新技术资源并提升赛事服务的精细化。如 NBA 篮球赛、德甲足球联赛等赛事,整合直播技术资源,运用超高清直播、360 全景直播等方式提升观众的数字体验。另外,分析乡镇体育赛事的全流程数据,驱动体育组织的决策科学化并对各类资源信息进行整合,实现乡镇赛事供需平衡,提高体育组织数字化资源配置效率。由于赛事数据的动态变化与不确定性成为组织治理的挑战,数据驱动提高体育组织对赛事资源的使用效率,有效整合赛事资源,实现赛事价值的跃升。② 体育社会组织借助数据信息聚焦乡镇赛事的人群、技术和产业的互联互通,引导市场主体与乡镇实现双向连接,提升体育社会组织办赛的动力。

第二,数据驱动赛事信息收集与传递的数据倍增、放大的效应能降低体育社会组织办赛的成本,提升组织的治理效能。数据驱动构建"识别—分类评估—响应处理"的数据链,获取赛事信息的成本大幅下降,推进全域"数"治。以大数据、物联网等技术为媒介,

---

① 参见徐梦周:《数字赋能:内在逻辑、支撑条件与实践取向》,载《浙江社会科学》2022 年第 1 期。

② 参见张磊、雍明、刘爱霞:《新一轮科技革命背景下我国体育赛事高质量发展趋向、问题与对策》,载《天津体育学院学报》2023 年第 1 期。

通过分析获取的赛事图像文字等数据,实现从经验治理转为数据治理,对乡镇赛事进行在线监控、实时获取数据信息,更大范围消除信息不对称。[①] 如杭州亚运会 MOC(赛事指挥中心)对赛事全程数据采集、分析及预判,降低了赛事组织内部的沟通成本。通过物联网、区块链等技术对乡镇赛事数据进行标记、识别,搭建体育赛事数据资源库,建立赛事追踪、智能管理及赛事信息查询一体化数据系统,减少了办赛成本。依托赛事数据的分类与评估,冰雪体育赛事对当地气象、交通等数据分析,提前预判赛事风险,提高赛事信息准确度及透明度,降低决策成本以提高决策的科学化。数据驱动能替代赛事办赛过程的简易动作,包括运动员身份认证等,降低对组织人员的培训与选择的成本。如某市马拉松赛事借助大数据技术搭建数据指挥中心,对选手数据、赛事数据及安全医疗保障数据等进行实时汇集,进行可视化展示,为赛事运营提供决策数据支持,控制办赛成本。

(三)技术支持优化办赛环节,实现提质增效

技术支持是在数字平台和数据驱动的基础上,将物联网技术、云计算、大数据及区块链等技术应用在乡镇赛事的各个环节,赋能乡镇赛事赛前筹备、赛中执行及赛后宣传全过程链,实现体育组织治理能力的提升。

第一,数字技术赋能体育组织借助人工智能、大数据等技术对乡镇体育赛事赛前筹备、赛中执行及赛后宣传推广等环节进行动态监管,帮助体育组织精准监管赛事活动的各环节,实现赛事实时进展数字化与智能化治理,促进快捷办赛。大型体育赛事对智能技术

[①] 参见郁建兴、樊靓:《数字技术赋能社会治理及其限度——以杭州城市大脑为分析对象》,载《经济社会体制比较》2022 年第 1 期。

的应用较为广泛,智能技术基本覆盖赛事开幕式到闭幕式每个环节。体育组织依托大数据、人工智能、云计算等数字技术的应用与支持,有效解决传统治理的技术壁垒。体育组织搭建体育赛事活动小程序或二维码,村民扫一扫就可以实现参赛信息的填报、设置参赛提醒以及团队的各项事宜,也有利于体育组织快速整合信息,简化村民参赛方式,助力体育组织优化乡镇赛事筹划流程。例如,烟台"云动烟台"小程序融合5G、3R等科技手段服务"智慧+"赛事,向当地村民展示赛事内容、报名指南及成绩查询等资讯,简化办赛流程和办赛环节。中国农民体育协会创建网站利用"大数据+AI"技术覆盖乡镇赛事报名与获奖信息,应用数字技术实现报名及比赛信息的实时审核与分组。区块链技术应用在体育赛事活动的筹备、执行与网络直播等环节,其公开透明的特点能实现体育社会组织办赛的透明化与简约化。

第二,现代技术手段的应用能提高体育社会组织乡镇赛事治理的效率,强化大数据、人工智能、云计算等技术在乡镇赛事服务办赛、参赛及观赛等各个环节的渗透,提升风险预测及管控的能力。在竞技体育赛事中,利用物联网、人工智能等技术进行赛事裁判及管理,足球VAR(Video Assistant Referee)技术及网球的鹰眼技术系统辅助体育赛事裁判工作,避免了赛事活动的误判。智能监控、人脸识别、智能辅助技术等用于实时监控赛事现场,及时预判赛事风险,能提高体育社会组织的治理效能。赛事过程治理,运用数字感知技术对赛事管理问题予以及时解决。通过运用大数据、人工智能技术建立网络预约、人脸识别等系统,对赛事应急事件及人流进行管控,提高治理的效率。赛事风险治理,通过云计算技术建立赛事风险预测模型,有效提升赛事治理风险防控能力。针对赛事赛场运动员冲突、裁判员执裁不公等现象,运用区块链技术电子取证代替人为情感管理,给予体育社会组织行使公平公正的权力,促进行政自动化,提升其专业办赛能力。另外,数字技术还支持"赛事问题网上监督",鼓励村民群众为乡镇赛事的举办提出建议,建立社会大众数智监督机制,推进乡镇赛事治理提"智"增效。

四、数字赋能体育社会组织乡镇赛事治理的举措

在国家治理现代化的背景下,体育社会组织已被纳入体育事业发展全局,数字赋能体育社会组织乡镇赛事治理是实现体育治理现代化的关键举措。体育社会组织乡镇赛事治理是一项复杂的系统工程,为了进一步激活体育社会组织治理效能,要立足乡镇实际,充分发挥数字技术的作用。

第一,深入扎根乡镇,将乡镇赛事治理纳入规划。一方面,体育社会组织是乡镇连接社会资源和政府的纽带,能满足乡镇居民的体育需求,只有深入扎根乡镇,才能为村民精准提供公共体育服务。体育组织运用数字技术赋能提高体育社会组织的治理能力,既要处理好与乡镇政府、村民及市场主体之间的互动关系,也要构建好乡镇赛事治理多元主体间的协同关系;同时要摆脱体育组织人才、资金缺乏的困境,体育组织必须深入扎根乡镇,从乡镇当地吸纳体育社会组织骨干与人才队伍,"从群众中来到群众中去",深入了解群众的体育需求,获取居民的高信任度和强关系资源,为赛事治理提供内源动力。元宇宙、物联网等数字技术为体育组织扎根乡镇创新了应用场景,带动乡镇村民自主参赛、观赛、办赛的主动性与积极性,融入数字技术推动乡镇体育赛事实现智能化升级。另一方面,立足县域经济发展及制度体系,坚持有序调整的原则将乡镇赛事治理纳入乡镇发展规划,从乡镇的实际情况出发,将乡镇治理的举措与体育社会组织的专业业务范围连接,引导并支持体育社会组织进入乡镇赛事治理领域。围绕乡镇治理目标,统筹规划乡镇体育赛事治理的总体要求,以规范化政策文件明确体育组织参与乡镇赛事治理的方式,推动乡镇赛事数字平台的建设。政府应出台相关扶持政策,比如,设立专项资金扶持体育社会组织参与乡镇赛事治理,以政府购买服务等合作方式支持体育组织。根据各乡镇实际情况开展乡镇赛事智慧治理试点,以乡镇赛事为突破口,充分挖掘地方自然资源、旅游和文化资源,与体育社会组织构建"乡镇赛事+"的产业体系助力乡村振兴。此外,在乡镇工作规划中,给予体育社会组织乡镇赛事治理的场地、人力及资金支持,实现多元主体共建共治。

第二,立足县域资源,一体化培育特色体育文化。县域拥有丰富的自然生态和传统民俗文化等资源,从长远看,体育社会组织应积极用好县域的这些资源,充分发挥县域优势,培育乡镇品牌体育赛事。一方面,依托县域基础设施资源,建设乡镇公共体育设施及信息基础设施,为数字赋能治理提供全感知数字环境。积极推进乡镇数字信息基础设施的增量建设,构建乡镇赛事治理软件技术基础,加快 5G 网络、宽带移动等硬件设施的布局,提高数字平台的普及率,服务体育社会组织对乡镇赛事从决策运作到后期评价的全过程在线治理。立足县域资源禀赋,积极深入乡镇挖掘各类资源,包括县域的土地、文化古迹、民俗文化及农产品等资源,嵌入各民族的舞蹈、音乐等传统文化,围绕"文化+体育+旅游+生态"的思路创新乡镇体育赛事内容。同时,各地体育社会组织应抓住当地的核心优势资源开发,鼓励体育赛事与非遗文化、生态资源、文化园区等结合,塑造乡镇赛事的品牌特色。另一方面,盘活乡镇各类民俗文化、非遗文化等元素与体育赛事融合,发挥数字技术在体育社会组织和乡镇赛事治理各环节的作用。培育乡镇特色体育文化,激发村民参与体育运动的热情、营造体育文化氛围,扎根乡镇基层社会与乡镇当地的文旅产业融合发展,形成具有乡镇特色的体育文化。同时,应用数字技术平台开发,为培育特色体育数字文化产品与服务提供科技支撑,将乡镇赛事的形象数字化和虚拟化,嵌入信息化数字化技术,加快推进人工智能、物联网等技术的覆盖,提升乡镇赛事治理的智能化。例如,利用乡镇赛事创建虚拟文化博物馆,通过3R数字技术,创新当地的传统体育文化元素,运用数字媒体对乡镇体育文化进行传播。充分发挥整合社会资源的优势,强化资源联动,为当地引入企业市场投资,培育具有当地特色的体育赛事和特色体育文化赛事IP。

第三,融入乡镇治理,积极培育自治性体育组织。数字赋能体育社会组织乡镇赛事治理是一项系统长期的工程,体育社会组织乡镇赛事治理必须立足乡村振兴,以乡镇治理的要求为引领。着力培育扎根乡镇土壤的自治性体育组织,壮大乡镇赛事治理的社会力量。一方面,深度融入乡镇治理,明确体育社会组织乡镇赛事治理的行为与权力边界,立足乡镇治理的本土化,不得脱离乡镇治理体系而独立发展,科学规范乡镇赛事治理过程,强化乡镇赛事治理与乡镇治理规则的适配性。不同乡镇治理模式因当地乡土风情、文化及情感不同而存在差异,为了避免出现因数字技术治理落后导致乡镇文化情感体验弱化等现象,体育社会组织要注重治理的温度,适应当地的村规民约和乡土风俗,注重技术应用与乡镇体育组织及村民技能的匹配性。例如,浙江、四川、广东等地的乡镇治理已经搭建完善的基层信息平台、便民互动监督平台、移动议事及公众号等平台,体育组织要积极对接数字乡镇治理平台,增设"乡镇体育赛事"板块。再者,依托乡镇治理的技术应用系统,拓展其在乡镇赛事的应用场景,充分搭建智能监控、智慧观赛、数字直播等技术应用,实现治理智能化、网络化。另一方面,同一乡镇地区具有共同的历史文化背景,以爱好和情感为纽带自发建立草根体育组织,[1]同时政府可以孵化本土的运动项目体育社会组织,如三大球体育协会、民俗民间体育组织、特色体育项目组织等。同时,建立健全乡镇自治体育组织的培育机制。在县域层面搭建体育社会组织的专项培育平台,依托乡镇社会自下而上的内生动力培育自治性体育组织,发挥政府和村民的主动性,下沉到基层乡镇并扎根乡镇土壤,培育乡镇自治性体育组织,提高乡镇体育社会组织的"可得性"。体育组织应充分利用乡镇当地的体育文化土壤,与县域政府协同合作,提升其自治能力,形成"自我发展、项目多样、覆盖广泛"的自治性体育组织体系,运用数字技术引导自发性体育组织规范化和专业化发展,提升组织的自我"造血"能力。

第四,寻求技术资源,广泛开展各种类型的体育赛事。数字信息技术的广泛应用,影响着乡镇赛事治理的效果,运用多样化数字技术资源开展乡镇体育赛事活动,释放技术资源的扩散效应,构建多样化的体育赛事活动体系。一方面,体育社会组织要与时俱进,时刻着眼前沿数字技术,加快发展人工智能、虚拟仿真、物联网等数字技术的应用,鼓励体育组织"云上数智"充分发挥多样化技术群在乡镇赛事治理中的积极作用。强化体育社会组织对新一代信息技术的应用,提高体育组织对信息技术的掌握运用能力;充分利用大数据及云计算提高体育组织对赛事数据管理能力,建立"数据池",线上发布赛事信息、在线报名、赛事直播与转播等,积极引入现代比赛的数字技术方式,打造"乡镇赛事大脑"系统。一是在赛前筹备阶段运用大数据对赛事的各个事项进行摸底,预判风险;二是

---

[1] 参见宋亨国、周爱光:《非政府体育组织的含义、自治形态及我国社会体育组织的转型》,载《体育学刊》2016 年第 3 期。

在赛中执行阶段运用技术进行动态数据分析,处理突发状况;三是运用数字可视化及媒体对赛事进行实时宣传。利用多样化信息技术协同体育组织打造乡镇赛事的数字治理生态,实现乡镇赛事治理从"单一"赛事服务向乡村振兴的价值创造升级。另一方面,围绕乡镇体育赛事服务供给碎片化,体育组织应积极发挥技术资源支持举办多样化的赛事。运用新技术围绕赛事场景、赛事观赏体验,从乡镇赛事的活动类型、内容方面进行创新,在场地设置、赛事管理系统、赛事服务平台及技术应用标准方面进行全面智慧化布局。利用智慧技术搭建乡镇体育云平台、赛事信息系统,开展村民需求信息征集,广泛开展村民喜爱的各类乡镇体育赛事。依托大数据等信息技术聚集体育赛事相关资源,整合乡镇群众需求,构建村、镇、县三级乡镇赛事体系,丰富赛事的类型与内容。体育社会组织积极引进市场技术,为各项体育赛事活动的开展提供新技术支持,如线上虚拟赛事等。充分运用好技术资源,开展覆盖青少年、妇女、老年人等全年龄人群的多样化体育赛事活动,打造"1 + N"的赛事服务平台,丰富乡镇体育赛事体系,提升赛事活动服务水平,同时培育体育组织的数字素养,切实满足群众的体育需求。

综上所述,体育社会组织乡镇赛事治理是乡镇体育事业发展的重要内容,探索如何提升体育社会组织的治理能力是体育治理能力现代化的重要命题。数字技术的蓬勃发展,从根本上改变了乡镇体育的发展,为体育社会组织治理创新提供了动力。立足数字赋能驱动体育社会组织乡镇赛事治理效能的提升,研究围绕数字平台、数据驱动和技术支持三个维度,探索数字技术在各类体育赛事治理中的实践,为乡镇赛事适应数字时代提供理论参考。当然,数字技术仍然在不断更新迭代,体育社会组织乡镇赛事治理模式应与时俱进,积极应用数字信息技术,完善治理体系与治理方式,为乡镇赛事治理提供创新路径。

第三节 基层体育治理中的社会资本培育

拓展基层体育社会资本是提升基层社会治理效能的重要抓手。对于当前我国基层体育社会资本基础薄弱的突出问题,应当立足国家治理转向,引入新的研究范式,提出破解举措。从内在逻辑看,群众体育需求是培育基层体育社会资本的基础,从主观需求和客观需求两个层面形成驱动力,条件支持则为满足群众体育需求提供了必要的行动条件,而体育组织嵌入则将需求和条件支持一体纳入体育活动的开展中,不断强化基层体育资本培育的路径。笔者通过深入系统地考察 G 市 H 社区和 F 市 B 镇 M 社区的体育社会资本形成情况,总结经验,发现不足,提出进一步深化改革的建议。

一、基层体育社会资本的内涵与来源

基层一般是指与群众联系最直接、最密切的社会区域或者单元。从我国的现实情况看,基层治理是实现国家治理体系和治理能力现代化的基础工程,主要包括乡镇(街道)和城乡社区治理。[1] 社会资本是指"与拥有或多或少相互认识或认可关系的制度化持久网络相关的实际资源或潜在资源的总和"。[2] 从本质上看,社会资本是一种能够给拥有者带来增值和收益的各种资源,即马克思主义所

---

[1] 参见《中共中央、国务院关于加强基层治理体系和治理能力现代化建设的意见》,载中国政府网,https://www.gov.cn/zhengce/2021-07/11/content_5624201.htm。

[2] P. Bourdieu, *Handbook for Theory and Research for the Sociology of Education*, Greenwood Press, 1986, p.240.

认为的"价值保存、价值增值和价值实现的相统一",[1]其主要表现为信任水平、关系、社会网络、行为规范等,其中,信任是形成社会资本各个维度的基础。[2]"信任是社会生活的核心要素","事实上,如果没有信任规范来支撑我们与他人、组织和机构的交往,那么我们的生活,无论是私人生活,还是公共生活,都将变得极其复杂和不确定"。[3] 参与体育运动已经被认为是产生社会资本的有效途径,运动可以帮助人们建立更广泛的社会关系,并提高社交的质量。[4] 基层体育社会资本主要是指基于特定体育活动开展而形成的,能够促进运动者相互合作、共同参与的相关资源的总和,它既是基层体育的基本构成要素,也是推动其持续发展的基础。从动态治理的视角看,群众之间所建立的"体育纽带"是形成基层体育社会资本的关键,因此需要不断加强和规范关系网络,并不断拓展参与途径。也就是说,参与者之间的体育互动(包括体育行为本身)构成了基层体育社会资本的主要来源,如果基层体育没有良好的社会资本,就会丧失群众基础,失去发展的活力。基层体育社会资本的来源主要表现为以下三种形式。

第一,基层集体合作的体育行动。"集体性社会资本包括中观和宏观两个层次,前者是指群体、社团或组织之间形成的横向和纵

---

[1] 《马克思恩格斯全集》,中共中央马克思恩格斯列宁斯大林著作编译局译,人民出版社1979年版,第383~385页。

[2] J. Nahapiet & S. Ghoshal, *Social Capital, Intellectual Capital, and the Organizational Advantage*, The Academy of Management Review, Vol. 23:2, p. 242 – 266(1998).

[3] A. D. Karp, C. W. Yoels & H. B. Vann, *Sociology in Everyday Life* (4th ed.), Illinois: Waveland Press, 2016, p. 121 – 122.

[4] See J. M. Sánchez-Santos, P. Rungo & F. Lera-López, *Building Social Capital Through Sport Engagement: Evidence for Adults Aged 50 Years and Older*, Ageing & Society, Vol. 1, p. 1 – 26(2022).

向联系,后者主要是指政治和制度环境,以及政府建构治理机制的质量。"[1]基层集体社会资本属于中观层面,主要是指不同社群和机构之间建立的合作关系。社区是基层社会的基本构成单位,具有相对的独立性和自治性。无论是在城市,还是在农村,每个人都生活在某个特定的社群中,并且都与他人或其他组织发生各种关系,这也是形成制度型社会资本的重要途径。当生活的社区或者社群有共同的健康需求时,就会产生集体合作行动的意愿,而这种意愿往往通过各种体育活动、健康咨询活动或者休闲活动呈现出来。美国学者埃莉诺·奥斯特罗姆认为,"当一群潜在的受益者考量共同为当地公共事务治理提供社会资本时,他们面临着一个漫长的试错式社会学习,以及相互协商达成一致的过程,即创造制度型社会资本的过程"[2]。社区体育活动的开展往往需要多方共同行动(居委会、街道、物业、业主委员会、社区俱乐部、体育协会等)。简言之,协商也是推动社区体育活动蓬勃开展、完善制度型资本的重要途径。从现实情况看,在社区建设的初级阶段,尚未建立稳定的体育秩序,需要花费一定的时间,征询多方意见,协调多方利益。在社区比较成熟时,体育嵌入居民的生活,就会形成比较稳定的体育活动开展秩序,各类社区资源也相对充分。相较而言,西方国家社区在集体合作开展体育行动方面积累了比较成熟的经验。

第二,基层体育组织及其成员之间的互动。基层体育组织建构起庞大的网络,而看似松散的组织架构却以其灵活性、便捷性为成员之间的持续互动提供了机会和条件。英国著名学者肯尼思·纽

---

[1] [孟]帕萨·达斯古普特、[法]伊斯梅尔·撒拉格尔丁:《社会资本——一个多角度的观点》,张慧东、姚莉等译,中国人民大学出版社2005年版,第123~124页。

[2] E. Ostrom, *Constituting Social Capital and Collective Action*, Journal of Theoretical politics, Vol. 6:4, p. 527 – 562(1994).

顿认为,"成员基于信任、互惠积极参与组织活动,这为彼此之间的互动与合作提供了条件,并由此形成了联结紧密的正式网络、人际信任与合作经验,并且成员间的信任能够通过某种机制上升为组织的普遍信任"①。基层体育组织往往容易被忽视,这有着现实因素的作用,如偏见、资源匮乏、组织架构松散等。基层体育是一个整体,其根基在于群众,因此覆盖面十分广泛,各类体育组织在其中发挥着具体的引导和组织作用,这些作用可能是显性的,也可能是隐性的。如果把基层体育看作一个"人体",那么基层体育组织就是串联经络的"穴位",发挥着重要的联通、濡养和调节作用。通过体育组织串联形成的"经络网"就是社会资本的来源,它将组织成员的体育诉求和主张通过丰富多样的体育活动表达出来,从而形成共享信息、成员规范、期望达成等具体的社会资本形式。从更深层次看,基层体育组织成员互动形成社会资本也是"提升民心向背"的过程,其能够将体育资源与民心愿景有机连接起来,发挥积极的引导作用。《体育法》第 22 条规定,居民委员会、村民委员会以及其他社区组织应当结合实际,组织开展全民健身活动。第 68 条规定,国家鼓励发展青少年体育俱乐部、社区健身组织等各类自治性体育组织。这为深化基层体育自治建设,培育基层体育社会资本提供了法律依据。

第三,个体之间的体育互动。社会学认为,个体之间的互动也是基层社会资本不可忽视的来源,"这些小小的活动就像把一分分钱投进存钱罐,都能让社会资本得到逐渐的增加"。② 个体之间往

---

① [英]肯尼思·纽顿:《社会资本与现代欧洲民主》,冯仕政译,载李惠斌、杨雪冬主编:《社会资本与社会发展》,社会科学文献出版社 2000 年版。
② [美]罗伯特·帕特南:《独自打保龄:美国社区的衰落与复兴》,刘波、祝乃娟等译,北京大学出版社 2011 年版,第 98 页。

往因体育习惯、相同的体育兴趣爱好,或者相互的情感支持,而形成一定的体育纽带。个体的互动充分体现在对"自身卓越"的追求上。他们为了突破体能、技能极限,或者是充分展现自身形象,形成了非常自律的行为习惯,并积极参加各类竞技比赛,从而从另外一个层面建构起互动关系。在这一过程中,社会资本的形成也具有了显著特征,即通过体育投入形成了具有类似个体特征的网络和影响力。个体之间所形成的体育纽带一般还与家庭紧密联系,即形成了具有"代际关系"的体育网络,从而具有了微观的"体育共同体"特征。个体间的体育互动已经成为构筑我国基层体育社会资本的重要途径。有研究成果表明,"体育参与的集体性共识为个体体育价值认知提供心理规训,由个体认同进而汇聚成具有一致性特征的心理群体构成了社会文化表征的基础"。① 还有调查结果表明,体育运动能够有效促进中国"人类发展指数"(Human Development Index,主要包括健康、教育、收入三个维度)的提升,其中对代际体育活动的影响最为显著。②

二、基层体育治理社会资本的研究范式

在基层体育中,传统的以"行政为主导"的治理模式极易造成自治性的降低,从而限制多样体育活动的开展,而以"市场为主导"的杠杆模式目前还不具备现实土壤。这两种模式目前都不能及时有效地解决群众体育面临的问题,容易造成矛盾积压,不利于基层社会的和谐共建。近年来,针对群众参与基层体育治理不足的问

---

① 王智慧:《解组与重构:"健康中国"背景下的社会心态适应——基于大众体育参与的分析》,载《体育与科学》2020 年第 2 期。
② 参见季树宇、王晓林、秦新敏:《阶层、代际、空间:体育运动对中国"人类发展指数"的影响》,载《上海体育学院学报》2023 年第 11 期。

题,研究者也从不同的视角展开了分析,提出了"社会动员行动逻辑"[①]"智慧社区体育创新模式"[②]"基于理念—结构—技术的动态精准治理"[③]等解决路径。这些研究选择了特定的理论框架,对影响群众参与体育治理的因素展开分析,形成了很多有价值的观点。但从综合视角看,基层体育治理是一个依据多元规范协同行动的过程,其依赖于建立的广泛合作关系,而群众参与不足则在很大程度上体现出协同治理面临的困境。正如有学者认为,"在构建基层社会治理共同体过程中,政府属于客观存在的制度设计者,而公众参与才是共同体成功运作的关键"。[④] 引入基层社会资本书视角,可以为突破这一困境提供新的思路,从认知、结构和机制三个维度形成解决方案。基层体育本身根植于群众,是全民参与的重要载体,发挥着不可忽视的积极作用,尤其是在具体的运动场域中,其会建立各种微观的关系网络,不断积累社会资本存量,这些资本如同"细胞",为基层体育和基层社会的发展提供不竭的动力。

基层体育活动有明确的、具体的"运动场域",其中,既包含不同运动主体之间的相互作用,也包含各种运动投入。因此,参与者之间进行的持续的、重复的运动行为与互动就构成了培育体育社会资本的基本途径。从内在逻辑看,个体的体育行为是主观需求和客

---

① 王春雷:《基层体育治理中的社会动员:行动逻辑与现实反思》,载《广州体育学院学报》2023 年第 1 期。

② 张洪柱、樊炳有:《基层体育治理中数字技术赋能的实践创新研究——基于"运动家"智慧体育社区的实践》,载《体育学刊》2022 年第 5 期。

③ 李燕领、代争光、张凡涛:《精细化治理视角下城市社区公共体育服务供给如何有效提升居民获得感?——基于多案例的比较研究》,载《武汉体育学院学报》2023 年第 9 期。

④ 徐龙顺、蒋硕亮、陈贤胜:《"制度—资本—行动":基层社会治理共同体何以构建?——基于鲁西南 S 镇的案例研究》,载《西北农林科技大学学报(社会科学版)》2023 年第 1 期。

观运动条件相互结合的结果。也就是说,离开了自身的体育需求,以及现实运动条件的支持,体育行为就很难发生。正如有学者认为的,在具体的社会交往中,个体的身份与行为目标具有一致性时,即准确评估外部环境,建立与维持与他人的关系,才能确保自我利益的实现。[①] 当然,运动行为的持续发生除内生动力和现实条件外,还需要组织的引导和支持,尤其是需要那些能够深度融入居民日常生活的体育组织的支持。美国社会学家帕特南指出,社会资本能够形成群体凝聚力,促进协调与合作,个体也能够借助组织的协调合作,获取能够交换或者分配智力资源、社会资源和经济资源的信用。[②] 体育组织的嵌入不同于其他组织以"外力"进行作用的过程,而是体现出个体成员与组织之间相互作用的过程,即建构体育共同体,强化个体的体育主张。综合来看,基层体育发展的逻辑也十分清晰——"体育需求"为原生动力,现实条件支持是实现需求转化为行动的必要条件,而组织嵌入则是生成基层体育互动系统、实现既定目标的重要路径。为此,本书提出"体育需求—条件支持—组织嵌入"的分析框架,用于研究基层体育社会资本的形成与变化。

在这一框架中,社会治理转向是影响群众体育参与,以及基层体育社会资本形成与变化的根本性因素。社会治理转向对基层群众体育需求的影响深刻,能够从观念、制度、保障、参与方式等方面产生全面的影响。近年来,国家权力转向基层治理的趋势非常明确。党的十八大以来,深化推进县域治理改革已经成为提升社会治

[①] See R. B. Cialdini & M. R. Trost, *Social Influence: Social Norms, Conformity and Compliance*, McGraw-Hill, 1998, p. 151 – 192.

[②] See R. Putnam, *The Prosperous Community: Social Capital and Public Life*, Prospect (Apr. 1, 1993), https://prospect. org/infrastructure/prosperous-community-social-capital-public-life.

理效能的关键。县域处于"国家—社会""城市—乡镇"的接点位置。从一系列国家战略和政策制定的角度看,在县域中寻找新的突破口与增长点,是当前社会各界的基本共识和努力方向。这既体现了县域的特殊角色、关键地位和战略意义,也意味着"国家—社会二分法"已经无法对当下的中国治理进行解释,社会实践正呈现出"二合一"的趋势。[①] 习近平总书记指出,"县域涵盖城镇与乡村,是承上启下、沟通条块、连接城乡的枢纽,是我国经济发展和社会治理的基本单元"。[②] "在我们党的组织结构和国家政权结构里,县一级处在承上启下的关键环节,是发展经济、保障民生、维护稳定、促进国家长治久安的重要基石。"[③]这一国家治理转向对基层体育的影响是深远的。一是治理重心逐步下沉,更加聚焦基层群众的体育需求和现实问题;二是扎根城乡土壤,深度融合地方的文化、民俗、资源禀赋等,建构起形式多样、内容丰富的多元文化载体;三是治理逻辑日益转向政府引导和支持,着力建设体育社会组织网络,突出群众的自主参与。

三、研究个案调查对象和指标的筛选

当前,我国正处于基层社会治理转向的关键时期,建立群众广泛参与的治理制度是核心目标之一。2021 年 4 月,《中共中央、国务院关于加强基层治理体系和治理能力现代化建设的意见》提出,"建立起党组织统一领导、政府依法履责、各类组织积极协同、群众

[①] 参见王敬尧、黄祥祥:《县域治理:中国之治的"接点"存在》,载《行政论坛》2022 年第 4 期。

[②] 许宝健:《习近平关于县域治理的重要论述及其实践基础》,载《行政管理改革》2022 年第 8 期。

[③] 《习近平谈治国理政》(第 2 卷),外文出版社 2017 年版,第 140 页。

广泛参与,自治、法治、德治相结合的基层治理体系"。党的二十大报告进一步把"发展全过程人民民主"确立为实现中国现代化的关键内容和举措,并对其做出了全面部署,系统提出了基层社会治理的目标。可以明确的是,"群众广泛参与"是基层社会治理的核心要义,其深刻体现出深入群众、依托群众,突出"民主赋能"的发展理念,这也是深化开展基层体育工作的遵循。2022 年修订的《体育法》确立了以"保障公民平等参与体育活动的权利"为导向的基层体育法治要求,并从强化地方政府主体责任、扩大公益性和基础性公共体育服务供给、鼓励社会力量支持基层体育、加强体育组织建设等方面提出细化的举措。随着地方经济社会的发展,群众的体育与健康意识日益提升,他们广泛参与体育活动,"体育纽带"的作用日益凸显,这为凝聚民心,形成体育治理社会资本奠定了基础。但是从现实情况看,当前我国基层体育治理仍然面临很大的问题,主要表现为:基层体育治理的公共性不强,体育组织资源整合能力急需提升,社会资本及其存量薄弱;[1]群众参与治理的路径单一,草根体育组织缺乏有效的引导和支持。[2] 针对这些突出问题,本书依据上述研究范式,对基层体育治理社会资本的培育展开理论和实证分析。

  基于本书确立了基本理论范式,并对基层体育治理社会资本形成情况进行实证个案分析。在选取个案时,主要有三个方面的考虑:一是将重点放在城市和乡镇社区体育资本的形成与比较上,各选取一个代表性社区,旨在考量二者之间的差异;二是选择多样的

---

[1] 参见赵鹏、王鹤:《公共治理视角下基层体育社会组织的培育逻辑、制度困境与应对策略》,载《武汉体育学院学报》2023 年第 10 期。

[2] 参见郇昌店、张伟:《群众性体育活动的草根动员与政府治理转型》,载《体育科学》2018 年第 12 期。

社区基础体育场地设施,且周边都有公园、休闲健身场所等,旨在分析基层体育社会资本形成的不同路径;三是在城市选择有10年以上的老社区,乡镇选择新建不到5年的社区,旨在分析体育组织嵌入居民体育的参与情况。基于上述考虑,本书进行了筛选,最终确定了G市的H社区(6期)和F市B镇的M社区作为个案,并分别于2023年6~8月和9~10月进行了田野研究,通过切身参与、实地观察、访谈、问卷调查等,收集整理各类研究资料。其中,H社区是超大型社区,位于市中心,建成超过15年,周边学校、公园、运动会所一应俱全,总计居住人口超过10万人。本书选取了该社区的6期,有11栋住宅,共2392户,常住人口约为7000人,流动人口占常住人口的8.6%。M社区是F市B镇的大型社区,位置优越,建成不到5年,周边学校、公园、健身俱乐部一应俱全。该社区有12栋住宅,共1437户,常住人口约4000人,流动人口占常住人口的6.3%。本书重点围绕"居民体育需求驱动""运动场地设施支持""体育组织嵌入"及其对基层体育社会资本培育和形成的作用进行了设计,其中又分别对每一类指标设计了针对性的问题。同时,针对两个个案,笔者于2023年6月1~15日先进行了问卷的预发放,每个小区30份,再从7~10月分别在7:00~8:00、17:00~21:00两个时间段,对参加社区晨练的居民正式发放调查问卷200份,调查对象的年龄为18~69周岁,其中,有效问卷率分别为86%(172份)和88.5%(177份)。对两份问卷的内部一致性分析,系数达到0.912,表明具有很好的同质性信度。

四、基层体育社会资本的培育基础、条件支持与拓展路径

(一)基层体育社会资本培育的基础:群众体育需求

群众体育需求是培育基层体育社会资本的前提和基础。按性质来分的话,需求一般可以分为主观需求和客观需求。① 前者主要是指个体或者群体基于自身感受、意愿和价值判断而产生的需求,后者一般是指基于客观事实和理性思考而产生的需求,二者并不完全独立,很多时候相互交织,共同推动行为的实施。社会治理的转向推动了基层体育治理结构的变革,同时也激发了群众多样的体育需求。体育需求培育体育社会资本主要表现为三种形式。

第一,运动促进健康需求培育基层体育社会资本。"健康需求"是群众体育参与最为本源的需求,是内生性动力。有研究者的调查结果表明,"健康需求"是基层社区居民参加社区活动的首要因素,他们热衷于参加体质健康监测与干预、健康咨询与指导、锻炼和养生讲座、心理疏导等活动。② 同时,运动促进身心健康需要各种技能的支持,也能够产生很好的社会和经济价值。③ 心理学认为,需求并不是稳定的,随着其逐步发展,意味着必须加强各种技能,尤其是消费技能的学习。④ 这主要是因为体育运动的特质决定了个体在实现自身需求的过程中必须掌握各种技能,如体能、运动技能、团队合作技能、心理抗压技能等。而从微观经济学的视角看,个体进行体育决策时,

---

① 参见容志等:《公共服务需求分析:理论与实践的逻辑》,人民出版社 2019 年版,第 88 页。
② 参见李晓栋、李晓楠:《体育社会组织嵌入社区体育治理信任关系建构的三重路径——来自 Q 社区的个案》,载《上海体育学院学报》2023 年第 10 期。
③ See A. Fry & D. Putrino, *Exercise Decreases Cardiovascular Risk Factors: Now what?*, International Journal of Cardiology, Vol. 254:1, p. 340 – 342(2018).
④ See T. Scitovsky, *The Joyless Economy*, Oxford University Press, 1976, p. 125.

往往受到经济有限理性的影响,会在众多方案中进行选择,并根据可以参考的规范或者启发式准则进行行为实施的评估,这也决定了个体在长期的运动投入中必须学会多样的消费技能。[1] 健康需求是一类基础性需求,其能够培育基层体育社会资本的途径主要有三个:一是基于身体健康的需要,积极参加各类体育活动,从而形成以"自我"为中心的关系网络。在这一关系网络中,每一个参与者都是独立存在的,所投入的所有资源都是为了"锻炼身体"。二是基于归属感需要,而融入群体锻炼活动中,从而形成以"体育群体"为中心的关系网络。"社区归属感能帮助居民适应和融入新的社区生活,在社区中获得情感支持,从而形成'家园'的感觉。居民之间相互熟悉和信任的关系是社区归属感的主要来源。"[2]通过参加广场舞、体育舞蹈、扭秧歌、太极拳等群体体育活动,能够极大地提升居民的归属感,尤其是对于老年人而言,"体育群体归属"已经成为其生活中不可或缺的内容。三是基于生活方式形成的自律要求,形成规律性的体育行为习惯。在现代生活中,这一类人群日益增多,他们对自身健康有着很高的要求,形成了良好的体育生活方式,定期参与健身、塑形、膳食管理、心理压力管理等活动。以发展的眼光看,这一过程实质上也是社会资本不断积累的过程。"消费技能和消费习惯的积累,以及与社会环境的不断互动,都反映在生活方式的形成中,这对于理解体育需求是十分重要的,其可以被认为是个人资本和社会资本积聚的过程。"[3]本书对 H 社区

---

[1] P. E. Earl, *Microeconomics for Business and Marketing*, Aldershot: Edward Elgar, 1996, p. 166.

[2] 方亚琴、夏建中:《社区治理中的社会资本培育》,载《中国社会科学》2019 年第 7 期。

[3] P. Downward & J. Riordan, *Social Interactions and the Demand for Sport: An Economic Analysis*, Contemporary Economic Policy, Vol. 25:4, p. 518 – 537(2007).

和 M 社区居民运动促进健康需求调查情况见表 6-1。

表 6-1　H 社区和 M 社区居民运动促进健康需求调查情况统计

您进行体育锻炼的主要目的?(多选)	H 社区(N1 = 172)(占比)	M 社区(N2 = 177)(占比)
锻炼身体,促进身心健康	150(87.21%)	160(90.40%)
结识伙伴,拉家常(归属感)	120(69.77%)	130(73.45%)
健康管理,塑造形象	66(38.37%)	50(28.25%)
其他需求	6(3.49%)	7(3.95%)

从表 6-1 中可以看出,两个社区居民的健康需求和结识伙伴(归属感)的需求都非常旺盛,且以中老年人为主;健康管理,塑造形象的需求也比较旺盛,主要以年轻人为主。同时,通过切身参与,也发现很多居民自疫情之后,越来越重视参加体育锻炼,自主性比较强,已经形成了锻炼的习惯。综合来看,旺盛的体育需求对于社区建立良好的"信任关系",推动社会资本形成具有重要的意义。

第二,竞技需求培育基层体育社会资本。竞技需求主要是指个人或者团队通过参加体育竞赛活动展示能力,实现目标或者获得荣誉等方面的需求。美国学者帕特南在其著作《独自打保龄球:美国社区的衰落与复兴》中有一个经典的论断,通过一起打保龄球(或者一起唱歌)能够使个人超越自己狭隘的生活世界,从而在社会经济阶层和种族等级之间产生基于广泛信任的社会资本,这对于维护一个充满活力的多元化民族文化是至关重要的。[1] 他的这一观点强调的就是个人通过参加竞技运动,学会了团队协作、追求卓越,不仅突破了自身身份的限制,而且还跨越了不同社会阶层、种族和群体

---

[1]　See R. Putnam, *Bowling Alone: The Collapse and Revival of American Community*, New York: Simon and Schuster, 2000, p. 411-412.

之间的边界,从而形成了广泛的信任和社会资本。延伸开来讲,通过参加竞技运动所形成的社会网络和社会资本能够消除误解和偏见,为建设一个包容、多元,并富有创造力的社区奠定了基础。① 从社会学的视角看,基层群众的竞技需求与社会发展、体育价值观、赛事活动举办等密切相关,其中,群众能够广泛参与的赛事活动构成了社会资本形成的基础。例如,中国每年举办的马拉松系列比赛活动,实现了赛事与城市基因的融合,拉动了当地旅游和消费,成为城市的精神名片;②同时,参加马拉松也代表着一种运动风尚和生活方式,群众广泛的参赛行为也被视为一种营造健康社会、和谐社会氛围的现代城市行为,获得了社会的认同和赞誉,带来了不可低估的社会收益。③ 根据中国马拉松官方网站公布的资料,仅 2023 年,我国各地就累计举办了各类马拉松赛事 500 多场,参赛规模总计达到 4,200,000 多人次,以"体育为纽带",创造出了多元价值。④ 从微观经济学的视角看,长期投资一项运动项目会不断增加消费,而且正是因为不断地投入,使自身积累了经验和技巧,从而使自身在该运动中表现得更好。这种良性的循环也能够带来体育资本的累积。也就是说,个体持续体育投入与发展体育需求,以及体育社会资本的拓展呈现正相关关系。⑤ 两个社区居民参加马拉松比赛的情况见

---

① See J. D. Lewandowski, *Sport, Trust, and Social Capital*, Comparative Sociology, Vol. 17:3 – 4, p. 386 – 405(2018).

② 参见刘珊:《金台论策:如何理解马拉松独特的精神与文化内涵?》,载人民网 2023 年 12 月 7 日, https://www.runchina.org.cn/#/news/news-detail/XW202325007。

③ 参见何平香、薛浩:《马拉松赛事持续参与行为形成的机制研究》,载《北京体育大学学报》2017 年第 12 期。

④ 参见中国马拉松:《2023 中国路跑赛事蓝皮书》,载中国马拉松官方网站 2024 年 3 月 22 日, https://www.runchina.org.cn/#/data-score/official-data/list。

⑤ See P. Downward & J. Riordan, *Social Interactions and the Demand for Sport: An Economic Analysis*, Contemporary Economic Policy, Vol. 25:4, p. 518 – 537(2007).

表 6-2 和表 6-3。

表 6-2　H 社区和 M 社区居民参加马拉松比赛情况

调查问题	H 社区(N1 = 172)占比	M 社区(N2 = 177)占比
您是否参加过马拉松比赛?	是(53 人)	是(40 人)
	30.81%	22.60%
您是否参加过半马或者全马比赛?	是(35 人)	是(20 人)
	20.35%	11.30%
您是否愿意参加社区举办的小型多样的体育比赛?	愿意(101 人)	愿意(125 人)
	58.72%	70.62%

表 6-3　H 社区和 M 社区居民参加马拉松比赛花费情况

您参加马拉松比赛的花费为多少?	H 社区(N1 = 172)(占比)	M 社区(N2 = 177)(占比)
1000 元以下	7.56%(13 人)	2.82%(5 人)
1001～1500 元	5.81%(10 人)	6.78%(12 人)
1501～2000 元	5.81%(10 人)	5.65%(10 人)
2001 元以上	11.63%(20 人)	7.34%(13 人)

从表 6-2 和表 6-3 中可以看到,两个社区参与问卷调查的居民中参加过马拉松比赛的占比分别为 30.81% 和 22.60%,参加过半马或者全马的占比分别为 20.35% 和 11.30%,且以中青年为主,其中,城市社区居民参加的人数明显多于乡镇社区,这与当地举办马拉松赛事资源有很大关系。同时,城市居民每年投入马拉松的资金也高于乡镇居民,主要用于购买装备。通过进一步的访谈得知,参加半马或者全马居民的花费大多在 2001 元以上,对参赛装备的要求也更高。整体看,居民参加马拉松比赛受到多种因素的制约,但居民参

加社区比赛的意愿还是比较强烈的。这表明参加体育比赛的需求也是培育体育社会资本的重要因素。

第三,体育社会工作的开展需要培育基层体育社会资本。"社会工作是社会建设的重要组成部分,它是一种体现社会主义核心价值理念,遵循专业伦理规范,坚持'助人自助'宗旨,在社会服务、社会管理领域,综合运用专业知识、技能和方法,帮助有需要的个人、家庭、群体、组织和社区,整合社会资源,协调社会关系,预防和解决社会问题,恢复和发展社会功能,促进社会和谐的职业活动。"[1]基层体育社会工作的核心理念是确立、强化主导体育价值观,坚持"专业服务"宗旨,在促进社区和谐,以及人的均衡发展方面发挥突出作用,其主要业务主体包括社区组织、企业、公益机构等。2011年,中央组织部、中央政法委、民政部等18个部门和组织联合发布《关于加强社会工作专业人才队伍建设的意见》,将社会工作专业人才直接提供社会服务的领域概括为社会福利、慈善事业、社区建设、婚姻家庭、精神卫生、残障康复等,一共18个。基层体育社会工作涵盖的领域也比较清晰。从国际视角看,社区体育已经被视为一个相对独立的政策和社会领域,政府、企业、慈善组织等多元主体投资建设公共体育场馆、提供专业训练指导、组织各类比赛等资源,日益在提高弱势群体生活质量、强化社会包容、预防犯罪、推动整个社区发展方面发挥了突出作用。[2] 从生成逻辑上看,基层体育社会工作聚焦

---

[1] 《"社会工作"词条》,载百度百科 2024 年 3 月 24 日, https://baike.baidu.com/item/% E7% A4% BE% E4% BC% 9A% E5% B7% A5% E4% BD% 9C/2683574?fromModule = lemma_sense-layer#viewPa。

[2] See D. Ekholm, *Mobilising the Sport-Based Community: The Construction of Social Work through Rationales of Advanced Liberalism*, Nordic Social Work Research, Vol. 7:2, p. 155 – 167(2017).

专业从业者和参与者,其回避了预先的构思和预期,而是以参与者的"愿景"为起点。这就形成了一个线性的逻辑:创设良好的体育环境—从业者和参与者协同组织活动—参与者"千次机会"尝试—提供个性化的支持与服务。[1] 毫无疑问,在这样的闭环中,从业者以其专业的服务,植入基层群众的生活中,在筑牢深度信任的基础上,深化拓展了社会资本形成的渠道。通过整理 2023 年上半年工作汇总表,两个社区开展体育社会工作的情况如表 6-4 所示。

表 6-4 H 社区和 M 社区开展体育社会工作情况

单位:次

举办的体育服务活动	H 社区	M 社区
体质健康监测	1	1
社区体育比赛活动	0	1
社区健康咨询服务	1	2
亲子活动	0	3
其他体育活动	1	1

从表 6-4 中可以看到,两个社区开展体育社会服务活动的情况都不乐观,但 M 社区好于 H 社区,主要原因为 M 社区是新社区,其物业管理比较有活力,能够定期举办一些活动,居民自愿参加。从实地考察看,当前两个社区的体育社会工作开展还比较弱化,物业、俱乐部、社会企业等的合作力度不足,没有形成规模效应。未来社会体育工作的重点应放在系统开展专业的体育服务活动方面,整合资源,凝聚更多的居民参与,筑牢社区体育价值观基础。

---

[1] See P. Debognies, H. Schaillee et al., *Personal Development of Disadvantaged Youth through Community Sports: A Theory-driven Analysis of Relational Strategies*, Sport in Society, Vol.12, p.1-22(2018).

(二)基层体育社会资本培育的条件:群众体育条件支持

基层群众多样的体育需求和主张构成了体育社会资本的基础,但是这些需求能否转化成行动在很大程度上取决于现实条件的支持。体育设施是促进社会资本积累的基础要素,已经被纳入衡量社会资本的基本指标。[1] 近年来,我国日益高度重视群众体育场地、设施等条件的建设。《体育法》首次确证了"公民平等参与体育活动的权利",并从"扩大公益性和基础性公共体育服务供给""财政支持、帮助建设体育设施""支持优秀民族、民间、民俗传统体育项目发展""优先保障全民健身体育场地设施的建设和配置""国家推进体育公园建设""鼓励旧厂房、仓库、老旧商业设施等闲置资源的改造""整合机关、学校、企事业单位体育设施对社会开放"等方面提出了一系列举措。从这些规定中不难看出,国家将群众体育场地设施建设作为全民健身战略深化实施的基础,同时也进一步明确了各类主体的职责,突出强调各类资源的整合与优化配置。在未来一个时期,我们可以预见到将形成基于多样体育场地设施资源的庞大运动场所,群众享有多样的选择机会。而广泛的体育参与也将串联不同的主体,彼此进行互动,从而建构形成扎实的社会资本。从现实情况看,群众体育条件支持培育基层体育社会资本主要通过以下两个方面呈现出来。

第一,完善社区基础体育场地设施,促进居民自发体育参与和互动。完善的基础体育设施是社区的有机组成部分,会对居民生活产生切实的影响。居民在茶余饭后,一般都会在社区里"遛弯儿",与相识的人一边锻炼,一边聊天。从社会资本形成的角度看,完善

---

[1] See E. Biernat, H. Nałęcz et al. , *Do Sports Clubs Contribute to the Accumulation of Regional Social Capital?*, International Journal of Environmental Research and Public Health, Vol. 17:14, p. 2 – 17(2020).

的社区基础体育设施能够拓展运动空间,在很大程度上消弭居民的惰性,提升他们的体育活动水平。"社会互动总是以一定的具体空间为依托,居民共享同一物理或虚拟空间是邻里互动产生的必要前提。空间的性质和结构影响着社会互动的频率和性质,丰富且分布合理的社区公共空间及其相应的活动设施,能够提高居民自发性活动的发生频率,带动连锁性社会活动。"[1]体育参与也是一种良好的社会互动形式,其以切身的参与,以及公共场所交往为主要特征,因此成为培育基层体育社会资本不可缺少的支持条件。两个社区的体育和休闲场地设施情况如表6-5所示。

表6-5 H社区和M社区体育和休闲场地设施情况

体育场地设施	H社区	M社区
社区绿道	0	1条(400m)
基本健身器械(健骑机、转腰器、双位荡板、椭圆机、肩关节康复器等)	2套(各7种)	2套(各6种)
秋千	2个	4个
跷跷板	1个	2个
儿童游乐场所	2个	3个
休闲场所	1个	1个
其他体育场地	0	2个室外羽毛球场

从表6-5中可以看到,M社区的体育场地设施情况要好于H社区,主要原因为M社区是新建设的社区,为了提升楼盘的价值,根据相关标准留有足够的公共空间,尤其在体育场地和休闲设施方面比较注重;H社区是老社区,当时在规划时,没有预留足够的公共

---

[1] 简霞、韩西丽、李贵才:《城市社区户外共享空间促进交往的模式研究》,载《人文地理》2011年第1期。

空间,体育场地设施的配套不足。有研究者的调查结果显示,"可供居民自由散步、亲子活动、邻里互动、健身娱乐等具有家园感的公共空间不足,甚至严重缺损,成为当前基层社会治理的重要短板"。①这种情况在 H 社区也比较突出,运动场所一般以孩子居多,而居民一般集中在一楼的架空层或者五楼的空中花园进行简单的锻炼。笔者通过观察发现,M 社区居民的互动与和谐氛围要好于 H 社区,他们经常边运动,边彼此打招呼、聊天。

第二,周边体育公园拓展了运动空间,促进了不同群体广泛的体育参与和互动。从开放空间的构成和作用上看,"社区内的户外生活也是城市开放空间生活不可忽视的重要部分,且与居民日常生活关系极为密切"。② 运动空间与社区发展息息相关,日益与居民的日常生活深入交织在一起。运动空间的本质体现出的是基于体育纽带的具体场域,其中包含共同利益、行动者互动,以及多样的社会关系。法国著名社会学家布迪厄认为,场域并不是指有一定边界的领地,它也不等同于领域,而是指一个相对独立的社会空间,体现出的是所存在的客观关系的网络。行动者一旦进入这个场域(社会空间),就获得了属于该场域特有的规则、符号和代码。③ 体育公园是典型的运动场域,其包含以行动者、运动情景、目标为基本构成要素的社会关系。体育公园有着非常广阔的户外公共空间,是基层群众的聚集地之一,他们在运动过程中,发生发展着多样的社会关系,这也是形成体育社会

---

① 何志东:《补上社区公共空间治理短板》,载环球网 2016 年 2 月 25 日,https://china.huanqiu.com/article/9CaKrnJU5ms。
② 苏伟忠、王发曾、杨英宝:《城市开放空间的空间结构与功能分析》,载《地域研究与开发》2004 年第 5 期。
③ [法]皮埃尔·布迪厄、[美]华康德:《实践与反思:反思社会学导引》,李猛、李康译,中央编译出版社 1998 年版。

资本的重要途径。H社区周边是TH公园,直线距离1.5公里,公园环境幽雅,有绿道,以及基本的健身设施和运动场地;M社区周边是BJ体育公园,直线距离1.3公里,公园环境幽雅,除基础的健身设施外,还有比较专业的足球场(2个)、篮球场、网球场等。周边体育公园促进两个社区的居民体育参与和互动情况见表6-6。

表6-6 周边体育公园促进两个社区的居民体育参与和互动情况

单位:人

调查问题	H社区(N1=172)(占比)				M社区(N2=177)(占比)			
您一般一周去周边公园锻炼多少次?	0次	1~2次	3~4次	5~6次	0次	1~2次	3~4次	5~6次
	10	77	65	20	5	78	80	14
	5.81%	44.77%	37.79%	11.63%	2.82%	44.07%	45.20%	7.91%
您认为公园体育锻炼是否已经融入自身的生活中?	已经融入	一般	没有融入		已经融入	一般	没有融入	
	51	65	56		71	75	31	
	29.65%	37.79%	32.56%		40.11%	42.37%	17.51%	
您认为公园的运动休闲设施是否可以满足锻炼需求?	可以满足	一般	不能满足		可以满足	一般	不能满足	
	61	66	45		81	75	21	
	35.47%	38.37%	26.16%		45.76%	42.37%	11.86%	
您认为公园体育锻炼是否可以拓展朋友圈?	可以拓展	一般	不能拓展		可以拓展	一般	不能拓展	
	48	79	45		88	76	13	
	27.90%	45.93%	26.16%		49.72%	42.94%	7.34%	
您认为通过公园体育锻炼是否提升了自身的交往能力?	可以提升	一般	不能提升		可以提升	一般	不能提升	
	50	80	42		90	75	12	
	29.06%	46.51%	24.42%		50.85%	42.37%	6.78%	

从表 6-6 中可以看到,两个社区在 5 个问题的积极选项累计分别达到了 295 人次、424 人次,表明良好的公园环境和完善的体育场地设施能够有效提升周边居民的体育参与和互动水平,同时,去公园锻炼的次数与居民满足健身需求、拓展朋友圈,以及提升交往能力呈现正相关关系。总体来看,M 社区居民整体体育参与互动情况要好于 H 社区,主要原因有以下几个方面:一是 M 社区周边的体育公园场地设施更加多样,相关配套设施也较 TH 公园完善,能够吸引居民前来锻炼;二是 M 社区是新建设楼盘,周边休闲场所还不健全,居民大多散步到体育公园进行锻炼,而 H 社区周边休闲场所多,可选择空间大;三是 M 社区常住人群较为单一,以公司白领居多,年轻人比例大,家庭中一般是老年人帮忙带孩子,这样的家庭构成更容易与邻居形成良好的互动关系。

(三)基层体育社会资本培育的拓展路径:群众体育组织嵌入

基层体育组织在体育社会资本培育中也发挥着重要作用。美国学者格兰诺维特认为,"嵌入"是社会组织培育社会资本的基本路径,主要通过关系嵌入和结构嵌入实现,其中,关系嵌入主要体现出的是形成信任关系,进而互惠、交换、互动;结构嵌入主要体现出的是在社会网络中居于重要位置,可以采取多种形式与各方联结。[1] 我国也有学者提出,"社区社会组织的整体发展水平决定着其在社区社会资本培育中的作用"。这对于基层体育组织来说更为明显,其具有的组织性质、活动平台、组织能力,以及融入居民生活程度等都对体育社会资本的培育产生着直接的影响。主要表现在以下两个方面。

---

[1] See M. Granovetter, *Economic Action and Social Structure*:*The Problem of Embeddedness*, American Journal of Sociology, Vol. 91:3, p. 481 - 510(1985).

其一，参与基层体育治理，优化集体行动，促进多方的合作与参与。从持续发展的角度看，依托群众组织，践行过程民主已经是新的治理理念。党的二十大报告指出，"基层民主是全过程人民民主的重要体现。健全基层党组织领导的基层群众自治机制，加强基层组织建设，完善基层直接民主制度体系和工作体系，增强城乡社区群众自我管理、自我服务、自我教育、自我监督的实效"。这是基层体育治理的根本遵循。总体来看，基层体育治理属于公共事务治理范畴，其需要地方政府、行政部门、体育组织等的共同参与，其中，"党组织"是核心，发挥着把关定向的作用，地方政府和行政部门主要发挥指导、保障和监督管理的作用，而各类体育组织则是具体的实施主体。在整个治理逻辑中，"赋权"机制必不可少，其中一个路径是依法直接赋权，由组织承接体育服务和活动；另一个路径是将体育组织纳入基层区域的一体化管理，内部赋权。从理论层面看，前者的赋权体现出的是"政社民关系嵌入"，即在基层治理和社会资本之间建构多元社会关系网络，并在此基础上搭建协同治理平台。这里主要包括三层含义：一是体育组织逐渐走向基层体育治理中心，依法享有一定的自治权力。尤其是在我国经济社会深化改革的进程中，市域体育社会组织日益成为基层体育治理的重要主体，切实发挥显著作用。二是体育组织是"政社民关系"中的枢纽，是制定具体行动规则，并切实组织实施的主体。每个市域都有自身的特点，体育组织在多样的关系中扮演重要角色，需要与它们建立多方面的联系。同时，也需要针对不同的业务，制订详细的行动方案，这是落实组织职责的基本要求。三是体育组织仍然聚焦群众体育需求的满足，是发动群众共同参与、强化"政民关系"的重要力量。从实际看，目前虽然各省市都颁布了引导和扶持体育协会、体育社团的办法，但仍然存在赋权机制不健全、体育组织自我"造血"功能不足、自治能力弱等突出问题。[1] 从对两个社区居委会、物业公司、业主委员会等的走访情况看,也充分反映出这些问题。目前,两个社区的体育组织还无法系统参与到社区体育治理中,大多数情况是,需要组织开展休闲体育活动时,相关部门会临时发通知,要求群众体育社团、周边俱乐部协同组织实施。

其二,系统开展多样的体育活动,强化运动纽带,促进居民的体育参与。《体育法》对正式成立的体育社团、群团体育组织、自治性体育组织等的权责都进行了针对性的规定,这为其进一步融入群众生活,拓展多元发展路径提供了法律依据。在基层的群众土壤中,体育组织培育社会资本的能力主要取决于其融入程度,即是否能够深入群众中,扎实开展体育与健康服务,切实满足群众的多样体育需求。基层体育组织因其组织特性,具有很强的亲民性。一般而言,基层体育组织都扎根在现实的区域土壤中,群众基础良好,在很多时候,体育组织的需求就代表了基层群众的体育诉求,这为其开展全民参与的体育活动,形成包容性的关系奠定了基础。"社会组织对社区居民需求更敏感,并且能够根据社会需求进行创造性项目设计,更容易吸引居民参与。"[2]众多研究者的调查结果表明,与其他组织相比,体育和娱乐组织的成员对政府的信任度更高,也更具有包容性,同时与邻居的关系也更好;成员资格和身份与培养社交能力,以及机构的信任之间存在正相关关系。[3] 从现实情况看,各类

---

[1] 参见高跃、王家宏、白杨:《政社分开背景下基层体育社团经营行为的障碍分析与策略研究》,载《天津体育学院学报》2018 年第 1 期。

[2] 高红:《社区营造有效性的影响因素与实现路径——基于 38 个城市社区营造案例的模糊集定性比较分析》,载《社会科学》2021 年第 9 期。

[3] See L. Delaney & E. Keaney, *Sport and Social Capital in the United Kingdom: Statistical Evidence from National and International Survey Data*, Journal of Shenyang Jianzhu University, Vol. 12, p. 1 – 42(2005).

体育组织可以为成员提供社交平台,使他们有更多的机会结识新朋友、拓展交际圈。此外,体育组织举办的活动也有助于增强成员间的联系与合作,提升他们的社交能力,有助于建立起对其他成员以及整个俱乐部组织的信任感。H 社区和 M 社区及其周边体育组织情况见表6-7。

表6-7 H 社区和 M 社区及其周边体育组织分布情况

体育组织	H 社区(个)	M 社区(个)
基层体育协会	0	0
体育社团	1	0
周边休闲健身俱乐部	6	1
自治性体育组织	6	7
其他体育组织	1	1

从表6-7中可以看到,一方面,目前两个社区的自治性体育组织逐步发展,发挥了一定的作用。从调查数据看,两个社区的居民分别自发成立了广场舞、太极剑、舞蹈、书法与健身等组织,定期广泛开展各类活动,取得了良好的效果。自治性体育组织目前存在的主要问题是缺乏必要的引导和支持,完全由居民自行组织活动,发展受到极大局限。另一方面,正式体育社会组织的建设还十分薄弱,存在的问题突出。究其原因,主要是治理理念滞后,缺乏权威部门和机构的统筹实施。比如,早在2002年就成立的中国农民体育协会,其是中华全国体育总会的团体会员单位。其章程明确提出,面向广大农村,广泛开展群众性体育活动,普及与提高相结合,以普遍增强农民体质,促进农村两个文明建设的发展,并从拓展赛事活动、加强场地设施建设、促进农村体育社会化、整合社会资源等方面提出了一系列举措。但从实际情况看,依托该协会的农村体育协会

没有形成基本的网络,发挥的作用十分有限。总体看,未来一个时期,正式的基层体育社会组织建设仍然是我国基层体育治理中需要解决的关键问题。此外,从表 6-7 中还可以看到,周边的休闲健身俱乐部也发挥了一定的作用,H 社区是一个比较成熟的超大型社区,周边的休闲健身场所多,为居民提供了更多的选择;而 M 社区是新型社区,配套设施还在建设中,相较而言,周边休闲健身俱乐部数量少,组织促进作用不显著。

综上所述,国家治理转型进程中,基层社会治理是基石。基层体育具有独特的价值,其能够建立起广泛联结的体育纽带,并形成不同类型的社会资本,这是基层社会治理中不可或缺的要素。体育需求、条件支持和组织嵌入共同作用培育基层体育社会资本。一方面,在显性层面建构起庞大的体育治理网络,通过全民体育参与形成直接的影响力;另一方面,在隐性层面形成相互信任的体育人际关系,不断凝聚民心。但是,也应该清晰地看到,我国基层体育社会资本情况不容乐观,还没有充分发挥治理功效。在进一步的深化改革中,应立足群众,强化对基层体育组织的引导和支持,充分发挥其治理主体的作用。

第七章
市域体育社会组织治理的深化改革

第一节 市域体育社会组织改革模型

市域体育社会组织改革需要厘清多种要素,尤其是要在确立适合我国国情的总体模型下,系统开展工作。西方已经形成了比较成熟的体育组织改革模型,我们应充分借鉴,同时根据我国的相关法律法规,以及现实情况,充分考量体育组织治理的特殊性,明确改革的思路,提出适宜的举措。尤其是要在体育组织的微观运行中,抓住关键,提升治理效率。

一、市域体育社会组织深化改革模型的确立

(一)社会组织代表性的深化改革模型

近30年来,组织改革一直是国外学界关注的焦点问题,通过对大量文献资料的梳理,可以大致形成以下几种代表性的研究模型。

第一,组织六步骤改革模型。1990年,美国

学者迈克尔·比尔和其研究团队提出了组织六步骤改革模型,[①]主要内容包括:(1)准确诊断问题,积极动员组织成员参与改革。诊断问题是有必要的,只有明确了组织存在的问题,才能找到适宜的解决办法。在准确诊断问题后,组织就需要广泛动员成员,使他们广泛参与改革的实施。这也就是我们常说的达成共识,形成改革合力,实现改革既定目标。(2)制定改革愿景。愿景导向组织的改革进程,其核心是明确为什么要改革,期望达到的目标是什么,并基于此确定改革的重点,重新界定角色和责任,制订实施方案。(3)与利益相关者达成支持改革愿景的共识。组织的改革往往不能一蹴而就,而需要与利益相关者形成合力,才能理顺关系,解决问题。这就需要清晰地将组织改革的目标传达给利益相关者,尤其是要获得关键利益相关者的认同和支持。如果不能获得利益相关者的支持,组织的改革就会陷入泥沼,举步维艰。(4)实施改革举措。组织改革团队需要在内部组织实施,寻求积极的改变,同时需要协同利益相关者参与其中,寻求行业或者领域的积极改变。(5)使改变制度化。任何改革都要经历一个过程,这就需要进行改革的制度化建构,即通过正式制度和非正式制度,使组织确立一套适应新运作方式的规则和流程。(6)监控和调整。监控整个改革进程,开展对改革举措的定期评估,从而找出漏洞,及时补损,这也是确保改革有序实施的关键环节。

第二,赞赏式探询改革模型(AI)。[②] 该模型是一种以关注和挖掘组织、团队或个人的优势、潜能、成功经验为基础的改革模型,旨

[①] See M. Beer, R. A. Eisenstat & B. Spector, *Why Change Programs do not Produce Change*, Harvard Business Review, Vol. 68, p. 158 – 166(1990).

[②] See D. L. Cooperrider & S. Srivastva, *Appreciative Inquiry in Organizational Life*, Greenwich, CT: JAI Press, 1987, p. 129 – 169.

在通过积极的对话和共同创造实现治理的持续改进与发展。赞赏式探询改革模型在20世纪90年代由美国大卫·库珀里德和苏雷什·斯里瓦斯塔瓦教授团队研制。这一模型将组织治理改革分为发现、梦想、设计(决策)和实现目标四个阶段。首先,赞赏式探询改革模型的发现阶段强调在组织改革阶段开展有效调研,切实找到以往组织改革实施中的成功经验,并进行总结分析,获得启示。前期的调研意味着组织改革者要充分关注已经形成的资源和优势,并在此基础上进一步提出新的改革思路。其次,梦想阶段是从应然层面勾勒出理想化的改革愿景,将组织和个体的期望都纳入其中,通过开放性的讨论和创造性的思维达成共识。这一点往往在战略规划会议上确定。再次,设计(决策)阶段主要是指改革者制订具体的,且具有挑战性的改革方案,其中应包括针对问题所采取的步骤、途径,具体的职责,时间安排,以及预计达到的理想状态等。最后,实现目标阶段主要是指组织要持续不断地跟进改革,并进行必要的调整,以确保目标能够顺利实现。赞赏式探询改革模型的主要特点是延续组织改革的成功经验,进一步达成改革的共识性观念,并广泛动员利益相关者参与其中,提升改革的实效性。

第三,组织改革的十步骤模型。[1] 该模型是由美国罗莎贝丝·莫斯·坎特、巴里·斯坦和托德·吉克团体提出的。主要内容包括:(1)分析组织改革的需求,充分了解组织为什么要进行改革。这里尤其要注意,改革到底是自身组织机构的问题,还是治理出现了问题,抑或大环境提出了更高要求,需要推进改革。只有切实了

---

[1] See R. M. Kanter, B. A. Stein & T. D. Jick, *The Challenge of Organizational Change: How Companies Experience It and Leaders Guide It*, Free Press, 1992, p. 134 – 177.

解组织为什么改革,才能进一步确立方向。(2)创建共享愿景,明确改革方向。组织改革的愿景并不是单项确立的,而是由改革团队共同营造完成的,其需要得到成员和利益相关者的支持,只有达成了共同的愿景目标,改革才能形成合力。(3)与以往划清界限。任何改革都是"破与立"的过程,组织改革亦是如此。为了成功实施改革,就必须摆脱以往不适用或者可能阻碍实施的做法,创新思维,不断寻求"立"之道。(4)创设对改革重要性的认知。改革认知是十分重要的,它能够让行动者始终意识到改革的必要性,同时也能够清醒地聚焦复杂关系中的关键矛盾和问题。(5)强有力的领导。强有力的领导是组织能否取得成功的关键,其不仅需要科学决策,而且需要领导力和执行力,三者缺一不可。当然,合法性是强有力领导的基本要求。(6)寻求政治赞助。这一步骤主要强调的是在引入变革性举措时,需要寻求政治赞助的支持,以推动重大改变。(7)制订详细的实施计划。在确定改革方向、目标之后,制订详细具体的实施计划至关重要,其基本要求与赞赏式探询改革模型相同。(8)建立健全执行促进机制。为了有效实施改革,需要建立有针对性的促进机制,如试点测试、项目培训、激励机制等。(9)有效沟通。在整个改革进程中,开放、务实、真诚的沟通十分必要,这样可以清晰地传达信息,并形成有效的反馈。(10)巩固阶段性成果。取得的阶段性成果需要巩固,统筹要运用多种手段将组织日常运行的要素融合其中,筑牢基础。

第四,ADKAR 变革模型。[1] 该模型是由管理顾问杰夫·海厄

---

[1] See J. M. Hiatt, *ADKAR: A Model for Change in Business, Government and our Community: How to Implement Successful Change in our Personal Lives and Professional Careers*, Loveland CO: Prosci Research, 2006, p. 84 – 98.

特于 2006 年开发,旨在帮助组织和个人有效应对改革,实现既定目标。ADKAR 代表五个改革的关键要素,分别是 Awareness(认识)、Desire(渴望)、Knowledge(知识)、Ability(能力)和 Reinforcement(强化)。这五个要素构成了一个连贯持续作用的过程,具体指导人们在面临变革时如何适应和采取行动。(1)认识(Awareness):意味着个体或组织需要充分认识到为什么要进行变革,以及存在的主要矛盾、挑战和制约因素,同时也要判断改革将可能带来什么。(2)渴望(Desire):主要指个体或组织必须有强烈的愿望去支持和实施改革,并愿意为改革做出牺牲。如果没有形成足够的改革动机和愿望,改变就很难发生。(3)知识(Knowledge):主要指个体或组织需要掌握必要的知识、技能和信息,理解并执行改革举措,其主要包括通过培训、沟通使成员了解特定的改革任务、掌握新技能和使用新系统等。(4)能力(Ability):主要指个体或组织必须具备将知识转化为实际改革行动的能力,以及完成相关改革任务所需技能水平。只有具备了足够的能力,才能有效地应对变革过程中遇到的各种挑战和障碍。(5)强化(Reinforcement):主要是指通过正向反馈、奖励机制或者其他方式巩固并支持已经取得的改革进展,并进一步作出采取成功实施变革后的行动。"强化"可以促进个体或组织成员认可并坚持改进措施,并确保长期效果稳定可持续。

(二)市域体育社会组织的深化改革模型

通过对上述代表性组织改革模型的分析,可以比较清晰地看到,各模型既有一些高度共识性的地方,但同时也有很多不同的地方。共识性的地方主要有以下几个方面:一是这些模型都遵循改革的时间流程,即都强调一系列组织改革事件的连接和连续,并按照一定的顺序进行整合。从阶段上看,这些模型都首先考虑组织改革的开始阶段,并逐步实施推进,直至最终实现改革目标。二是这些模型大都包含了组织改革的一些关键要素,存在很多重叠的地方,如改革调研、凝聚团队、动员利益相关者、强化实施、及时评价等。三是这些模型都强调改革的制度化实施。从前文可以看到,无论是从开始,还是从实施,抑或是从评价,都强调要进行制度化建设,确保共治合力。当然,上述这些模型都从自身的视角入手,各自也都存在很大的差异,主要表现为两个方面:一方面,研究者运用"模糊集合",从不同的角度选择了组织改革的侧重点,并给出了一些示例和应用场景;另一方面,研究者提出模型的综合性存在很大差异,尤其是在分类考虑组织改革因素时,并没有按照统一性原则归类。综合上述分析,本书认为应进一步深入组织改革的细微之处,精准考虑关键细节,形成市域体育组织具有强操作性的改革举措。主要内容如下。

第一,循证决策。从经验中学习是组织改革过程中面临的一个关键问题。对专业知识发展的研究表明,通过在特定领域的反复练习,以及对结果的不断直接反馈会随着时间的推移,促进学习效果和绩效。[1] 相比之下,组织的改革通常需要经过一定时间后才能看到实际效果,这是因为组织内部各个层面和方面都可能影响改革进程,其中包括组织流程、结构、员工行为等。这些方面的要素既相互关联,又相互作用,会使组织改革面临复杂多样的阻碍,需要逐步推进。然而,在整个改革过程中,组织决策层能够介入和干预的次数非常有限,也就是说,只有几次机会做出重要的决策,并评估其带来的影响和效果。由于每次决策干预都需要耗费大量的资源和精力,

---

[1] See D. Kahneman & G. Klein, *Conditions for Intuitive Expertise: A Failure to Disagree*, American Psychologist, Vol. 64:6, p. 515 – 526(2009).

因此在做出重大改革决定前,一定要做好充分的前期调研工作。此外,组织改革或多或少会带来一些混乱,或者阻碍组织的正常运转,因此也不能频繁地出台改革新政。[1] 在组织的整个改革中,及时反馈尤为重要,决策层能够掌握各种信息,以动态地做出调整。这个问题在我国体育协会的改革中尤为突出。以中国足球协会为例,每一届足协领导班子上台都会"另起炉灶",不断"创新"制定新政。频繁的介入和干预不仅耗费了大量的资源,而且不断蚕食了原有工作的基础,一旦出现问题,就会造成断崖式的混乱。

循证调研非常关键,各类市域体育组织由于区域条件存在很大差异,因此遇到的问题也大相径庭,这就需要展开充分的实际调研。作为主要治理主体,体育组织也要科学评估改革现状,尤其是要对行业存在的关键问题进行分析,以便确定采取怎样的改革方案。比如,省级体育协会面临公信力下降、治理网络建构弱化等问题,就需要广泛调研,以明确出现这些问题的原因,进而可以立足治理,梳理能够整合的各类资源,紧紧围绕运动项目推广和普及、体教融合、后备人才培养、强化组织网络建设等确定是否需要改革、如何改革。总之,当前市域体育组织发展面临很大问题,还没有真正担负起党的二十大报告中提出的"健全基层党组织领导的基层群众自治机制,加强基层组织建设,完善基层直接民主制度体系和工作体系,增强城乡社区群众自我管理、自我服务、自我教育、自我监督的实效"的目标要求。市域体育社会组织的改革是优化基层社会治理的当务之急,迫在眉睫。

---

[1] See J. Stouten & D. M. Rousseau, *Successful Organizational Change: Integrating the Management Practice and Scholarly Literatures*, Academy of Management Annals, Vol. 12:2, p. 752 – 788(2018).

第二,组建专门的改革机构。从现实情况看,我国体育组织改革往往半途而废,其中非常重要的一个原因是缺乏强有力的领导机构(或者团队)。中国足协几任领导班子都存在这样或者那样的问题,专业性、权威性、领导力等都大受诟病,应该说,这是造成男子足球水平整体下滑的关键因素之一。管理学认为,领导机构必须具备以下几个显著特征:权威性——拥有足够的权力和影响力,得到组织内部与业界的广泛认可和尊重;专业性——具备相关领域的专业知识和经验,能够及时提供有效的指导;善于沟通——具备良好的沟通技巧,能够与各方面的相关者进行有效沟通,并有能力协调各方之间的利益冲突;团队具备突出的领导力——团队的领导力不是"一言堂",更不能将权力集中到一人手中,真正有效的改革应依托整个团队,只有共同动员、激励,改革的凝聚力才能不断加强。市域体育社会组织的改革也是如此,在其决定全面优化治理网络时,就必然要成立一个由组织管理人员、俱乐部代表、体育企业代表、专业技术人员(如数字信息技术人员)、基层民众代表等组成的机构,以便整合资源、制订改革方案,切实实施。

第三,设定清晰的改革目标。目标导向是社会组织改革的基本要求,它可以激励和驱动改革朝着既定的方向前行。设定清晰的目标是一种令人信服的表达方式,可以剥离以往狭隘的认知,同时也能够潜移默化地影响员工和利益相关者的行为,将机会转化为行动。[1] 市域体育社会组织设定改革目标应着重做好以下几个方面的工作:一是目标要具体清晰。从改革实践看,目标的设定要明确周

---

[1] See R. M. Kanter, B. A. Stein & T. D. Jick, *The Challenge of Organizational Change: How Companies Experience it and Leaders Guide it*, New York: Free Press, 1992, p. 145 – 167.

期,并可以量化,这决定着达成度的评价。市域体育社会组织针对治理,要清晰规划,确定具体的目标,并选择清晰的改革路线,这也是基本要求。二是目标要清晰地传达给利益相关者。市域体育社会组织的改革需要各类资源的支持,尤其是在治理和基层体育活动开展中,需要俱乐部、社区、居委会、街道办事处等的支持,这就需要将目标清晰地传达给它们,从而形成相互促进的改革张力。三是改革目标可以进行评价。改革目标的清晰也体现在可以进行更大程度的评价,这是衡量改革成效的关键。一般而言,可以在市域体育社会组织具体改革的领域形成可以评价的指标。比如,就社区体育组织而言,其可以在社区体育活动开展、参与人数、场地设施等的增量上设置评价指标。

第四,整合改革所需的各类资源。资源支持是组织实施改革的重要保障,主要包括人力、物力、资金等。整合资源就意味着要跨组织开展协同实施活动,这需要逐步推进。资源整合总会涉及两个关键问题:一个是改革进程(速度)的把握;另一个是科研资源。如果这两者都不具备,就会极大增加改革失败的风险。[①] 这给了我们很好的警示:体育组织的改革不能盲目追求速度,更不能忽视必要条件的投入,这是决策管理层必须高度重视的原则。总体来看,当前我国体育社会组织的资源整合能力还不足,尤其是群众性的体育社团,面临很大的生存压力。在这种情况下,市域体育社会组织也面临各种突出的问题。计划行为理论(TPB)所强调的三个基本的改革要素能够为市域体育组织的改革提供思路。一是形成资源整合计划,其中,重点应放在成员个人资源、团队资源及组织(包括跨组

---

① See M. Beer, *Organization Change and Development: A Systems View*, Santa Monica, CA: Goodyear, 1990, p. 124 – 126.

织)资源的梳理、识别和整合路径上;二是创新资源整合方式以激励个体、群体整合资源的意愿和驱动力;三是积极开展实践,市域体育组织的改革不应限定在既有的框架内,因为其并没有可以直接借鉴的经验和做法,因此寻求改变的干预是基本要求,即剥离传统的行政资源支持,积极拓展群众资源,尤其是基层广泛存在的社会资本,这是获取更多资源的重要途径。

第五,赋权开展行动。"赋权"是提高组织管理效率、凝心聚力的重要手段,其能够充分发挥赋权对象的主观能动性,引入专业知识、技能,并激发他们的责任感。[1] 市域体育社会组织的赋权改革主要包含以下三个方面的内容。一是应充分发挥自身专业组织的显著特性和作用,致力于建设省、市,以及乡镇和农村全面覆盖的治理网络,赋权有资质、扎根区域的组织或者团队,具体负责改革行动的实施。检视我国体育组织改革的实践,不难发现各个阶段大多是按照"自上而下"的逻辑进行,很大程度上忽视了基层治理网络的突出作用。所谓的"一放就乱""一管就死"等理由皆反映出没有进行充分的调研,在基层和群众中,有着非常扎实的社会资本存量,我们应高度重视,将其转化为支持体育治理的驱动力。二是应高度重视引入不同领域的专业知识和技能,不断拓展行动路径。目前,信息技术融合社会治理已经是必然的趋势,市域体育社会组织也应借助这一契机,充分利用现有的资源和数字平台,将不同主体的多样需求纳入一体考量。"一站式,多路径"是确保市域体育社会组织改革有序推进的重要手段。三是应注重及时有效解决改革中出现的

---

[1] See J. P. Kotter, *Accelerate! How the most Innovative Companies Capitalize on Today's Rapid-fire Strategic Challenges and Still Make Their Numbers*, Harvard Business Review, Vol. 90, p. 43 – 58(2012).

问题,强调给予赋权对象解决现实问题的权力。在具体的改革行动中,不可避免地会出现各种各样的问题,组织不可能面面俱到,及时有效解决。任何改革行动的成败,实际上都取决于具体的实践者,因此市域体育组织在进一步的治理中,应将赋权具体的行动者作为重中之重的工作。

第六,提升与改革相关的知识、能力。这一点的本质就是要求组织不断加强学习,提升治理能力,适应改革的需要。尤其是在一系列重大改革中,涉及全局性的改革时,更加需要改革者具备宽广的胸襟,以及授任有方的能力。学习新技能和新知识是持续开展有效改革行动的关键,但是这里需要注意的是,除组织管理者的支持外,还要不断消除行动者可能存在的"学习心理障碍",即做好攻克难关的心理准备。同时,改革行动者即使掌握了新知识也不能马上转化为新技能,更不可能马上转化为执行改革的行为,这就要求组织创设良好的环境,并由专业人员负责培训和评估行动者的能力进展情况,以使他们能够尽快适应并解决遇到的新情况和新问题。[1]从现实情况看,市域体育组织改革应着重提升以下几个方面的能力:一是深入解读和学习国家有关县域深化改革的文件,吃透精神,并基于此提升决策能力;二是要广泛调研,循证拓展解决问题的能力,尤其是对那些没有充分法律法规依据的新问题,要切实提出符合地域实际情况的解决方案,这也是当前我国社会组织普遍薄弱的地方;三是要提升赋权能力,在选择团队的基础上,赋予其关键的权力,将业务管理权、改革实施权、评价权等分置,不断强化改革的合

---

[1] See J. M. Hiatt, *ADKAR*: *A Model for Change in Business*, *Government and our Community*: *How to Implementsuccessful Change in our Personal Lives and Professional Careers*, Loveland, CO: Prosci Research, 2006, p. 256 – 267.

力;四是要多途径提升改革团队的学习能力,学习的重要性不言而喻,但学习是一个持续的过程,需要克服很多阻碍,尤其是要克服心理障碍,提升行动者的自我效能,这就需要组织安排好学习各个阶段的任务,并为学习者提供良好的学习保障。

第七,实现阶段目标,持续推进改革。善于实现阶段目标,巩固改革基础,并进一步持续推进改革是组织管理必须坚持的原则之一。其本意强调的是,任何一项改革,尤其是重大改革都要花费比较长的时间,以及很大的精力,在这个过程中,如果善于发现一些可以利用的机会,并能够迅速取得一定的效果,就能够给行动者带来信心。[1] 市域体育社会组织的改革并非一蹴而就,尤其是在现有情况下,更加需要稳步持续推进。阶段性目标的实现实际上是不断加强市域组织改革的自信心,强化愿景实现的预期。比如,省体育协会在搭建治理网络时,可以先对基层的组织网络进行建设,因其不需要太多的资源支持,同时基层也存有大量零散的社会资本存量,可以助力治理网络建设。如果在基层建成了全面覆盖的治理网络,再攻克乡镇一级,就可以实现整个市域组织网络的融通。以往我们的组织过多集中于主要城市,忽略了基层建设的有利条件,多次改革的效果均不理想,这就需要改变观念,适应市域体育社会组织治理的基本规律要求。

第八,监控并强化改革举措。监控是改革中的关键环节,很多时候正是缺乏有效的监控导致改革功亏一篑。上述改革模型普遍认为,需要投入资源(如领导者的时间、精力,以及配备人员、资金支

---

[1] See J. P. Kotter, *Accelerate*！*How the most Innovative Companies Capitalize on Today's Rapid-fire Strategic Challengesand still Make their Numbers*, Harvard Business Review, Vol. 90, p. 43 – 58(2012).

持等)监控改革的紧迫性,并保持进展速度。[1] 市域体育社会组织改革也面临系统的监控,主要工作包括:一是监控并不意味着临时检查,而是要服务于改革,因此需要不断投入以推动改革进程,并提醒行动者时间的紧迫性。二是监控意味着发现问题,及时调整,强化改革进程。当组织发现改革步骤效果不佳时,需要及时调整计划,并采取其他有效的方法进行改进。这在体育组织的改革中是常见的,往往在遇到新的问题和困难时,需要有针对性地调整既定改革方案。三是监控还意味着要巩固阶段性改革成果。市域体育社会组织取得的阶段性成果需要巩固,不能消减已经形成的改革基础。在以往的实践中,经常出现换了领导就换一套做法的情况,这是组织改革的大忌。市域体育社会组织要立足现实问题,形成稳定有效的监管机制,不能轻易变革监管主体的职责和监管流程。

综上所述,体育组织改革是一个动态过程,受到复杂因素的影响,尤其是对于市域体育组织来说,其更加需要考虑具体的地域资源条件。上述模型所提出的八个要素能够搭建总体的改革架构,但仍然需要进一步深入,微观切入改革举措实施的具体关系,进行精准分析,这也是体育"善治"的基本要求。

二、市域体育社会组织改革的微观运行

在过去的 10 多年中,"微观基础"研究已经成为战略理论和组织理论关注的热点。一方面,"微观基础"是一种思维方式,即突破传统从整体出发,关注总量变化和平均效果,转而思辨个体行为作

---

[1] See J. P. Kotter, *Leading Change*, Cambridge, MA: Harvard Business Press, 1996, p. 248 – 249.

用的具体结果,并注重精确地预判和解释。[1] 这一研究旨在将抽象的集体概念分解为个体的行为和决策,以深入了解组织宏观变量之间的关系是如何通过个体的微观行为和互动来调节的。[2] 比如,在体育协会所进行的运动项目治理改革中,可以首先充分了解俱乐部及其他利益相关者对改革决策和举措的认知与反应,并据此形成改革的预判,尤其是可以得出是否可能产生积极变化的预期,这有助于预先采取调整措施。同时,个体之间的互动也能够导致组织有不同的表现,即推动或阻碍组织具体业务的开展,这实质上反映出个体的能动性与组织开展活动成效密切相关。这一点在体育组织治理中是十分常见的,成员的主动性和能动性往往决定着业务活动的开展效果。从对应关系上看,组织宏观变量与个体的微观行为之间存在线性关系。换句话讲,很多时候在组织宏观层面难以理解,或者是无法判定是否存在直接关联性的情况往往是由许多微观层面的且密切相关的个体行为所引起的。微观基础研究也是一种方法,其强调从底层去理解复杂的系统或现象,并揭示其深层次存在的微观行为及其相关性。

另一方面,社会学领域中以埃米尔·杜尔凯姆为代表的"集体主义方法论"观点为研究市域体育组织的微观治理提供了拓展思路。集体主义方法论强调社会整体对个人行为的影响和决定力量,它认为,个人行为受到社会结构、价值观念、社会规范等多种因素的制约和影响。杜尔凯姆提出了一个非常具有代表性的观点,"社会

---

[1] See T. Devinney, *Is Microfoundational Thinking Critical to Management Thought and Practice?*, Academy of Management Perspectives, Vol. 27:2, p. 81 – 86(2013).

[2] See P. Abell, T. Felin & N. Foss, *Building Microfoundations for the Routines, Capabilities, and Performance Links*, Managerial and Decision Economics, Vol. 29, p. 489 – 502(2008).

事实必须被视为事物(事情)来研究"。① 这一观点的核心意思是,各种社会事实都是客观存在的,与周边多种要素产生着关系,因此在解释事实生成背后的逻辑时,就需要着眼具体的情形,展开多维度的研究。这也构成了市域体育社会组织治理制度的方法论基础。无论是将其作为一个"整体",还是将其拆解为某几类制度,都需要置于具体的治理关系中,多方面考察对其产生影响的内外因素,以解释其运行机理。杜尔凯姆还从个人成长的角度进一步阐述这一观点,他认为,"个人的本性只是社会因素塑造和转变的不确定材料(被社会环境所影响和改变)"。每个人的天性并不是固定不变的,而是与其所处的社会环境存在紧密的联系,杜尔凯姆将其引申到组织的发展中,提出了组织天性生成并受制于社会环境的观点。展开来看,市域体育社会组织正是基于具体的"市域"环境,因此具有了天然的组织融通性,即建立各层级融通的治理网络。当然,这一网络也受到"市域"环境的深刻影响,当环境良好,已经具备了体育组织发展的各种条件时,其组织的天性被激发,发挥的作用也就较为突出;而当所处的环境弱化,不具备生长条件时,体育组织的发展也就式微,基本上发挥不了什么作用。

第二节 市域体育社会组织治理的监督管理

监督管理是治理的重要内容,也是提升体育社会组织治理效能的重要举措。从世界范围看,已经形成了对体育组织治理监管的一系列经验,我们应予以借鉴。我国市域体育社会组织的治理还比较

---

① E. Durkheim, *The Rules of Sociological Method*, New York: Free Press, 1962, p. 39 – 106.

弱化，对其监管的重点应放在授权监管、业务活动开展监测，以及绩效评估等方面。

一、完善体育组织治理的自我监管机制

第一，完善体育治理的自我监管规范。监管可以被定义为"授权立法"，即通过一系列规则的制定指导、控制和约束行为的过程。[1] 从权力运行的角度看，监管是依法设置一套特定的命令以及有约束力的规则，并授权相关主体（机构）实施。对商业体育活动或者竞技体育活动进行必要监管可能涉及"监管钟摆"，即当体育企业或体育组织良好运行，极少出现破产、丑闻或滥用职权的现象时，政府的规范性监管的必要性就会大大降低，而更加倾向于采用更为宽松的监管方式；同时也会鼓励企业和组织积极采取自我监管措施。通过自我监管，体育企业和体育组织能够实现有效管理或者在内部形成"令行禁止"的良好氛围，并极大地消除或者减少政府监管机构的干预。[2] 作为一种监管方式，自我监管往往受到体育社会组织的青睐，因为其可以使组织充分发挥专业治理主体的作用，发挥显著作用。有研究者认为，从治理看，自我监管机构往往是高效率的，因为可以直接接触到它们管控的各类人员，并能够很容易地获得建立和设定标准及目标的相关信息，而且与政府监管相比，其监管执行成本比较低。[3] 市域体育社会组织的自我监管不同于行

---

[1] See R. Baldwin & M. Cave, *Understanding Regulation Theory, Strategy, and Practice*, Oxford: Oxford University Press, 2012, p. 139.

[2] See G. Medcraft, *Special Report Asic: The Outlook for Enforcement* 2012 – 13, Unsw Clmr(Jul. 15, 2015), https://clmr.unsw.edu.au/sites/default/fles/attached_fles/asic – _the_outlook_for_enforcement_2012.

[3] See R. Baldwin & M. Cave, *Understanding Regulation Theory, Strategy, and Practice*, Oxford: Oxford University Press, 2012, p. 141 – 144.

政监管,其更加体现出的是基于所辖领域的规范和促进。主要内容包括:一是强化规范运营。即通过细化的规范和标准明确各类主体的职责,这是进行自我监管的前提条件。二是建立专门的监督机构。成立由多方主体构成的专门委员会负责对体育组织治理的监管是比较常用的方法,其要求组织具有权威性,能够及时发现问题、解决问题。三是加强信息公开的透明度。体育社会组织应建立相关数据和信息公开发布机制,使业界能够了解治理及活动开展情况,尤其是对组织或者成员的市场经营情况要及时公布。这一机制能够加大舆论对体育组织治理的监督力度,同时也能够优化市场运营环节中各方面的合作关系。四是引入第三方评估。体育社会组织应借助外部专家或咨询公司等第三方力量对体育领域进行评估和审查。这些专业机构能够从多方面提出改革举措,这对于体育组织的商业化运作尤为重要。

第二,完善体育社会组织的监管标准。当然,体育组织自我监管也会存在很多问题,主要表现为体育组织在不遵守相关法律法规的情况下容易出现执行力缺乏以及权力运行不畅的问题。[①] 出现这些问题的主要原因是,体育组织要么是没有建立完善的自我监管机制,要么是未对不遵守规定的行为进行及时制裁。当然,从更深层看,这些问题还往往涉及组织授权、问责制和程序公平等因素。因此,善治和最佳治理实践存在共性特征,它们的实现都需要全面细致地考量上述领域的建设与完善。世界经济合作与发展组织提出了最佳监管实践的五个标准:监管行动或制度是否有权威机构的支持? 是否建立了适宜的问责机制? 程序是否公平、便捷和公开? 监

---

① See R. Baldwin & M. Cave, *Understanding Regulation Theory, Strategy, and Practice*, Oxford: Oxford University Press, 2012, p. 141 – 144.

管机构是否具备足够的专业知识？监管行动或制度是否有效？[1]从最佳管理实践的角度看，体育组织制定的治理规范应当具有权威性和合法性，要突出法律意义上的可执行性，同时也要充分体现和实现组织既定的目标。市域体育社会组织的监管也包括五个方面的内容。一是监管制度和行动要得到主管部门的认可，这是首要条件。在现实中，由于没有得到主管部门的认可，体育协会越权监管和处罚的情况屡见不鲜，影响了正常的秩序，需要着重解决。二是强化问责机制。体育社会组织的问责机制一般比较弱化，尤其是在利益纠葛的复杂关系中难以进行问责。这已经成为当前我国体育社会组织治理中的尖锐问题，需要花大力气解决。三是优化业务流程。业务活动开展是体育社会组织的生命力，优化业务流程不仅是为了提高效率，更为重要的是拓展组织获益的基础。四是加强专业化建制。知识、能力、技能等是体育社会组织专业性的体现，在具体的场景中，要高度重视专业化建制，这是确立治理权威的抓手。五是重视对监管的评价。这一点实质上是循证治理的具体体现，也就是说，体育社会组织要对监管行动进行科学评价，以弥补漏洞，实现高质量的管理。

第三，建立多维度的监管机制。在具体的实践中，体育组织要与利益相关者进行充分协商，并遵循自然正义和程序公平原则公正地实施管理和监测活动。当然，透明度和问责制建设也是至关重要的，其关系到利益各方的切身利益，体育组织尤其要关切并确保这一点。欧足联在这方面的监管为我们提供了可以借鉴的经验。欧足联的战略目标——本着"和平、理解和公平竞争的精神"促进欧

---

[1] See OECD, *Indicators of Regulatory Policy and Governance*, OECD (May 25, 2024), https://www.oecd.org/gov/regulatory-policy/indicators-regulatory-policy-and-governance.

洲足球发展。① 有效监管——维护欧洲足坛财务稳定,统一规则,公平、平等地管理55个国家协会的所有俱乐部。适宜的计划和实施,包括与利益相关者协商——《财务公平》法案的目的是确保俱乐部财务可行性,而不是促进竞争平衡,其需要为55个会员国协会提供一种可以直接运作的方式,以便俱乐部据此建立便捷的会计程序;同时,该规则的良好执行需要利益相关者的支持,尤其是需要得到欧盟委员会的支持。② 监控《财务公平》的实施效果,包括风险管理——持续优化《财务公平》,放宽对俱乐部盈亏平衡的要求,允许俱乐部在"能够提出可以持续的商业开发计划并表明它们有能力在未来3年内重新平衡账目"的情况下短期亏损;同时,为了应对可能出现的潜在风险,欧足联需要对相关财务规则进行持续审查,并监控其实施和接受的效果。③《财务公平》合法性和必要性——《财务公平》合法性的主要障碍是《欧洲联盟运作条约》第101条的规定,禁止签订以妨碍、限制或扭曲内部市场竞争为目的的协议。从表面上看,强迫俱乐部收支平衡可能会限制竞争,然而,自愿协议确实为俱乐部从严格的盈亏平衡条款中解脱出来提供了可能性,在考虑适用第101条的辅助约束豁免条款时,需要充分考虑这一点。也就是说,在协议限制贸易的情况下,这一豁免条款是适用的,其主要目的是实现协议主体(体育组织)的合法性及必要

---

① See UEFA, *UEFA Statement on Financial Fair Play*, UEFA (Nov. 12, 2018), https://www. uefa. com/insideuefa/protecting-the-game/fnancial-fair-play.

② See UEFA, *Financial Fair Play*, UEFA (Jun. 30, 2015), https://www. uefa. com/news/0253 – 0d7f34cc6783 – 5ebf120a4764 – 1000 – –financial-fair-play-all-you-need-to-know.

③ See Football Agents, *Financial Fair Play*, LinkedIn (Sept. 21, 2015), https://www. linkedin. com/pulse/fnancial-fair-play-article-football-agents-ronnie-hutcheon.

性目标。① 《财务公平》的必要性主要体现在"及时支付应付款项以及谨慎的预算管理",这是确保欧洲足球俱乐部可持续性发展的内在基本要素。② 透明度与问责制是保持和促进公众对欧足联信任与信心的重要路径,作为一个庞大的实体机构,在复杂的利益关系中,如果无法高效解决相关责任问题,就会引发或者激化各种矛盾。为了实现这一目标,就需要采取合乎道德准则的一系列办法和行为。当然,在实施《财务公平》时,欧足联还设置了咨询期,使利益相关者有充分的时间解读法案并提出意见。《财务公平》的执行——成立俱乐部财务管理机构(CFCB)负责《财务公平》的实施,该机构主要由调查庭和裁决庭组成。通过上述分析可以看到,市域体育社会组织应着重从有效监管、风险监管、财务监管、活动监管、问责制等维度开展工作,这反映出当前经济社会发展对体育组织治理提出了更高的要求。

二、优化体育组织治理的外部独立监测和评价机制

第一,优化体育组织治理的外部监测机制。一般情况下,体育社会组织拥有决策自由权。不过,当大量资金通过赞助和电视转播注入体育领域,且参与者和利益相关者越来越多时,政府对体育就会表现出更加浓厚的兴趣。政府逐渐认识到体育发展的成功可以为国家带来声望,各类重要体育赛事的举办也能够带来极大的经济效益。体育对社会发展也非常重要,它能够改善社区体育设施,有

---

① See N. Dunbar & T. Middleton, *UEFA'S Financial Fair Play Regulations*: *A Good Example of Best Practice Governance by a Sporting Body*?, The International Sports Law Journal, Vol. 22, p. 272 – 287(2022).

② See G. Taormina, *UEFA's Financial Fair Play*: *Purpose, Effect, and Future*, Fordham Int Law J, Vol. 42:4, p. 1268 – 1305(2019).

效提升国民的体质健康水平,能够促进社会融合,产生良好的行为导向;同时也能够提供就业即职业发展的机会。① 体育在社会发展中有着重要意义,基于此,体育组织有必要和政府构建长期的伙伴关系,展开对话与合作。同时,体育组织还需建立完备的治理制度,并积极付诸实践,以此提升治理效能。如果没有这些,体育组织的自主权及自我监管就会受到限制。更为严重的是,它们或许会面临无法达成组织和利益相关者目标的风险,从而对生存和发展产生影响。② 一直以来,加强对体育组织治理的外部控制都是各类国际组织重点关注的问题。比如,欧洲委员会在其制定的《足球善治》中提议建立一个独立的监测机构,以此"确保欧洲足球善治原则能够得到有效实施和共享"。不过,这种建立外部控制制度的方式与体育领域的自治原则是相互矛盾的。《奥林匹克宪章》明确提出了体育自治原则,基于体育在整个社会框架下运行的认识,奥林匹克运动的有关体育组织享有自治的权利和义务,其中包括制定和完善治理规范,自主决定组织结构和治理风格,享有不受任何外部影响的选举权利,并负有确保善治原则充分实施的责任。③公正对于任何俱乐部、运动员以及在体育协会注册的其他人来说都是至关重要的。这些群体都有着特殊的体育权利和义务,为了推动体育领域的持续发展,有必要在体育自治系统内完善体育公正制度并进行适宜的授权和监督。世界上有不少体育协会以自治性和运动项目的特殊性

---

① See N. Dunbar & T. Middleton, *UEFA'S Financial Fair Play Regulations: A Good Example of Best Practice Governance by a Sporting Body?*, The International Sports Law Journal, Vol. 22, p. 272 – 287 (2022).

② See Expert Group "Good Governance", *Deliverable 2 Principles of Good Governance in Sport*, Europa (Sept. 2013), https://ec.europa.eu/assets/eac/sport/library/policy_documents/xg-gg-201307-dlvrbl2-sept2013.

③ IOC, *Olympic Charter*, Docin (Jul. 2, 2012), https://www.docin.com/p-434118898.

为由成立了自己的司法机构,且发挥了显著作用。这些机构有着共同的目标:解决争端、进行调解以及确保对相关规则和条例的准确阐释。然而,这并非易事,毕竟体育领域关系错综复杂,公正的范围很难清晰界定。事实上,普通司法在授权和监督某些权利和义务方面所发挥的作用与体育领域的司法并没有太大的区别,但当涉及个体的权利或基本体育权利时,区分界限就变得十分模糊了。这已经成为一个有趣的悖论——单纯从普通司法的视角已经不能充分解释体育领域司法。其中可能的原因是体育领域司法和普遍司法并不总是泾渭分明的,而且在很多国家这两种制度已经呈现出趋同性。[1] 当然,如果从对体育自治权更平衡的解释看,体育社会组织外部控制主要涉及除比赛监管、管理和推广以外的其他事项。体育社会组织实际上会采取"会员制",具有法人资格和专业管理能力,它们都制订了部门性和排他性的"组织计划"。基于这种"排他性"权限基础,体育社会组织的自治权范围及司法救济方面应受到限制,而外部控制则应充分尊重能够影响组织活动的其他法律法规的规定。[2]

第二,建立第三方评价机制。《国务院办公厅转发文化部等部门关于做好政府向社会力量购买公共文化服务工作意见的通知》(国办发〔2015〕37号)强调"加强绩效评价",要求"健全由购买主体、公共文化服务对象以及第三方共同参与的综合评审机制;加强对购买公共文化服务项目的绩效评价,建立长效跟踪机制。在绩效评价体系中,要侧重服务对象对公共文化服务的满意度评价。政府

---

[1] See M. Colucci & K. L. Jones, *International and Comparative Sports Justice*, Eur. Sports Law Policy Bull, 2013, p. 122 – 159.

[2] See R. H. C. Kleef, *Liability of Football Clubs for Supporters' Misconduct: A Study into the Interaction between Disciplinary Regulations of Sports Organisations and Civil Law*, The Hague: Eleven International Publishing, 2016, p. 131 – 166.

向社会力量购买公共文化服务的绩效评价结果要向社会公布,并作为以后年度编制政府向社会力量购买公共文化服务预算和选择政府向社会力量购买公共文化服务承接主体的重要参考依据"。① 明确要求购买主体健全综合评审机制,加强对购买公共文化服务项目的绩效评价,建立长效跟踪机制,将服务对象对公共文化服务的满意度作为重要评价指标。作为服务的受益者,公共文化服务对象有权享受公共文化服务,并可以通过满意度评价等方式参与绩效评价。强调第三方需要参与综合评审机制,协助实施绩效评价,确保公共文化服务的质量和效果。地方政府针对体育治理的第三方评价作出了规定。例如,北京市人民政府印发的《北京市全民健身实施计划(2016—2020年)》(京政发〔2016〕61号,已废止)第6条规定"严格督导实施"。要求"市全民健身工作联席会议办公室要对本实施计划的重要目标、重点项目和任务措施进行分解,明确责任单位和进度安排,加强督促检查。建立健全全民健身公共服务绩效评估指标体系,定期开展第三方评估和社会满意度调查。同时,进一步加大信息公开力度,主动接受公众和新闻媒体监督,确保各项目标任务全面落实"。② 该条款规定了市全民健身办公室加强对全民健身计划的监督,并将治理评价权赋予第三方。

三、完善体育治理外部监管机制

第一,对不同体育领域业务的监管。完善的体育社会组织治理

---

① 国务院办公厅:《国务院办公厅转发文化部等部门关于做好政府向社会力量购买公共文化服务工作意见的通知》,载中国政府网,https://www.gov.cn/zhengce/content/2015-05/11/content_9723.htm。

② 北京市人民政府:《北京市全民健身实施计划(2016—2020年)》,载中国政府网2016年12月31日,https://www.beijing.gov.cn/zhengce/zhengcefagui/201905/t20190522_59577.html。

监管机制是促进体育社会组织良性发展的重要支撑。① 特别是在依法治国的背景下，为体育社会组织发展过程编制全方位的监管制度网络成为体育社会组织治理的重要内容。《体育法》第 67 条规定："单项体育协会应当接受体育行政部门的指导和监管，健全内部治理机制，制定行业规则，加强行业自律。"② 该条款明确规定体育行政部门享有对单项体育协会的监督权。体育监管的主要内容如下。

一是对体育活动开展的监管。国家体育总局印发的《境外非政府组织在境内开展体育活动管理办法》（体规字〔2018〕8 号）第 3 条规定："国务院体育主管部门和省级人民政府体育主管部门是境外非政府组织在境内开展体育活动的业务主管单位。各级人民政府体育主管部门对境外非政府组织在本行政区域内开展体育活动实施监管，提供服务。"③

二是对体育市场和赛事运行的监管。《体育法》第 103 条规定："县级以上人民政府市场监管、体育行政等部门按照各自职责对体育市场进行监督管理。"第 52 条规定："在中国境内举办的体育赛事，其名称、徽记、旗帜及吉祥物等标志按照国家有关规定予以保护。未经体育赛事活动组织者等相关权利人许可，不得以营利为目的采集或者传播体育赛事活动现场图片、音视频等信息。"④ 该条规定体育赛事活动组织者等相关权利人享有采集或传播体育赛事活

---

① 参见潘琳、周荣庭：《回应性监管视角下社会组织内部多元协同监管模式研究》，载《华东经济管理》2019 年第 5 期。
② 全国人大常委会办公厅：《中华人民共和国体育法（最新修订本）》，中国民主法制出版社 2022 年版，第 18 页。
③ 国家体育总局：《境外非政府组织在境内开展体育活动管理办法》，载中国政府网 2018 年 8 月 7 日，https://www.gov.cn/gongbao/content/2019/content_5358691.htm。
④ 全国人大常委会办公厅：《中华人民共和国体育法（最新修订本）》，中国民主法制出版社 2022 年版，第 17 页。

动现场图片、音视频等信息的处理权,旨在保护体育赛事的知识产权和商业利益。

三是体育裁判业务的监管。国家体育总局颁布的《体育竞赛裁判员管理办法》第3条规定:"国家体育总局(以下简称体育总局)对在我国(不含香港、澳门特别行政区)正式开展的体育运动项目裁判员的管理工作进行监管。各级政府体育主管部门负责本地区相应等级裁判员的监督管理工作。"该条明确了国家体育总局对在我国正式开展的体育运动项目裁判员的管理工作享有监督管理权,负责对裁判员的管理进行监督和指导,以确保裁判员的素质和水平符合要求。各级政府体育主管部门享有对本地区相应等级裁判员的监督管理权,包括对裁判员的选拔、培训、考核和评定等工作进行监督与管理,以保障裁判员队伍的质量和专业水平。该办法的第4条规定:"全国单项体育协会(以下简称全国单项协会)、省、自治区、直辖市各级地方单项体育协会(以下简称地方单项协会)负责本项目、本地区相应技术等级裁判员的资格认证、培训、考核、注册、选派、处罚等(以下简称技术等级认证)监督管理工作。"①该条明确了省、自治区、直辖市及各级地方单项体育协会享有对该项目、地区相应技术等级裁判员工作的业务管理和指导权。裁判业务监管目前存在比较大的漏洞,市域体育社会组织在开展各类体育赛事活动时,要高度重视裁判培训,加大力度提升业务能力,这是充分发挥赛事活动积极作用的关键。

四是体育产业运行监管。国家体育总局印发的《国家体育产业基地管理办法》第22条要求:"国家体育总局建立和完善国家体育

---

① 国家体育总局:《体育竞赛裁判员管理办法》,载中国政府网,https://www.moj.gov.cn/pub/sfbgw/flfggz/flfggzbmgz/201511/t20151125_145703.html。

产业基地的动态管理机制,加强考核管理,通过年度考核和抽检巡查两种方式进行考核监督。年度考核和抽检巡查由装备中心组织实施。"该条明确要求国家体育总局建立和完善国家体育产业基地的动态管理机制以确保体育产业基地的有效运作和发展;强调国家体育总局享有对体育产业基地的监督管理权。该办法第23条规定:"省级体育行政部门应加强对本区域内国家体育产业基地的日常监管,并做好日常监管记录。"①这些规定明确了省级体育行政部门加强对本区域国家体育产业基地的监督,赋予该部门对国家体育产业基地的监督权。市域体育社会组织应积极对接行政部门,拓展与第三方的合作,对所辖项目的产业运行给予重点指导。

第二,国际体育治理监管的做法。国际体育组织在治理监管方面形成了可以借鉴的经验和做法。国际奥林匹克委员会明确提出,合作与协商是体育组织保持自治权的最佳方式;体育社会组织与利益相关者相互支持,彼此应朝着共同的目标一起努力。② 就一般意义而言,这种合作包括多方主体,主要涉及的领域是执法和廉政,因此对体育组织的监管与行政监管和绩效评估存在很大的区别,不能一概而论。欧洲委员会曾多次指出这一点,体育领域的自治不能被用作不作为的借口。体育赛事中的相关利益也是公共利益的重要组成部分,其在各个国家维护共同利益方面发挥着重要作用。故要建立一个适宜的法律框架,惩罚滥用职权行为,并推动体育组织和

---

① 国家体育总局:《国家体育产业基地管理办法》,载中国政府网2023年7月17日,https://www.gov.cn/zhengce/zhengceku/202307/content_6893411.htm。

② See IOC BUP, *Harmonious Relations with Governments while Peserving Autonomy*, Olympic (Feb. 12, 2008), https://wenku.baidu.com/view/e31fbde95322aaea998fcc22bcd126fff7055db5.html?_wkts_=1678679241386&bdQuery=Harmonious+relations+with+governments+while+preserving+autonomy。

相关管理机构有效合作,以打击任何违背体育道德,以及体育基本价值的行为。[1] 2014 年,联合国决议明确提出支持并承认体育是促进教育、健康、发展与和平的重要手段。基于这一认识,欧足联与欧洲委员会签署了一份谅解备忘录,正式确定在四个主要领域开展监管:一是人权、诚信和体育治理;二是足球赛事的安全与保障;三是重大足球赛事的合作;四是通过定期对话、联合倡议、深化沟通交流,有针对性地开展制度化合作。[2] 透明度是体育社会组织深化改革的基本要素,其通常被定义为"公众对治理规则、规章、决策等信息的可获得性和清晰度"。对体育社会组织治理透明度要求的实质是促进其践行社会责任。从治理逻辑上看,透明度实际上与"问责制和外部控制"处于同一个系统之中。一方面,要保持持续有效的沟通,以确保信息通畅;另一方面,要遵循"问责制"的基本原则,建立完善的机制和程序。体育社会组织公众监督本质上反映的是在多元法律理论视角下,实现不同法律秩序之间必要的合作。基于这一要求,各类不同的、自治的体育治理秩序应相互"协调",理顺关系,以避免出现冲突和矛盾。[3]

第三,我国体育治理监管的举措。中共中央办公厅、国务院办公厅印发的《关于构建更高水平的全民健身公共服务体系的意见》要求,"积极稳妥推进体育协会与体育行政部门脱钩。体育行政部

---

[1] See PACE, *Report Good Governance and Ethics in Sport*, PACE (Mar. 7, 2012), https://www.assembly.coe.int/CommitteeDocs/2012/Rochebloinereport_E.

[2] See Thorbjørn Jagland & Gianni Infantino, *Council of Europe and FIFA sign Memorandum of Understanding*, Coucil of Europe (Oct. 5, 2018), https://www.coe.int/pt/web/sport/-/council-of-europe-and-fifa-sign-memorandum-of-understanding.

[3] See A. V. Bogdandy, *Common Principles for a Plurality of Orders: A Study on Public Authority in the European Legal Area*, International Journal of Constitutional Law, Vol. 12:4, p. 980 – 1007 (2014).

门要加强对体育社会组织的政策引导和监督管理。全国性单项体育协会要加强对会员单位的联系和服务,完善相关标准规范。支持全国性单项体育协会积极发展单位会员,探索发展个人会员。将运动项目的推广普及作为对单项体育协会的主要评价指标。支持党政机关、企事业单位、学校常态化制度化组织健身活动。鼓励发展在社区内活动的群众自发性健身组织"。① 其中,对体育行政部门、单项体育协会的相关职责进行了细化规定,这也形成了我国体育监管的总体格局。从进一步落实这些规定看,当前我们应着重开展以下几个方面的工作。首先,应当转变监管理念,完善体育社会组织业务主管单位和登记机关的监管职能,建立以培育建设为导向的规范化监管体制,减少传统的双重管理体制的治理逻辑对体育社会组织发展的限制。通过全面降低体育社会组织的登记注册门槛,包括体育社会组织在办公场所、人员数量、资金等方面的要求,使更多的体育社会组织能够获得合法性资格,激发体育社会组织的活力。此外,体育社会组织业务主管部门还应当定期对体育社会组织的重要决策、体育活动开展、大额经费收入和开支等日常活动运行方面进行指导与监督,及时发现运行过程中存在的问题并进行处理,形成准入监管与运行监管相结合的综合监管体系,推动体育社会组织的健康有序发展。其次,应当广泛动员社会各界积极参与体育社会组织监管,提升社会公众以及第三方机构等其他主体的监管意识并畅通参与渠道,逐渐形成以社会监管为主的联动协调、运行有序、相互配合的多元主体协同监管格局。其中,政府部门主要发挥顶层设计

---

① 中共中央办公厅、国务院办公厅:《关于构建更高水平的全民健身公共服务体系的意见》,载中国政府网,https://www.gov.cn/zhengce/2022 - 03/23/content_5680908.htm。

的作用,通过完善监管政策法规合理配置多元主体之间的监管权力并明确多元主体的监管责任,使各监管主体均能各司其职,为体育社会组织监管提供制度保障。最后,应当加强体育社会组织评估手段的运用,健全体育社会组织的评估机制。市域政府应当充分考虑体育社会组织的特殊性,出台专门性的体育社会组织评估政策,明确体育社会组织评估主体、评估程序、评估指标、评估结果的运用等基本细则,提升体育社会组织评估工作的规范性,充分发挥体育社会组织评估的效能。

第三节 市域体育社会组织治理制度完善的路径

市域体育社会组织治理制度建设依据多元规范,要充分吸纳其中的相关内容。从内容选择上看,应着重将相关主体及其权力配置的规定纳入其中,细化形成集体的治理规范。治理目标能够为组织发展提供不竭动力,应清晰设定,并针对这些目标不断提升组织的综合能力。决策和管理机制完善是体育社会组织治理的重要抓手,也是确立主体身份和权威性的关键。监督管理则是现实要求,需要体育社会组织跳出"窠臼",创新治理路径,实现透明化管理。

一、完善相关政策法规体系,厘清多元主体的权责关系

第一,完善促进体育社会组织发展的政策法规体系。针对当前我国体育社会组织相关政策法规体系建设中存在的不足,当务之急是加大立法力度,为体育社会组织的发展提供立法指引和规范框架。首先,基于当前国家层面的体育社会组织相关政策法规存在的立法层次低、内容缺乏系统设计、缺乏法律依据等方面的问题,尽快

制定"社会组织基本法",[①]以法律的形式对体育社会组织的定位、权利和义务等基本要素进行规范,明确体育社会组织的主管部门、登记注册、孵化培育、服务范围、税收优惠、监督评估和法律责任等事项。此外,相关部门还应当进一步以"社会组织基本法"为依据,加强对现有体育社会组织相关政策法规的全面审查和清理工作,有必要对那些存在缺陷的内容进行完善并对存在冲突矛盾的地方予以修改或废除,使这些政策法规能够与"社会组织基本法"相互衔接和协调,共同为促进体育社会组织发展保驾护航。其次,市域政府既是国家体育治理大政方针的执行者,又是基层体育治理改革的指挥者。国家出台的体育社会组织治理相关政策法规较为宏观,需要市域政府部门进一步出台相关配套政策并做出更加具体细化的制度安排。由于当前部分市域政府出台的相关制度较为笼统且缺乏长远的规划设计,故应当进一步了解体育社会组织的发展需求,结合本地特色和自身职责范围出台与之相适应的配套政策,对体育社会组织参与市域体育治理进行更加系统细化的制度安排,使相关制度能够更好地落地执行,真正为体育社会组织的健康发展提供系统保障。

第二,明确多元主体之间的权责关系,发挥多元主体的协同作用。法律制度的规范化设计是协调多元主体权责关系的重要途径,有利于发挥多元主体的协同作用。基于当前我国市域体育治理过程中存在的多元主体权责关系不清晰的问题,应当在相关政策法规中对政府、体育社会组织以及市场主体等多元主体的权责关系予以规范,形成多元主体之间的联动机制。尤其是应当进一步厘清体育

[①] 参见马长山:《从国家构建到共建共享的法治转向——基于社会组织与法治建设之间关系的考察》,载《法学研究》2017年第3期。

社会组织与政府之间的权责关系,这样既有利于确认体育社会组织在市域体育治理过程中的合法地位,又有利于提升政府部门对体育社会组织的认可度,使体育社会组织能够获得更多的体育治理参与机会。相应的制度设计应当围绕加快政府职能转变,规制和约束政府的权力,促进政府部门更多地将一些具有实质性的权力下放给体育社会组织,改变政府在市域体育治理过程中"大包大揽"的管理逻辑,减少政府对体育社会组织的不必要干预。此外,还应当明晰体育社会组织的职能范围和定位,协调政府部门与体育社会组织之间的责任分配,改变政府与体育社会组织责任分配不均衡的状况,使体育社会组织与政府之间具有明晰的权责边界,能够通过平等对话和协商互动的方式进行协同合作,更加有序地开展体育活动。

第三,健全市域体育治理评价机制。针对当前我国市域体育治理评价中存在的问题,应当加强市域政府部门对体育治理评价的关注,出台专门性的体育治理评价相关政策,不断对市域体育治理评价工作进行理论和实践探索,着力于健全市域体育治理评价机制。为了更加充分地发挥市域体育治理评价的效能,应当加强体育社会治理评价主体、评价指标、评价方式方法以及评价结果的反馈和运用方面的制度建设。尤其是需要结合本地特色情况构建科学系统的评价指标体系,使其能够充分全面地反映体育治理现状和存在的问题,为市域体育治理目标的实现提供指导。具体评价指标框架的设计应当从满足社会公众参与体育活动的需求这一角度出发,指标内容的设计应依据系统性、全面性、科学性、可操作性等基本原则。从评价对象看,不但应当充分考量政府体育治理的相关内容,还应当对体育社会组织等其他主体参与体育治理的内容进行评价。此外,基于全面质量管理的思想,市域体育治理评价指标内容还应当贯穿市域体育治理的整个过程,指标体系的设计不仅应当关注市域体育治理的结果,也应当关注体育社会治理的投入和过程。通过相关政府部门和社会各界的共同参与与具体落实,共同发挥体育治理评价对于调整体育治理方式和改善体育治理实践的作用,促使体育治理评价常态化和规范化实施,并能根据体育治理评价结果及时调整体育治理方式,加快市域体育治理的现代化进程。

二、增强建设体育社会组织的动力,提升体育社会组织的综合能力

第一,增强建设体育社会组织的动力。完善的制度设计对于市域政府的行为能够形成规范和约束,有助于推动市域政府自下而上地探索发展体育社会组织的路径。针对当前市域政府缺乏建设体育社会组织的动力这一问题,应当提升市域政府对于体育社会组织参与体育治理的重视和依赖程度,使市域政府对于建设体育社会组织的价值形成更加充分的认识,并能结合本地的实际情况围绕上级政府制定的体育治理目标对建设体育社会组织做出更加长远的政策规划和更加细致的制度安排,解决当前制度设计的"权宜性"和"碎片化"问题,为市域政府建设体育社会组织提供制度依据和规范。具体的制度设计应当特别注重对市域政府行使行政自由裁量权的幅度和范围进行合理规范,明确政府发展体育社会组织的职责和激励措施,促进政府部门之间更好地沟通协调,避免政府部门基于工具主义和自身的利益偏好选择性地执行政策内容,减少政府偏离法律规范的目的而滥用自由裁量权的机会。为了进一步充分调动政府发展体育社会组织的积极性和能动性,提升体育社会组织与政府之间的合作治理能力,应当进一步完善关于体育社会组织孵化建设、专业人才支持、税收优惠以及政府购买体育社会组织提供的服务等方面的支持政策,推动政府将"不该管""不能管""管不好"

的事情交给体育社会组织,并将政府发展体育社会组织的工作纳入绩效考评体系,强化政策执行中的问责机制,进而提升政府在体育社会组织建设中的行政能力和履职效能。

第二,提升体育社会组织资源配置及整合能力。通过制度创新提升体育社会组织资源配置及整合能力是走出体育社会组织资金困境的重要途径。首先,政府提供的资金帮助是体育社会组织获得经费支持的重要来源,应当完善政府对体育社会组织的专项资金捐赠、税收优惠以及购买公共服务等方面的支持政策,为体育社会组织获得政府的资金支持提供制度保障。[1] 尤其是在市域政府购买体育公共服务方面,为了指引政府部门更加高效和规范化地使用财政资金,应当在相关文件中明确"谁来买""买什么""怎么买""如何评价"等主要问题,确保体育社会组织获得政府购买体育公共服务项目的可及性、透明性和标准性。部分经济欠发达地区的政府部门的财政资金较为短缺,购买体育公共服务的力度较小,应当对这些地区予以特殊照顾。中央政府可以为这些政府部门购买体育公共服务提供经费支持,有效扩大体育公共服务的供给。其次,政府部门固然应当为体育社会组织提供资金支持,但体育社会组织不能仅仅将政府部门提供的资金支持作为自己的收入来源。体育社会组织提供的服务更多地表现为一种公益事业,应当引导体育社会组织积极拓宽资源渠道,为多元利益主体共同参与搭建桥梁,不断提升其对社会资源探寻、整合和吸纳的能力。体育社会组织还应当优化自身的"造血"系统,提高自身对社会资源的整合和优化配置水平,使其能够通过会费、场地出租、各种培训、社会捐助等方式筹集到更多

---

[1] 参见陈成文、黄开腾:《制度环境与社会组织发展:国外经验及其政策借鉴意义》,载《探索》2018 年第 1 期。

资金,实现由行政调拨向社会动员的转型。① 此外,体育社会组织还应当扮演好"转换器"的角色,维护多元主体之间的协同网络,将自身所获得的社会资源与政府所持的优势资源进行整合,利用其所掌握的资源优势对提供体育公共服务所产生的积极影响,弥补政府部门提供体育公共服务中存在的不足,提高资源利用的效率。

第三,提升体育社会组织的自治能力。针对当前政府部门对体育社会组织的直接或间接干预较多,体育社会组织自治能力不强的问题。首先,政府部门应当放宽对体育社会组织的准入限制,减弱政府部门科层制的管理模式对于体育社会组织控制,赋予体育社会组织独立的治理主体地位。政府拥有对体育社会组织的监督管理权并不意味着其可以插手所有体育社会组织内部事务的管理和运行。体育社会组织具有非政府性和民间性,体现出志愿主义与互助精神,其内部事务的运转需要由组织的内部人员完成,而不应当成为政府的附庸。政府部门还应当在人员聘用、资金使用、组织建设以及运行机制等方面还权于体育社会组织,进一步推进政府与体育社会组织在人、财、物等方面的分离,并为体育社会组织依法自治奠定制度基础,保障体育社会组织能够在政府的监管之下合法行使自治权。其次,体育社会组织应当加强内部制度的规范化建设,强化体育社会组织的自治属性,形成以章程为核心的自律机制,使体育社会组织能够实现"自我组织、自我管理、自我监督"。在内部管理制度方面,符合条件的体育社会组织应当尽快完善内部治理结构,推动决策机构、执行机构以及监督机构的建立,形成"决策、执行和

---

① 参见刘转青、殷治国、郭军:《我国体育社会组织主体性缺失的场域理论解析》,载《体育学刊》2018年第4期。

监督"相互制衡的法人治理结构,提升体育社会组织的自我管理能力。① 此外,还应当将体育社会组织的财务管理、资金使用、人员聘用以及资产管理等其他相关内容制度化,加大体育社会组织的自主权,使体育社会组织能够以其独立的法人治理地位参与市域体育治理,并自觉接受政府和社会公众的指导监督。

三、完善内部决策与管理系统,推进体育社会组织公信力建设

第一,完善体育社会组织内部决策与管理系统。发挥体育社会组织内部章程制度的规范引领作用是夯实体育社会组织的内部决策与管理能力的关键所在,有助于建立权责明确、相互制衡、有效运转的法人治理结构,规范体育社会组织的运转。针对当前体育社会组织内部决策和管理系统存在的不足,体育社会组织应当以促进章程制度的执行和落地为重点,依据自身的特点完善体育社会组织内部章程制度设计,确保体育社会组织的活动和行为都有章可循。首先,有效的决策是体育社会组织内部治理的核心。虽然当前体育社会组织的类型有所不同,对决策机构的设置也存在多种方式,但是,无论是哪种类型的体育社会组织都必须保证内部事务的决策过程具有民主性和法定性。因此,体育社会组织应当完善内部章程制度,明确规定内部事务决策权行使的主体和范围。此外,还需要完善表决规则和回避规则,避免决策权仅仅掌握在少数人手中的情况,进一步完善民主决策机制,充分发挥体育社会组织决策机构的职能。其次,基于当前很多体育社会组织内部执行机构存在的问题,应当在章程中明确规范体育社会组织执行机构的设置,并细化

---

① 参见高跃、周武:《政府主导式角色下我国体育社会组织治理能力提升研究》,载《体育文化导刊》2020 年第 11 期。

体育社会组织内部执行机构的职责,充分发挥执行机构在治理过程中的作用。为了保证体育社会组织的内部事务能够受到专业化的团队人员的科学化管理,还需要完善体育管理人员的遴选和聘用机制。此外,体育社会组织内部事务的执行还需要多个内部机构的相互协调,共同为实现目标而努力。因此,应当理顺体育社会组织内部机构之间的关系,加强执行机构与其他机构之间的沟通协同,保障内部决策的有效执行。最后,应当依据体育社会组织的现实情况完善体育社会组织的内部监督制度。体育社会组织应当选聘有能力且专业的人员作为监事,负责对体育社会组织内部的决策与运行情况予以监督和约束。具备条件的体育社会组织还应当加快建设内部监督机构的脚步,保障监督机构能够独立行使监督权,形成一套切实有效的内部监督机制,防止体育社会组织做出损害自身形象的行为甚至出现违法行为。决策和管理机制完善是体育社会组织有效治理的关键,应予以高度重视。

第二,推进体育社会组织公信力建设。公信力是体育社会组织的生命线,[①]体育社会组织的公信力直接决定了体育社会组织参与市域体育社会治理的成效。基于当前我国体育社会组织存在的公信力不高问题,除应当完善体育社会组织内部管理系统外,还应当从以下几个层面推进体育社会组织的公信力建设。首先,体育社会组织应当转变自身的发展理念,从服务于政府部门转变为更加关注社会公众的体育参与需求。通过进行广泛的实地调研并加强与社会公众之间的日常沟通联系,充分展示体育社会组织的民间性、非营利性以及公益性等方面的优势。针对不同主体提供更加精细的

---

① 参见陈成文、黄开腾:《制度环境与社会组织发展:国外经验及其政策借鉴意义》,载《探索》2018年第1期。

体育公共服务,解决体育活动开展"碎片化"的问题,更好地满足社会公众的健身需求,提升体育社会组织的专业形象,为获取社会公众的广泛支持和信任奠定基础。其次,应当完善体育社会组织的人力资源管理制度,保证体育公共服务提供人员的专业性。在完善体育公共服务提供人员的招聘制度方面,应当要求体育社会组织根据岗位需求制订更加详细的招聘计划并运用多环节的招聘方式,不断健全人员招聘机制。在加强体育公共服务提供人员培养相关制度的建设方面,亟待细化体育社会组织专业人才职业资格、注册考核、级别评定制度,并定期对体育服务提供人员进行培训。此外,还应当建立健全体育公共服务提供人员的激励机制和绩效管理机制,调动体育服务提供人员的认同感和积极性,进而提升体育公共服务的供给质量,提高社会公众的满意度。最后,社会公众对体育社会组织的认知偏差是导致体育社会组织公信力不足的重要原因。一方面,体育社会组织应当建立强制性的信息披露制度,拓展体育社会组织信息披露的范围,将体育社会组织运营资金的来源、使用情况以及人力资源的筹集、体育公共服务供给等不涉及国家机密、商业秘密、个人隐私的内容及时公之于众,并主动接受社会公众对体育社会组织的监督,方便社会公众及时反馈问题以及提供建议。另一方面,体育社会组织需要加大宣传力度,改变社会公众对其的刻板印象,提升社会公众对它的了解与支持程度。

  第三,增强体育社会组织创新发展意识。体育社会组织若想长期参与市域体育治理,就必须提高自我发展意识。首先,体育社会组织应当注重提升社会责任意识和专业化的体育公共服务提供意识。体育社会组织不应当仅仅将自身定位于政府的好帮手而过度依附政府部门,而是应当认识到自身的治理主体地位并发挥自身的能动优势,积极主动地与政府部门寻求合作。当前社会公众的体育锻炼意识不断提高,对于参与体育活动的需求不断增长。体育社会组织在参与体育治理中具备组织动员、资源吸纳、提供专业服务以及利益协调等多方面的功能,拥有在人口范围内开展体育活动的独特优势。体育社会组织应当将满足社会公众的体育参与需求作为发展目标,并将为社会公众提供精准化的体育公共服务作为自身发展的第一要义。其次,体育社会组织应当提高宣传和推广意识。当前很多体育社会组织依然游离在政府部门的发展范围之外,因而丧失了很多发展机遇。体育社会组织的发展与政府部门、社会公众等多元主体的支持息息相关,不能脱离政府和群众而单独发展,因而体育社会组织应当进行更多的宣传和推广,使其他主体能够更多地认识和了解体育社会组织,更好地形成多元主体之间的协同合作关系。

综上所述,市域体育社会组织在国家治理转向中虽面临发展契机,但同时也面临巨大的压力。深耕"市域"土壤,立足群众体育需求,是其发展的基础。在市域经济社会中,体育组织应将制度建设作为重中之重,充分吸纳多元体育规范,形成精细化的运行机制,这是建构全面覆盖治理网络,实现既定目标的先决条件。在实践中,市域社会组织也需要关注发展中的各种矛盾,综合提升调解能力和有效控制能力,以确立治理的权威身份。针对具体业务,市域体育社会组织也应依托专业团队、系统开展,这是治理提质增效的重要方式和路径。